U0134370

国家出版基金项目
NATIONAL PUBLICATION FOUNDATION

"十三五"国家重点出版物出版规划项目

光 电 技 术 及 其 军 事 应 用 丛 书

末端综合光电防御
技术与应用

Integrated Opto-Electronic Terminal
Defense Technology and Applications

薛模根 罗晓琳 韩裕生 黄勤超 ◇ 著

国防工业出版社

·北京·

内 容 简 介

末端光电防御以敌方威胁目标光电系统为作战对象，主要采用激光、烟雾等干扰源实现对光电观瞄设备、光电导引头的压制干扰，是现代末端防御的主要手段之一。本书建立了末端光电防御的概念及系统架构，阐述了系统总体设计、目标侦察预警、多波段干扰对抗、高精度伺服控制、情报处理与指挥控制等末端综合光电防御系统关键技术解决途径，介绍了典型系统方案、集成及试验验证方法。

本书可供末端防御技术相关领域的学生、研究人员和工程技术人员学习和参考。

图书在版编目（CIP）数据

末端综合光电防御技术与应用/薛模根等著 . —北京：国防工业出版社，2021.6

（光电技术及其军事应用丛书）

ISBN 978－7－118－12335－7

Ⅰ.①末… Ⅱ.①薛… Ⅲ.①光电技术—应用—防御系统—研究 Ⅳ.①E813

中国版本图书馆 CIP 数据核字（2021）第 083939 号

※

国防工业出版社出版发行

（北京市海淀区紫竹院南路 23 号 邮政编码 100048）
雅迪云印（天津）科技有限公司印刷
新华书店经售

*

开本 710×1000 1/16 印张 17½ 字数 319 千字
2021 年 6 月第 1 版第 1 次印刷 印数 1—2000 册 定价 128.00 元

（本书如有印装错误，我社负责调换）

国防书店：（010）88540777 书店传真：（010）88540776
发行业务：（010）88540717 发行传真：（010）88540762

光电技术及其军事应用丛书
编委会

序

新时代陆军正从区域防卫型向全域作战型转型发展，加速形成适应"机动作战、立体攻防"战略要求的作战能力，对体系对抗日益复杂下的部队防御能力建设提出了更高的要求。陆军炮兵防空兵学院长期从事目标防御的理论、技术与装备研究，取得了丰硕的成果。为进一步推动目标防御研究发展，现对前期研究成果进行归纳总结，形成了本套丛书。

丛书以目标防御研究为主线，以光电技术及应用为支点，由 7 分册构成，各分册的设置和内容如下：

《光电制导技术》介绍了精确制导原理和主要技术。精确制导武器作为目标防御的主要对象，了解其制导原理是实现有效干扰对抗的关键，也是防御技术研究与验证的必要条件。

《稀疏和低秩表示目标检测与跟踪及其军事应用》《光电图像处理技术及其应用》是防御系统目标侦察预警方面研究成果的总结。防御作战要具备全空域警戒能力，尽早发现和确定威胁目标可有效提高防御作战效能。

《偏振光成像探测技术及军事应用》针对不良天候、伪装隐身干扰等特殊环境下的目标探测难题，开展偏振光成像机理与探测技术研究，将偏振信息用于目标检测与跟踪，可有效提升复杂战场环境下防御系统侦察预警能力。

《光电防御系统与技术》系统介绍了目标防御的理论体系、技术体系和装备体系，是对目标防御技术的概括总结。

《末端综合光电防御技术与应用》《军用光电系统及其应用》研究了特定应用场景下的防御装备发展问题，给出了作战需求分析、方案论证、关键技术解决途径、系统研制及试验验证的装备研发流程。

丛书聚焦目标防御问题，立足光电技术领域，分别介绍了威胁对象分析、目标探测跟踪、防御理论、防御技术、防御装备等内容，各分册虽独立成书，但也有密切的关联。期望本套丛书能帮助读者加深对目标防御技术的了解，促进我国光电防御事业向更高的目标迈进。

2020 年 10 月

前　言

面临日益增长的新型战场威胁，传统要地防空和野战防空模式已逐步向全域全流程防御方向发展，各军事强国都在积极打造先进可靠的防御体系。末端防御作为防御体系的重要环节之一，起着"守门员"的作用，对防御作战的成败意义重大，受到了各国军队的高度重视，也是目前防御技术研究的热点领域之一。

末端光电防御以威胁目标的光电系统为作战对象，主要采用激光、烟雾等干扰源实现对光电观瞄设备、光电导引头的压制干扰，使威胁武器丧失或降低目标精确侦察和精确制导打击能力，具有灵活、高效的独特优势，是现代末端防御的主要手段之一。作者团队长期从事末端光电防御理论与技术研究，针对多类精确制导武器导引头开展了对抗机理、关键技术的攻关，成功实现了激光有源干扰对制导武器的实弹对抗验证，研制了多种末端光电防御系统。

本书对作者团队前期研究成果进行了系统梳理，首先建立了末端综合光电防御的概念及系统架构，然后分别阐述了系统总体设计、目标侦察预警、多波段干扰对抗、高精度伺服控制、情报处理与指挥控制等末端综合光电防御系统关键技术的解决途径，最后介绍了典型系统方案、集成及试验验证方法。本书结合典型系统实例介绍具体方法，力求具有普适性，希望能对末端光电防御领域的研究人员有所启发。

本书由薛模根、罗晓琳、韩裕生、黄勤超撰写，谷康、吴令夏、褚凯、杨钒、王勇、王硕、吴云智、张良、李雷、祖鸿宇、朱虹、贾镕、徐瑶等同志参与了资料整理工作。对朱一旺、李小明、许小明、张金、郑云飞、黄建军、李鹏飞、王星民、王永珍、孙建国、张志正、张永峰等相关课题研究人员为本书做出的贡献表示感谢！本书参考和引用了一些文献的观点和素材，在此向这些文献的作者表示衷心的感谢。国防工业出版社对本书的出版给予了热情的支持，对此表示诚挚的感谢。

由于作者水平和视野有限，对前沿新技术跟踪有所滞后，书中不当之处在所难免，敬请同行和读者批评指正。

作者

2021 年 1 月

目 录

第3章　末端综合光电防御目标探测与跟踪技术

第4章 末端综合光电防御多波段干扰源技术

第5章 末端综合光电防御定向干扰转塔技术

第 6 章　末端综合光电防御信息处理与控制技术

第7章　末端综合光电防御典型应用系统

第1章

概 述

现代战争已经表现为全方位的体系对抗，装备信息化水平不断提高、机动性能不断增强，尤其是高价值地面主战武器装备在形成打击突然性和增强威慑力方面起到了重要作用，已经成为体系对抗作战条件下打赢信息化战争的"杀手锏"武器，其重要作战使命也决定了必然是敌方平时侦察和战时打击的首选目标。

精确制导武器的大量使用，已成为现代战争中较为固定的火力运用模式，然而随着战争双方攻防对抗的日益加剧，信息火力战、网络战、电子战形态交错叠加，使得战场环境日趋复杂。为确保精确打击效果，精确制导技术正向着多模态复合制导等新技术体制发展。与单一寻的导引方式比较，多模态复合制导可以发挥各制导方式的优点：精度更高、作用距离更远、抗干扰能力更强，可实现全天候作战。这些新技术体制的精确制导武器将成为末端光电防御的主要对抗目标。

末端防御技术作为防御体系中近程/超近程防御装备的技术基础，以其手段多样、简单有效、机动快速、经济实用等特点而受到世界各国的重视。因此对来袭目标进行探测识别→跟踪→指挥控制→多波段干扰对抗与火力协同等多功能为一体的新型综合光电防御技术开展研究，代表着末端防御技术发展的趋势。

与地下指挥所、发射井、洞库等固定目标相比，高价值武器装备在机动和待命作战过程中，由于自身防护措施有限，在受到精确制导武器攻击时，其抗毁伤能力弱、战场生存能力差，必须着力研究武器装备行进过程中和待机作战过程中的末端防御技术与装备，不断提高机动作战综合防护能力。

1.1 末端综合光电防御的概念

《中国人民解放军军语》对防御的定义是：抗击敌方进攻的作战，包括战略、战役和战术范围的防御，是作战的基本类型之一。由此可见，防御是为了提高战场生存能力而抗击敌人进攻的作战行动，不同目标在不同作战范围内的防御，其方法和手段也各不相同，但决定目标防御能力的要素基本一致，主要包括机动性、攻击力、抗击力、防护力、态势感知力和信息共享力等六个方面。防御体系是指防御时由兵力部署、阵地编成、火力配系、信息对抗配系、障碍物配系及有关保障系统等构成的有机整体。防御的未来发展是建立较完整的多层防御体系，并不断改善各层次防御系统的性能，使其具备全方位的防护特性，提高目标的综合防御能力。目标多层防御体系是为实现目标防御的最佳效能，综合采用多种目标防御手段而形成的多层次防御系统。从保护对象角度看，威胁目标在临近过程中，也将是面临层层对抗、逐渐消耗的过程，但随着突防技术的发展，也有可能存在漏网的威胁进入末端攻击，需要保护对象具备一定的末端防御能力，即产生了末端防御的概念。

1.1.1 末端防御

按导弹的飞行过程，通常可划分为起飞/初始段、中段和末端，其中中段时导弹进入大气层到出大气层，末端为导弹重返大气层。据此，美军在反导计划中，设定的末端防御概念为拦截重返大气层的敌方导弹。

本书中的末端防御主要是指体系对抗作战的近程防空反导。一般地，近程防空反导主要有速射火炮、防空导弹、光电对抗装备等手段。

当前，速射火炮技术相对成熟，其射速高、初速大，采用闭环校射方法，命中精度和毁伤概率高，具有较好的末端直接命中目标能力，可满足阵地防御的末端硬毁伤需要，已有自行集束炮、舰船近程防御多管火炮等多种装备，典型系统如俄罗斯 AK-630M 舰炮、美国 6 管 20mm "守门员"高射炮。速射火炮拦截距离近，应付多目标能力弱，弹药消耗大、快速补充难，炮管寿命有限，系统复杂，对平台要求较高，车载机动作战时作战效能有限。

近程防空导弹技术发展迅速，具有发射速度快、机动能力强、制导精度高、杀伤威力大等优点，可以实现发射后不管，能有效对抗临近的多批次威胁目标，是目前末端防御的主要手段，各主要军事强国都有系列近程防空导弹装备，典型系统如美国 M48"小槲树"导弹、FIM-92"毒刺"导弹，俄罗斯 SA-9 防空导弹，我国的"飞蠓"地空导弹武器系统等。近程防空导弹在抗击直升机、飞机等威胁武器平台以及巡航导弹等低速大型弹药方面优势明显，但拦截进入攻击末段的高速弹药方面能力有限，且作战成本较高，单一车载武器系统可发射防空导弹数量有限。

速射火炮与防空导弹的弹炮结合系统是末端防御技术发展的一个主要方向，两者结合可以形成梯次拦截火力，对提升武器系统的作战效费比和拦截作战效能具有重要意义。典型系统如美国、法国合作开发的改进型"运动衫"系统，由一部 4 联装"西北风"地空导弹发射装置、一门 5 管 25mm 自动炮、一套火控系统和一辆"剪刀鱼"装甲车底盘组成。俄罗斯的"铠甲"-S1 弹炮结合防空武器系统由两部 6 联装 SAM-15"护手"地空导弹发射装置、两门 2A72 式 30mm 自动炮、火控系统及越野车底盘组成。瑞士的"天盾"35 阿海德弹炮结合防空武器系统由一部"阿达茨"地空导弹发射装置、两门 35mm 自动炮和一个火控指挥方舱组成。

与速射火炮、防空导弹以及弹炮结合防空武器系统的硬毁伤拦截作战机理不同，光电对抗技术基于软杀伤作战机理，采用有源主动对抗或者无源遮蔽干扰等方式，以敌方武器平台观瞄设备、制导弹药导引头敏感器件为作战对象，饱和、致眩、诱骗、遮蔽其探测器，使其降低侦察定位和精确打击能力，达到保护己方目标的目的。受大气传输特性限制，光电对抗交战双方都限制在有限的波段范围、有限的空域范围内。随着现代激光技术、先进材料技术的发展，光电对抗已成为末端防御技术的重要发展方向之一，目前已有系列的装备应用，如美国的 AN/GLQ-13 激光对抗系统、英国的 GLDOS 激光对抗系统、俄罗斯的"窗帘"-1 光电对抗系统等。光电对抗装备作战效费比极高，以激光为主动干扰源时，能量投射速度达到光速，通常秒级就可完成一次作战任务，调整激光发射方向即可实现火力转移，且只需消耗电能，无弹药补充要求，所以在抗击多目标方面优势明显。但受电光转换效率及热环境控制水平影响，高能量输出激光武器系统复杂庞大，而低能量输出激光只能对光电探测系统起到干扰作用，不能抗击非光电目标。

建立以防空导弹、光电对抗、速射火炮有机结合的多层光电防御装备是末端综合防御武器系统的发展趋势。这主要体现在以下几个方面：①采用多管火炮以提高火炮射速和火力密度，增强末端拦截导弹能力；②光电对抗系统可对来袭导弹进行有效的干扰和诱骗，提升了装备自主防御能力；③防空导弹射程增大、威力增强，对空中平台的远距离毁伤能力进一步增强；④多种防御手段与综合火控系统集成于一体，发挥了单一防御手段的优势，总体防御作战效能大大加强；⑤系统配置更加完备，系统配有探测告警系统、跟踪雷达、光电跟踪仪等组成的火控系统，可独立承担作战任务；⑥系统具有全天候、全自动、智能化的特点。

1.1.2 光电防御

光电防御是为保护己方目标而使敌方光电侦察装备及光电精确制导武器降低或丧失作战效能所采取的技术措施。具体来说，就是在紫外光、可见光、红外光等波段范围内，利用光电设备与器材对敌方光电武器实施干扰对抗，使其失去或降低作战效能，达到保护己方武器装备和人员的目的。

一般地，单种光电防御手段只能防御某一类威胁目标，不具备对多来袭目标的综合防御能力。随着光电侦察设备和光电制导武器的发展，综合光电防御成为一个重要的发展方向，集成多种防御手段的一体化综合光电防御已成为要点要地主动防御体系的重要组成部分。

1.1.3 末端综合光电防御

末端综合光电防御是指在体系对抗作战中综合运用光电防御手段，并集成于一体实施近程防空反导，以保护要点要地为目的的作战行动。实施这一行动所涉及的技术总称为末端综合光电防御技术，所研制的系统称为末端综合光电防御系统。末端综合光电防御系统是高科技集成的新一代防御武器系统，是中远程防御武器系统的重要补充。

美、俄等军事大国在发展中远程防空武器系统的同时，都把末端综合（如弹、光、炮一体化）防御武器系统作为中低空近程防御装备建设的重点，已经列装并形成战斗力。

1.2 末端综合光电防御主要任务特点

1.2.1 系统任务特点

现代战争中的进攻作战表现为各种平台的精确打击特征尤为明显，易受打击的目标包括指挥所、机场、港口等固定点/面目标，大规模集群军事目标和小型高价值装备等。地下指挥所、机场等固定目标的防御主要依托地面防空网络，如防空火炮和导弹；大规模地面集群目标的防御主要依靠配属的防空火炮、防空导弹和电子对抗系统等防御装备。

随着信息、指控和火力等系统的发展，现代战争的作战样式已经从地面集群作战逐渐转变为基于信息系统的火力战，其基本作战形式是边机动边作战或机动到有利位置快速作战后再机动，典型装备主要包括坦克、步兵装甲车、导弹发射车、机动指挥所等陆基机动装备平台（以下简称机动装备）。在以信息火力战为基本作战样式的条件下，各作战单元的配置规模相对较小，其平台的机动能力较强，一般采用轮式或履带装甲底盘。作战单元分散配置的作战方式降低了被发现的概率，但也增加了得到配属防空武器有效保护的难度，其受打击时的生存能力受到严峻挑战。这就要求末端综合光电防御系统可跟随被保护目标一起运动，即具备伴随防御能力。

末端综合光电防御系统的作战任务是：在上级空情支持下或独立遂行伴随作战任务，采用有源定向或无源的多波段光电干扰手段，对抗光电精确制导武器或观瞄器材，使来袭武器丧失精确打击能力，提高被保护目标战场生存能力。

末端综合光电防御系统的主要特点包括：目标探测、跟踪、控制、作战、评估一体，功能完备；多目标防御、伴随防御、多层防御，作战能力强；结构轻小，火控简便，效费比高，使用范围广。

1.2.2 使用方式

根据机动装备从作战准备到作战实施全过程防精确打击的需求，末端综合光电防御作战样式可分为阵地防御、机动防御和短停防御。

1. 阵地防御

机动装备处于待机阵地或发射阵地时，留给末端综合光电防御系统的准备时间较长，此时可采用阵地防御的方式，即根据地势、地形及被保护的机动装备配置队形，选择一处有利位置展开，进行系统调平、目标搜索、目标跟踪与目标打击，为机动装备提供最优位置及最高生存概率的保护。

2. 机动防御

末端综合光电防御系统伴随机动装备处于机动过程中，收到上级空情或自主探测到威胁目标时，采用机动防御方式。末端综合光电防御系统位置根据被保护目标的队形配置，机动到有利位置。此时，末端综合光电防御系统进行行进间目标搜索、目标跟踪与目标打击，为机动装备提供一定程度的保护。

3. 短停防御

接收到上级空情后，在有一定时间裕量的情况下，可采用短停防御方式，即末端综合光电防御系统快速机动到有利位置展开，进行快速调平、目标搜索、目标跟踪与目标打击，对行进中的机动装备提供光电保护，完成任务后快速撤收，继续对被保护目标进行机动防御。

1.3 末端综合光电防御技术发展

1.3.1 技术发展现状

随着光电对抗技术的飞速发展，光电防御系统功能多样，且与被保护目标的结合越来越紧密，甚至集成在被保护目标上，直接利用其能源和运动平台资源。然而，一般被保护的机动装备可提供的负载、供电、功耗和体积等容量有限，集成的光电防御装备种类单一，往往难以实现对各种光电制导武器的有效防御。以单车集成多种对抗手段，在被保护目标停止、机动或进入阵地等过程中实施伴随防御任务，有效对抗各种精确制导武器的末端防御系统应运而生。

美国诺斯罗普·格鲁门公司与美国国防类股公司（UDI）正在合作为美国陆军提供新一代的地面激光防御系统，以保护美国陆军士兵不受现在来自各方面多种多样的威胁。根据美国国防部和这两家公司签署的协议，诺斯罗普·格鲁门公司和国防类股公司正在为为美国国防部提供高能量的激光防御系统。这一系统被安装在一辆装甲战斗车里，是一个综合的多功能系统，可以随同部队迅速移动。这种激光系统具有非常高的可操作性，对于提高美国陆军的防御作战能力来说具有革命性的意义，可以改进陆军的作战方案，增强抵御导弹、炮兵、迫击炮和无人驾驶飞机和其他外来威胁的能力。

"机动式战术高能激光武器系统（MTHEL）"（图1-1）是一种为陆军使用的前沿机动防御系统，旨在弥补陆军中程反导武器系统的不足。它采用美国天合汽车（TRW）公司研制的车载氟化氘激光器，样机功率为400kW，以对付 10km 距离上的低空来袭隐身目标。试验表明，该武器系统可严重摧毁 4km 以远的来袭导弹的雷达整流罩，并能严重破坏 10km 以远的光学系统[1]。

图 1-1 机动式战术高能激光武器系统

不过，虽然 MTHEL 固定位置的验证机成功地击落了炮弹和"喀秋莎"火箭弹，但化学激光器的尺寸必须大大减小，以便使其成为机动式装备。对于战场使用来说，这一点被认为是关键性的要求[1]。图 1-2 为美国波音公司研制的"复仇者"车载激光武器系统，作为"前沿区域防空系统"的一部分，作战对象为火箭弹、迫击炮弹、无人机和巡航导弹等。可以看到它完全集成在小型卡车上，具有高度的机动性，并已经与传统榴弹炮和高射炮等武器相互结合使用，具备了相当的实战能力[2]。2007 年秋，美国波音公司验证了"复仇者"战车具备摧毁临时爆炸设备和未爆炸武器的能力。2007 年 9 月，在美国得克萨斯州亨茨维尔市的红石导弹兵工厂实施了激光发射试验，装备在"复仇者"战车上的激光器是功率为 1kW 的固体掺镱光纤激光器，波长为 1080nm，激光器的射程为 100～1000m，摧毁了 5 个目标和 2 台小型无人静止航空飞行器。

2011 年 9 月 1 日，BAE 集团美国公司、波音公司及美国海、空军在位于佛罗里达州的埃格林空军基地成功进行了 MK38-mod2 战术激光系统（图 1-3）试射试验。试验模拟了大量小型快艇进行集群攻击，重点测试搜索及激光系统的多目标识别能力，威胁判断及拦截饱和攻击的能力。其中，激光器为光纤激光器，由国际成像集团以及波音公司联合研制，功率为 10kW，能有效应付小艇、无人机、炮弹及部分导弹的威胁。

图 1-2 "复仇者"车载激光武器系统

图 1-3 MK38-mod2 战术激光系统

国内对精确制导武器的末端防御研究，主要有摧毁、干扰等技术手段。其中传统的硬摧毁手段有小口径速射火炮、防空导弹等，如射速 4000 发/min 以上的 730 火炮技术已经成熟，并已形成装备，目前重点是针对未来高马赫数攻击武器的拦截需求，在电磁炮、微波定向能、强激光等新手段上不断加强研究，并已经取得了可喜的阶段性成果。

在对抗精确制导武器导引系统的干扰技术研究方面，以激光为干扰源的技术发展十分迅速。如对抗激光制导武器的高重频激光阻塞干扰和激光角度欺骗干扰等技术，都经历了实弹对抗的检验。可对抗红外制导武器、电视制导武器的车载激光定向干扰系统已经有多种型号装备。

目前末端防御装备还存在以下不足：

（1）缺乏单车独立作战能力。目前单一防御装备基本不具备独立作战能力，需要多车系统配合或需要外部目标指示才能协同完成作战任务。

（2）缺乏行进中防护能力。目前防御装备大多局限于静止状态工作，无法兼顾行进队列的作战防护。

（3）缺乏灵活机动能力。目前防御装备系统规模过于庞大，需要多辆车协同作战，在复杂地理环境下难以快速机动和快速展开，无法适应伴随防御的作战特点。

（4）缺乏组网、重构能力。目前防御装备大多以点防护为主，缺乏扩展为线防护、面防护的快速组网能力，针对威胁变化和敌情发展缺乏实时重构能力。

由此可见，研究集成目标探测跟踪、指挥控制、多波段复合干扰对抗、干扰效果评估等多功能、具有独立作战能力的末端综合光电防御系统，可有效减小作战时的保障难度和协同控制难度，提高伴随防御作战效能，提升机动装备的战场生存能力。

1.3.2 技术发展趋势

光电制导技术和光电防御技术是一对矛盾体，光电制导技术是矛，光电防御技术是盾，两者在竞争中不断发展。随着科技的发展，未来的光电制导技术将向高精度、抗干扰能力强的方向发展，应用也会更加广泛，对光电防御技术提出了新的要求，客观上促进着光电防御技术不断发展，光电防御技术将向多光谱防御技术、光电综合防护技术和多层全程防御技术方向发展。

1. 多光谱防御技术

在光电防御技术中，多光谱技术应用更加广泛。多光谱防御改变了以往的单一波长或单一频段的防御方式，使光电侦察告警、光电有源干扰和无源干扰、光电反侦察反干扰向全光波段发展。

多光谱光电侦察告警技术是光电综合告警技术的发展，是利用可见光、红外光、紫外光和激光等多传感器进行综合侦察告警的一种先进技术。它可以根据目标、背景的辐射特性进行多维探测，获取丰富的信息资源，并且充分利用探测到的信息资源，实现光电防御系统的优化配置、功能相互支持及任务综合分配，使光电防御系统发挥更大的功效。典型装备有美国的"猎手"远程无源传感系统，可全天 24 小时完成战场警戒任务，可远距离搜索并发现目标，获取精确的目标信息并将其发送到指挥控制通信网络，用以引导武器系统对威胁目标实施攻击。

多光谱探测技术、多波段制导技术的广泛使用，极大地提高了武器系统的作战效能和抗干扰能力。采用多光谱探测和制导技术的武器装备在整个武器装备中的比例越来越大，使多光谱光电防御技术的研究和发展提升到了重要的地位。如美国研制了世界上首个机载激光干扰系统，称为多光谱干扰处理系统，能自动分析、跟踪和对抗空中和地面发射的各种红外制导导弹。

2. 光电综合防御技术

由于现代武器系统对光电侦察、光电火控、光电制导技术的高度依赖，促使以欺骗、干扰敌方光电探测系统和削弱、破坏敌方光电精确制导武器作战能力的光电综合防御系统成为保护己方军事设施，夺取战场主动权的关键装备[3]。光电综合防护技术的发展，使光电防御从设备级对抗发展到系统级对抗、体系级对抗，提高了战场作战效能。光电综合防御系统就是运用了光电综合防御技术，具有综合化、小型化、一体化的功能，并在光电欺骗干扰的基础上，增添了光电进攻武器，成为攻防兼备的主动防御系统，已广泛用于车载、舰载、机载各种军事平台。

车载光电综合防护系统，由光电告警系统、光电对抗系统以及信号处理系统和决策系统四部分组成。其中光电对抗系统包括烟幕发射装备、激光对抗装备和导弹对抗装备三部分。

舰载光电综合防护系统的典型代表是第二代"快速综合防御系统"（RAIDS），是美国海军为了对付日益严重的反舰导弹威胁而研制的，实现了舰载作战综合防护，改进了威胁评估、电子对抗效果和总的反舰导弹防御响应速度。

机载光电综合防护系统的典型代表是综合电子战系统（INEWS），它是美国空军、海军为今后作战飞机的自卫而研制的，可为机组人员提供实时的威胁和导弹攻击告警并能自动地做出相应的对抗响应。该系统由雷达告警、导弹攻击告警和光电对抗以及无源干扰等子系统组成[4]。

3. 多层全程防御技术

多层全程防御技术的发展，提高了对光电精确制导武器整体作战的效能。若单层防御的成功率为70%，则多层全程防御的成功率将达到90%以上。因此，多层全程防御技术是对付光电精确制导武器的有效途径，是光电防御技术的重点发展方向[5]。

目前地面重点军事目标面临的最大威胁是空中光电精确制导武器的攻击，

如激光制导导弹、电视制导导弹、红外制导导弹、雷达制导导弹等。为使敌方精确制导武器系统对己方保护目标"看不见、瞄不准、打不上",针对光电精确制导武器作战的各个可介入干扰节点,对光电精确制导武器防护系统可由远至近、层层设防、多种手段、综合运用。

第一层防御主要在敌方发射精确制导武器之前,以强激光致盲、致眩干扰和激光距离欺骗干扰,攻击敌方作战系统中观瞄侦察装备和光电传感器及作战人员眼睛,使其无法发射精确制导武器或产生错误的投放时机和方位。

第二层防御主要在来袭精确制导武器进入末制导之前,以激光干扰以及光电角度欺骗干扰,攻击精确制导武器导引头,使之无法进入末端精确制导段而丢失攻击目标。

第三层防御主要在来袭精确制导武器进入末制导段之后,采用激光干扰、激光角度欺骗干扰、烟幕遮蔽干扰、毫米波有源干扰和无源干扰综合对抗手段,使来袭精确制导武器引偏或使之丧失制导能力[6-7]。

1.4 末端综合光电防御系统组成与原理

1.4.1 系统组成

末端综合光电防御系统是在不进一步增大被保护目标的暴露征侯和作战保障需求的前提下完成目标光电防御任务。构建典型末端综合光电防御系统应满足以下基本原则:

(1)单机动平台综合集成;

(2)防御波段覆盖作战对象全波段;

(3)机动能力不低于伴随目标。

典型末端综合光电防御系统组成如图 1-4 所示。

为此,末端综合光电防御系统应至少具有上级空情接收分系统、目标探测跟踪分系统、情报处理分系统、指挥控制分系统、激光干扰源分系统、定位定向分系统、载体姿态测量分系统、稳定跟踪转台分系统、供配电分系统和适应伴随要求的机动平台分系统,系统组成与功能如表 1-1 所列。

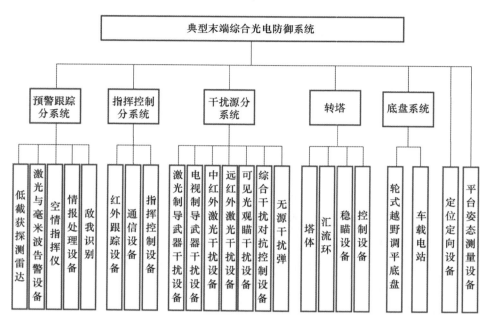

图 1-4　典型末端综合光电防御系统组成

表 1-1　系统组成与功能

上级空情接收分系统	接收上级空情，实现远距离预警，为系统展开提供预警时间
目标探测跟踪分系统	探测并跟踪目标，为系统提供预警和目标空间定位，自身具有较好的低截获特性
情报处理分系统	综合上级空情和目标探测信息，分析目标威胁等级，完成目标指示
指挥控制分系统	对目标跟踪数据进行处理，控制高精度转台指向目标，并控制多波段干扰源干扰来袭目标，完成打击效果评估
激光干扰源分系统	具备对多种光电侦察、制导方式目标实施有源干扰的能力
定位定向分系统	确定系统大地坐标及坐标系
载体姿态测量分系统	为系统机动作战提供实时平台姿态检测信息
稳定跟踪转台分系统	为激光干扰源分系统提供机动时的稳定平台和空间精确定向能力
供配电分系统	为系统上装提供动力
机动平台分系统	为伴随防御系统提供机动能力和载体平台

1.4.2　系统工作原理

末端综合光电防御系统原理图如图 1-5 所示。

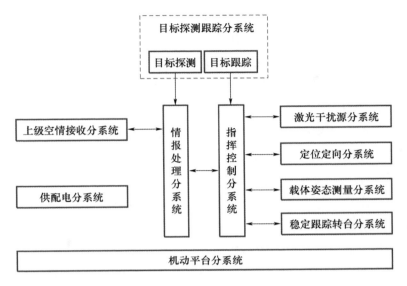

图 1-5 末端综合光电防御系统原理图

末端综合光电防御系统配属作战任务部队后，与防空导弹、高炮等装备共同构成防御体系。其工作原理是：在接收到上级空情或者上级指挥员命令后，系统进入临战状态下，系统保持热机待命状态，目标探测跟踪分系统进入工作状态，搜索空域中的可疑目标，发现可疑目标后送入情报处理分系统，情报处理分系统根据上级空情或综合目标运动特征、雷达特征、红外特征、激光/毫米波告警等信息，判断目标类型并进行威胁分析，识别为威胁目标后启动目标跟踪设备，对目标进行实时跟踪，并同时控制稳定跟踪转台分系统进行调转，尽快使激光干扰源分系统瞄准来袭目标。指挥控制分系统根据战场态势和目标威胁等级变化情况，按照系统指挥员指令，在有利时机进行干扰对抗，直至威胁解除，进入下一威胁目标对抗准备。

1.4.3 系统关键技术

末端综合光电防御系统涉及光电、信息、机械、电子等诸多专业领域，是典型的复杂光机电一体化系统，特别是与作战对象的交战过程中，双方状态都处于快速变化过程中，对系统实现预期功能和作战效果提出了很高的设计要求，其中，核心问题还是各种干扰源作战能力要求与系统集成资源限制的矛盾。由于末端综合光电防御系统要具备机动伴随作战能力，与传统的阵地防御系统不同，系统的所有作战资源要力求轻小型化，满足车载集成要求，而且载车要具有较高的机动性能和隐蔽性能，不能过于庞大，因此，系统设计中要重点关注的关键技术主要有以下几种。

1. 末端综合光电防御系统总体设计技术

总体设计是保证一个复杂系统性能优良的关键性顶层优化问题，在确定系统战术性能指标后，细化功能要求，进一步解决各分系统乃至单机之间的技术指标分配、结构布局与机械接口、信息接口与工作逻辑、系统环境、精度设计与误差分配等具体设计问题。

2. 威胁目标预警探测与跟踪技术

随着攻击兵器隐身性能、机动性能的提高，对防御系统的预警探测和目标跟踪能力提出了更高的要求。受末端综合光电防御系统总体资源限制，不能单方面追求预警探测设备的高性能，只能在体积、重量、功耗和探测威力之间求得平衡，常用技术手段是搜索跟踪雷达、光电探测与跟踪系统。对于末端防御作战来说，系统反应时间是关键性指标，要求预警探测设备能够尽可能远地发现目标，处理设备能够尽可能快地提供目标指示，跟踪设备能够尽可能精确稳定地锁定目标。特别是在无空情预警情况下，由于来袭目标攻击方向不确定，要求预警探测系统能够快速搜索全空域。

3. 多波段对抗干扰源设计与产生技术

干扰源是末端综合光电防御系统的火力手段，是防御作战机理实现的关键。理论上，干扰源覆盖波段越全、瞬时覆盖角度越大、激光出射能量越大对达成系统作战目的越有利。但是从系统集成设计角度来看，干扰源数量越少、体积和重量越小、供电及散热要求越低，则集成设计上的难度越低。事实上，以上两点互相矛盾，必须在干扰源设计方面统筹兼顾。一般地，首先要基于战术性能的作战对象、作用距离等指标，分析干扰源满足战术要求的波段选择、出射能量、发散角等主要技术参数选取范围，再根据系统精度设计与误差分配，确定干扰源技术体制选择、结构设计、冷却设计、发射光路设计等技术实现途径。

4. 大负载高精度定向干扰转塔设计技术

末端综合光电防御系统主要采取激光有源定向干扰对抗作战模式，采用激光作为主要干扰源。为减小系统总体集成设计上的体积、结构、功耗等方面压力，只能采用输出能量有限的轻小型激光器，为确保干扰作用距离指标，只能控制出射激光发散角在较小范围内。因此，为保证干扰激光能够有效照射到作战目标，要求系统保持极高的跟瞄精度。定向干扰转塔作为干扰源的承载平台，其精度直接影响系统作战效能。另外，由于转塔内部、外部都装载各种干扰源设备和环境控制设备，且不能有形变，所以转塔塔体要有一定的强度，其自身重量不能忽略。定向干扰转塔设计要解决结构设计、载荷集成与稳定性设计、高精度控制设计等关键技术问题。

5. 末端综合光电防御情报处理与指挥控制技术

末端防御作战面临的是复杂变化的战场态势，对抗的是末端来袭的高速威胁目标，战机稍纵即逝，防御失败将造成严重损失。因此，末端综合光电防御系统除了具备较强的目标预警探测与跟踪能力外，还必须提高情报处理与指挥控制的自动化水平，既要能够快速应对战场态势变化，又要能够掌控系统各作战单元状态，及时准确发出各种作战指令。要解决的技术问题包括各类侦察设备情报的融合处理、战场态势的动态显示、目标威胁等级评估与防御作战排序、作战单元状态监控与故障预测、多种防御手段的综合运用控制等。

参考文献

［1］马照习. 美军激光武器发展现状［J］. 现代军事，1998（03）：51-53.

［2］魏剑维. 全固态激光器在高能激光武器领域的应用［J］. 地面防空武器，2005（01）：51-53.

［3］杨曙光，王浩. 红外激光干扰与强激光摧毁技术及其发展［J］. 电子对抗，2011（1）：1-7.

［4］楚德强，郭文普，任俊. 近空间飞行器光电对抗技术研究［J］. 科技信息（科学教研），2008（01）：45，5.

［5］魏莉莉，郑东良. 我军机载光电对抗技术装备发展研究［C］//中国航空学会. 第二届中国航空学会青年科技论坛文集. 洛阳，2006.

［6］韩志鹏，李保霖. 舰载光电对抗系统发展趋势及其关键技术［J］. 舰船电子工程，2013，33（01）：134-136.

［7］王剑英，刘列，周玉平. 半主动激光寻的导弹全程光电对抗技术探讨［J］. 红外与激光工程，2006（S1）：188-193.

第2章
末端综合光电防御系统总体设计技术

末端综合光电防御系统总体设计主要针对武器系统全局性的问题展开研究，贯穿末端综合光电防御系统论证研制的全过程，主要包括系统功能要求与指标分析、系统结构与接口设计、系统工作环境设计、系统精度设计与误差分配方法、系统工作流程与时序分析等。

2.1 系统功能要求与指标分析

2.1.1 系统作战对象分析

机动装备所面临的主要威胁与其作战区域的制空权息息相关。其面临的威胁已不再是传统的火炮打击，取而代之的是由各种平台搭载的精确制导武器打击。统计表明，在第二次海湾战争以来的局部战争中，超过80％的重要目标如发电厂、油井、坦克、装甲车等是被精确制导武器摧毁的。精确制导武器已经成为机动装备的主要威胁。

从作战样式上，可以分为以下几个方面：

（1）空中精确打击。典型武器有 F-15E 战斗轰炸机、GBU-12 激光制导炸弹、CBU-105 末敏子母炸弹、"狙击手" XR 瞄准吊舱。

（2）地面间瞄精确火力打击（5～20km）。典型武器有 M712 "铜斑蛇"激光制导炮弹。

（3）地面直瞄精确火力打击（≤5km）。典型武器有坦克/装甲精确炮火打击、STAFF 炮射导弹、"芦笛"激光驾束制导炮弹。

（4）单兵反坦克导弹打击（≤5km）。典型武器有 BGM-71 "陶" 2B 便携式反坦克导弹、FGM-148 "标枪" 便携式反坦克导弹、"短号" 便携式反坦克导弹、"崔格特" 便携式反坦克导弹。

从作战距离上，以空中精确打击为例，可以分为以下几个方面：

（1）中远程空地导弹打击（≥20km）。典型平台如 A-10C "雷电" Ⅱ 攻击机、典型打击武器如 AGM-65 "幼畜" 空地导弹、典型侦察装备如 LITEN-ING "兰盾" 吊舱。

（2）近程空地导弹打击（5～20km）。典型武器有 AH-64 "阿帕奇" 武装直升机、AGM-114 "海尔法" 空地导弹、AN/ASQ-170 目标截获和识别瞄准具、AAQ-11 飞行员夜视系统、APG-78（V）长弓火控雷达。

1. 威胁机动装备分析

海湾战争中，AH-64A "阿帕奇" 武装直升机和 A-10 "雷电" Ⅱ 攻击机是对付伊军精锐坦克、装甲车的主力军。277 架 AH-64A "阿帕奇" 武装直升机共摧毁 1300 辆坦克、装甲车，总的执行任务率大于 85%。144 架 A-10 "雷电" Ⅱ 攻击机共摧毁 600 辆坦克、962 门火炮、40 个飞毛腿导弹发射装置。

海湾战争中击毁伊拉克坦克、装甲车的主要机动装备所占比例如图 2-1 所示。

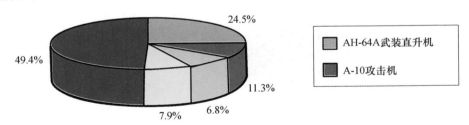

图 2-1 海湾战争中击毁伊拉克坦克、装甲车的主要机动装备比例图

虽然海湾战争中击毁伊拉克坦克/装甲车的其他作战平台所占比例最高，但其包括了火炮、坦克、装甲、单兵和舰载平台等击毁总量，实际上各单平台相对于飞行平台而言，所占比例较小，因此机动装备威胁等级如表 2-1 所列。

表 2-1　机动装备威胁等级

机动装备	威胁等级（1 级最高）
武装直升机	1
固定翼飞机	2
火炮	3
装甲车	3
单兵	3

因此，在对抗坦克、装甲车等机动装备中，武装直升机的威胁等级最高，固定翼飞机的威胁等级第二，火炮、装甲车和单兵次之。

2. 威胁武器类型分析

海湾战争中，用来对付坦克的导弹主要包括"小牛"空地导弹、"海尔法"空地导弹、"陶"式反坦克弹和"铜斑蛇"炮弹等。伊拉克战争中，主要采用了 GBU-12 激光制导炸弹、CBU-105 末敏子母炸弹、"萨达姆"末敏弹和"标枪"反坦克弹对付坦克。海湾战争和伊拉克战争中击毁伊拉克坦克、装甲车的武器类型比例图如图 2-2 所示。

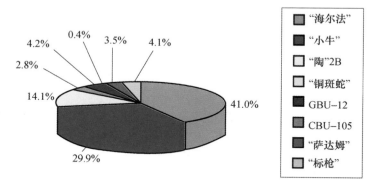

图 2-2　海湾战争和伊拉克战争中击毁伊拉克坦克、装甲车的武器类型比例图

通过对近几次局部战争的数据分析表明，精确打击已成为现代信息化条件下局部战争火力打击的主要手段，光电观瞄设备和光电制导武器在精确制导武器打击链中发挥了重要作用，其中光电观瞄已成为各种作战平台首选的目标探测和捕获手段，光电制导武器已成为精确制导武器家族中的重要组成部分（图 2-3）。

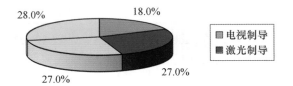

图 2-3 现代战争中对地攻击的精确制导方式比例图

因此，压制作战平台光电观瞄设备使其无法发现和捕获目标、破坏光电导引头使其丧失制导能力是伴随综合光电防御的主要作战任务。

3. 典型威胁目标参数分析

通过分析不同作战态势下伴随综合光电防御面临的主要威胁，可以得出机动装备面临的主要威胁是具有精确打击能力的导弹、炸弹。从工作原理和技术层次上，主要威胁可以归纳为侦察威胁和打击威胁。典型光电观瞄设备如表 2-2 所列，典型空地精确制导武器如表 2-3 所列。

表 2-2 典型光电观瞄设备

类型	名称	平台	工作波段
机载光电观瞄	AN/AAQ-30 Hawkeye	AH-1Z	可见光、中红外（3～5μm）
	ANASQ-11&AN/ASQ-170	AH-64	可见光、远红外（8～12μm）
	AN/AAQ-33 Sniper XP	A-10、F-15E、F-16	可见光、中红外（3～5μm）
	OH-58D MMS	OH-58D	可见光、远红外（8～12μm）
	AN/AAQ-13&AN/AAQ-14	F-15E、F-16C/D	可见光、远红外（8～12μm）
	Litening	A-10、AV-8B、F-15/16	可见光、远红外（8～12μm）
	AN/ASQ-28（V）	F-16C/D、A-10	可见光、中红外（3～5μm）
	AN/AAS-35（v）	A-10	可见光、中红外（3～5μm）
地面光电火控/观瞄	HOT 反坦克导弹制导站	步兵战车	可见光、远红外（8～13μm）
	TOW 反坦克导弹制导站	步兵战车	可见光、红外
	SUV-T55A	T55、T62	可见光、远红外（7.5～11.8μm）
	SEOSS 观瞄	主战坦克	可见光、远红外（8～12μm）
	Sanoet-1 红外瞄准器	BMP-2 步兵战车	可见光、远红外（8～12μm）
	EOSS 观瞄	步兵战车	可见光、中红外、远红外
	WBG-X 装甲车热瞄准器	Loepard2 主战坦克	可见光、远红外（8～14μm）

表 2-3　典型空地精确制导武器

类型	型号	制导方式	工作波段	射程/km
机载制导武器	AGM-65D/F/F2/G/G2	红外成像	8～12μm	22
	AGM-65E	半主动激光	1.06μm	
	AGM-65H/J/JX/K	电视	0.4～0.7μm	
	AGM-114 A/B/C	半主动激光	1.06μm	8
	AGM-114K	半主动激光	1.06μm	9
	APKWS	半主动激光	1.06μm	6
	GBU-44/B	GPS半自动导航/半主动激光	1.06μm	2
	AGM-169	半主动激光/毫米波/红外成像	1.06μm/3～5μm 3mm	16/28
地面制导武器	远程"崔格特"	红外成像	8～12μm	8
	AT-9	光学跟踪/无线指令制导		6
	AT-16	半主动激光	1.06μm	8
	"长钉"-ER	CCD、红外成像	8～12μm 0.4～0.7μm	8

从以上威胁目标分析可以看出，末端综合光电防御的作战对象主要包括光电制导武器、光电侦察器材及其运载平台。其作战距离约为 6～20km，对抗波段包括可见光、红外、激光和毫米波等波段。

2.1.2　系统功能要求

针对末端防御的主要威胁对象、末制导类型和防护目标的典型特征可以总结归纳出末端防御系统应具有精干、合成、轻型、高机动等特点，其总体要求如下：

1. 具备独立作战能力

末端防御的特点需要末端综合防御系统伴随机动装备完成集结、机动、待机、作战等作战过程。在作战过程中，末端防御系统可能得不到包括上级空情以及本级空情在内的情报支撑。这就要求末端防御系统必须具有独立的情报获取能力，形成集目标探测、目标跟踪、目标打击及效果评估与一体的具备独立作战能力的系统。

另外，为了提高系统预警距离以及协同作战能力，系统必须留有与国土防空、上级及友邻的情报接口以及多系统协同作战的组网能力。

2. 适应机动作战的需求

现代战争中被发现意味着被消灭，因此，机动装备在作战战术运用中，通常采用机动、打击、再机动的作战模式，以机动作战的方式降低被毁伤的概率。为此，要满足机动装备伴随防护光电精确制导武器系统打击的需求，末端防御系统必须具备快速灵活的机动作战能力、快速展开与撤收能力，且末端防御系统机动能力应不低于被保护目标的机动能力。

3. 具备多批次打击时连续作战能力

现代战场形式复杂多变，机动装备容易受到不同方向、不同类型的制导武器攻击，如同时受到空地精确打击和地地精确打击。另外，伴随防御系统保护的通常是具有一定面积的区域，区域内不同位置的装备可能会同时遭受攻击，这就要求末端防御系统必须具备抗多批次打击作战能力。

4. 隐蔽作战能力强

防御目标的隐身性是提高生存能力的重要因素，隐身性主要体现在反侦察能力和对反辐射制导武器的对抗能力，因此应该根据防护目标的特点，在目标探测阶段优选无源探测或低截获探测手段，在目标跟踪阶段优选被动跟踪手段，在目标对抗阶段优选窄波束模式或者反辐射反制模式。

5. 保障需求低

末端系统保护对象的编成特点决定了末端防御不应大幅增加作战部队的人员保障、弹药保障、维修保障等额外需求。

2.1.3 系统指标分析

1. 作战对象及保护目标

通过对面临的典型威胁目标类型分析，可以发现机动装备面临的主要威胁目标包括机载光电观瞄装置、地面观瞄装置、激光/电视/红外/毫米波及其复合制导武器，即末端综合光电防御系统的作战对象包括光电观瞄装备和光电制导武器。其中光电制导武器的飞行速度马赫数不超过 1.5，为留有裕量，后续均以目标速度马赫数为 2 计算。

根据末端综合光电防御系统的作战使命，保护目标主要是装甲车、导弹发射车等机动平台，也可包括火炮阵地、导弹发射阵地等固定阵地目标。

2. 对抗谱段

通过对面临的典型威胁目标工作波段特征分析，可以发现机动装备面临

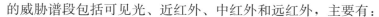

的威胁谱段包括可见光、近红外、中红外和远红外，主要有：

(1) $0.38\sim0.76\mu m$（可见光）；

(2) $0.9\mu m/1.06\mu m$（近红外）；

(3) $3\sim5\mu m$（中红外）；

(4) $8\sim12\mu m$（远红外）；

(5) 8mm（雷达）；

(6) 3mm（雷达）。

实施有效光电干扰的基本要素之一是空域相关，干扰光必须能够进入威胁目标的视场。因为威胁目标工作光谱段的范围很宽（$0.38\sim12\mu m$、3mm、8mm），在交战过程中很难获得足够的信息支持，往往无法识别来袭武器装备工作光谱段，尤其是区分被动制导类型，如电视制导和红外制导的区分。只有实现全谱段的对抗，才能保证己方机动装备在未来的战争中具有较高的生存概率。

因此，末端综合光电防御必须具有同时对抗可见光、近红外、中红外、远红外和毫米波的能力。

3. 激光源发散角与转塔定向精度分析

由于转台定向精度一般不大于干扰源发散角1/3，较小的激光发散角会给转台研制带来较大的指标压力。由理论分析可知，激光发散角较小的是中红外制导干扰源。中红外制导干扰源需要在现有技术的基础上做进一步技术突破，提高发散角的指标。结合现有中红外激光干扰源发展现状和研究技术可达性，综合转台技术成熟度，确定激光干扰源干扰发散角不小于3mrad。

根据理论估计和工程实践经验，为了确保干扰信号能够覆盖来袭目标，定向精度一般设计为干扰信号发散角的1/3。因此，应确保系统对目标的跟踪精度在1mrad以内，目前目标跟踪系统的精度一般为0.03mrad，由此确定转塔动态跟踪精度应优于0.96 mrad，可确保对目标大于93%的照射概率。

2.2 系统结构与接口设计

2.2.1 系统结构设计

末端综合光电防御系统为能够高效探测、跟踪空中目标以及具备较强的抗干扰能力，需要有目标探测雷达、复合告警等对空探测手段；为能在极短时间内完成拦截目标防空作战，且乘员的作战操作不能特别复杂和困难，必须具有较高的自动化水平。所有这些都要求末端综合光电防御系统必须集成更多的电子设备。此外，自行武器装备外廓尺寸的高度和宽度均受到铁路运输和道路行驶标准的限制，末端综合光电防御系统同时集成干扰源、雷达等多种设备，结构复杂庞大，因此，通过优化总体布局和结构设计做到高效利用空间显得至关重要。

确定系统总体布局的原则是依序确定火力部分和其他关键设备的布局位置，对于末端综合光电防御系统而言，主要包括干扰源位置、目标预警探测分系统位置、指挥控制分系统位置、转塔位置、底盘结构、车载电站等布局位置。

1. 干扰源位置

总体布局时，确定多波段干扰源对称外挂于转塔两侧，并且保证定向干扰源干扰出光时视场不被遮挡。宽波段无源干扰弹布置在转塔方舱后方两侧，与多波段干扰源共用转塔方位随动装置，这样有利于节省空间，把转塔内的空间用于布置众多干扰激励源和控制机箱等。

2. 目标预警探测分系统位置

总体布局时，可考虑将激光/毫米波告警天线安装在驾驶室后侧顶部，要求激光/毫米波告警天线的告警空域避免被遮挡。为实现搜索雷达360°全方位探测目标，雷达天线应居于系统最高点，雷达倒伏后高度满足运输超限要求。红外跟踪设备可考虑在结构上和雷达一体化设计，红外跟踪设备的红外热像仪和搜索雷达的天线在垂直椀杆上分两层独立工作，或者和干扰源共轴设计，从而有利于提高系统精度。

3. 指挥控制分系统位置

指挥控制系统主要包括指挥控制设备、通信设备和定位定向设备等，通信设备和定位定向设备天线安装在驾驶室顶部前侧，指挥控制设备位于驾驶舱内，以便于乘员操作。

4. 转塔位置

转塔是干扰源、目标预警探测分系统等设备的载体，居于底盘中后部，左右居中，前后位置主要通过稳定性分析来确定，要求底盘增加副车架以提高转塔安装平面的局部刚度。

5. 底盘结构

由于末端综合光电防御系统伴随被保护目标行动，因此系统对底盘机动性能的要求是能满足被保护目标的机动性能即可，没有其他特殊要求，故底盘选用成熟通用底盘。

6. 车载电站

车载电站属于质量较大的单机设备，并且工作时产生一定的振动，因此对系统整体布局影响较大。如果底盘整体结构尺寸允许的情况下，可以考虑将电站放置在驾驶室与转塔之间的位置，左右居中布置，或者考虑独立挂接在车辆尾部。为降低电站振动带来的不利影响，电站在底盘上固定时需采用双层减振装置隔振，另采用消声器降低电站噪声。

在总体布局中还要考虑各分系统与相关部件的适配性、相容性和可靠性，电路、水路的走位，以及温度、振动冲击等造成的影响。此外，各分系统的安装方式、操作、维修与检测要求也是需要考虑的内容。

2.2.2 系统总体质量设计

系统总体质量设计时，要估算各分系统和单体的质量、体积，借助三维CAD设计手段计算出系统总体全重、质量分布和质心位置。如果系统总质量超过指标要求，在不降低性能要求的前提下，对有可能进一步小型化和轻量化的部件和单体进行改进设计；通过合理布置各单体位置使总体结构更加紧凑，能共用的设备和结构尽量共用。相比较其他分系统或部件，转塔是承载多波段干扰源和目标探测预警设备以及控制机箱的载体，所占质量比例较高，因此具有进一步挖掘压缩空间和质量的潜力。

以某末端综合光电防御系统为例，选用3.5t某型4×4底盘，经过适应性改造，作为系统的运载平台，该底盘自重（含两名乘员）7.5t，核定承载3.5t。在系统组成中，底盘是质量最大的分系统，约占系统全重的2/3，其余3.5t载荷供干扰源、预警探测、指挥控制以及转塔等分系统分配。各分系统的质量分配见表2-4。

表 2-4　各分系统质量分配

序号	名称	质量/kg
1	电站	530
2	驾驶室机柜	250

续表

序号	名称	质量/kg
3	预警跟踪系统	300
4	指挥控制系统	150
5	干扰源分系统	350
6	转塔分系统	1620
7	底盘系统	7500
汇总		10700

2.2.3 系统接口设计

2.2.3.1 信息接口

系统内部的信息流类型包含数字量信号和模拟量信号。

1. 数字量信息接口设计

数字交换主要采用以太网和 RS422 两种形式。目标探测处理设备、激光/毫米波告警设备、定位定向设备、情报处理设备、指挥控制设备和综合干扰对抗设备之间采用以太网连接。通信设备、调平设备和转塔采用 RS422 与指挥控制设备互联。

2. 模拟量信息接口设计

模拟量信息主要有时钟信号、加电信号及信息采集单元采集数据的上报信号，其电气特性表现为差分 TTL 电平信号及+27V 电压信号。

2.2.3.2 电气接口

系统电气接口主要包括系统内外供电接口、内部信号接口和控制接口。系统通过手动选择车载电站或市电，使系统配电箱加电，再由配电箱给各单机设备供电。系统中，除激光/毫米波告警设备、定位定向设备和通信设备需 DC27V 供电外，其余设备都需 AC220V 供电。直流供电设备和交流供电设备接口设计分别如表 2-5 和表 2-6 所列。

表 2-5 直流供电接口设计

序号	功能定义	备注
1	+27V	
2	地线	

表 2-6　交流供电接口设计

序号	功能定义	备注
1	AC220V 火线	
2	AC220V 零线	
3	地线	

系统在布置线缆走向时，采用电缆沿舱壁和舱内顶面敷设的方式，其中系统控制电缆沿方舱侧壁上方排列布置，系统电源电缆沿方舱侧壁下方排列布置。

2.4　系统工作环境设计

根据系统集成的相关理论，装备集成过程中系统总体配电设计、温度环境集成设计、减振和隔噪设计以及电磁兼容设计等直接影响系统集成的效果。

2.4.1　系统总体供配电设计

系统功耗需求与各单机功率、系统作战流程以及用电时序密切相关，表现出较大时变特性，系统功耗时序图见图 2-4。选用标准 AC220V/12kW 车载电站作为系统电源，留有市电接口，各设备信号处理机箱采用 UPS 供电，满足了供电功率和稳定性要求。

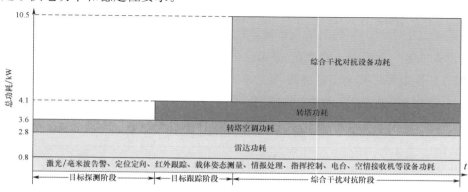

图 2-4　系统功耗时序图

2.4.2 温度环境集成设计

末端综合光电防御系统主要运用多波段激光对抗光电制导武器的复合定向干扰模式，因此激光器是系统的核心部件，为确保激光器正常工作，有必要将激光器工作时特别是在高温环境下产生的大量热量及时散发掉，维持其正常温度环境。此外，综合防御系统的预警探测、指挥控制以及干扰激励源等设备和机箱均需要在合适的温度环境下工作。因此，提高系统各设备的温度适应性与提供稳定可靠的集成温度环境是工程设计的关键之一。

提高设备的温度适应性的技术途径，主要是通过提高元器件的温度筛选要求、加强局部部件的温度补偿、提高主要发热部件的散热效率等手段来解决。具体散热设计时尽可能加大各元器件之间的间距，电源等发热器件远离印制板，机柜设计考虑通风散热，对于处于驾驶室舱和转塔舱内的电子设备所处环境相对密封，通过计算电子设备的发热量和空间大小，得出所需空调制冷量，从而完成空调选型设计，采用配套武器系统方舱的专用空调，并合理布置即可满足要求，从而为电子设备和操作人员提供一个良好的工作环境。

但对多波段干扰源而言，由于其主要集中在转塔俯仰轴外侧密封挂箱内，多个大功率干扰激光器集成在较小空间内使用，导致工作环境相对恶劣，因此转塔内部及外挂激光器集成环境的温度控制是后续干扰源和转塔分系统设计需要关注的问题。

2.4.3 减振和隔噪设计

根据末端综合光电防御系统的干扰机理，干扰源指向对振动环境较为敏感，因此系统的振动环境设计必不可少。在车载环境下，车载电站的噪声和振动是一个重要激励源，可以考虑通过设置减振装置，来降低电站运行时振动的单振幅值，从而降低其对干扰源的指向影响。此外，电站运行时发出的噪声很大，可以采用消声器消音，确保在距各面 1m 处测量噪声不大于 85dB（A）。

相对于舰载和机载环境，末端综合光电防御系统的车载环境面临的路面振动冲击影响更大，扰动力矩也更强，给系统行进间转塔的稳定定向干扰带来很大的控制难度，因此，系统总体设计时需要考虑有效隔离路面的随机振动影响。

考虑到转塔与其承载设备的总质量较大，转塔底座与底盘整体刚性连接，因此有助于提高系统整体刚度。此外，为有效隔离路面不平带来的随机振动

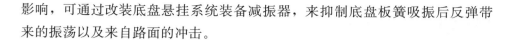

影响，可通过改装底盘悬挂系统装备减振器，来抑制底盘板簧吸振后反弹带来的振荡以及来自路面的冲击。

2.4.4 电磁兼容设计

末端综合光电防御系统中集成电子设备多、类型广，涉及光、机、电、控制等各个方面，使得系统的电磁兼容性问题较为突出，给系统的可靠性带来不利影响。通过梳理分析可知，设备单机内部的电磁干扰、设备单机之间的电磁互扰以及来自系统外部的电磁干扰是影响系统电磁兼容性能的主要因素。系统中可能产生的电磁干扰包括强电、弱电以及信号传输间的干扰和静电干扰等。因此，针对系统特点将电磁兼容性设计的重点放在供电走线设计、设备的屏蔽设计、电源电路设计、接地设计、互联设计、软件屏蔽设计和激光匿影设计等几个方面。

2.4.4.1 供电走线设计

系统中集成的电子设备众多，所需供电电压也不相同，指挥控制系统内各设备、调平设备、转塔方位和俯仰控制、目标探测系统、综合干扰对抗设备、转塔空调等设备需 220V 交流电压供电，而有的设备则需要低压直流电压供电。为减小强电、弱电以及信号传输间的电磁干扰，可将系统中的强电、弱电和信号线三线分开，底盘设强电、弱电及信号线多种走线槽，强电和弱电线槽位于底盘左侧，中间隔离，信号线槽位于底盘右侧，确保强弱电的有效隔离，尽可能减小互扰。此外，激光设备一般需要 220V 供电，其强直流放电主要是在其自身谐振腔内通过增压而成，并实现瞬时放电，相对来说对其他电子设备的干扰不大。

2.4.4.2 设备的屏蔽设计

系统内各设备采取独立的密封和屏蔽措施，设备内部各单元模块采取二次屏蔽。为达到较好的屏蔽效果，需要对下面环节着重分析和设计：

（1）主要功能模块采用屏蔽盒进行屏蔽隔离，外接线插座、外壳与屏蔽盒连接，且所有信号线的屏蔽层与屏蔽盒相连，以尽可能增加屏蔽效果。

（2）所有信号线均采用单芯屏蔽线，与屏蔽盒形成有效的电磁兼容层。

（3）各设备的安装表面与车体（地线）保持良好的电接触，满足系统屏蔽要求。

（4）屏蔽层要良好接地，且尽可能避免屏蔽层内形成环流。

（5）高频信号传输中采用地线对信号进行屏蔽，减小信号对外界的辐射，同时减小外部辐射对信号的影响。

2.4.4.3 电源电路设计

（1）供电输入端加装交流电源滤波器和电源保护电路。

（2）经长线传输的直流电源输入端加装直流电源滤波器。

（3）按类分配电源，供电相对隔离。告警信号探测器偏置电压和阈值检测电压与其他电路的供电电路隔离，数字电路单独供电。

（4）电源分配器及大功率交流变压器要采取电磁屏蔽措施，即安装屏蔽层。

（5）干扰对抗分系统中的激光干扰设备由综合干扰对抗控制设备直接供电，各单机设备和转塔壳体隔离，减小了各设备之间的相互串扰。

2.4.4.4 接地设计

（1）系统同时设常态接地和接地桩两种接地方式。在底盘配电板上安装接地铜牌，根据设计接地需求，在铜牌上预留设备接地接线柱。

（2）对信号回线、信号屏蔽层回线、电源系统回线以及底板或机壳都需要单独的电路接地系统，所有接地回线统一连接到单一接地参考点上。

（3）除对信号的频率特性影响非常大的地方外，印制电路板其余地方均采用大面积接地技术。

（4）保证信号地线、数字地线和保护地线可靠连接和分离。

（5）在一个控制器内，模拟地线和数字地线分开，且在一个点连接。

（6）系统屏蔽地线与舱体保持良好的电接触。

（7）接地线尽可能短而且尽可能直接连接。

2.4.4.5 互联设计

（1）系统与外部连接的电缆和内部设备之间的电缆均采用屏蔽电缆。内部长线传输的信号线缆采用抗干扰能力强的线缆，确保避免传输环节引入干扰。

（2）印制电路板间采用母板连接。

（3）光电转换模块和信号检测模块的连接采用同轴线缆。

2.4.4.6 软件屏蔽设计

接收处理激光信号时，利用外界电磁干扰对通道影响的时域特性，结合激光信号的特点，在软件上进行时域剔除的抗干扰措施，对时域特性不满足激光特性要求的信号视为干扰，将其屏蔽掉。软件设计中采用的抗干扰措施主要有：

（1）算术平均值法；

（2）比较取舍法；

（3）中值法；

（4）限幅滤波法；

（5）定时刷新输出通道；

（6）串口通信中的信息纠错；

（7）设置软件陷阱。

2.4.5 系统稳定性设计

车辆的行驶稳定性是指车辆在行驶过程中，在外部因素作用下，不至于失去控制而产生滑移、倾覆等现象的能力。行驶稳定性是车辆的最主要性能之一，为保证车辆的行驶安全性，在车辆特别是改装车辆的总体设计阶段必须进行行驶稳定性设计和验算。下面以某末端综合光电防御系统为例，介绍系统一体化集成过程中的稳定性设计。

2.4.5.1 整车总质量及质心位置

整车坐标系如图 2-5 所示，表 2-7 给出各总成质量和距质心距离。

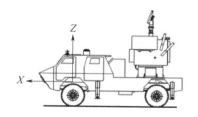

图 2-5 整车坐标系

表 2-7 各总成质量和距质心距离

序号	名称	质量 m_i/kg	质心至前轴中心的距离 X_i/mm	$m_i \cdot X_i$ /(kg·mm)	质心至车架上平面的距离 Z_i/mm	$m_i \cdot Z_i$ /(kg·mm)
1	电站	530	−2022	−959000	+563	+281500
2	驾驶室机柜	250	−1042	−26050	+765	+191250
3	转塔综合体	2420	−3611	−8738620	+1190	+2879800

注：转塔综合体包括目标预警探测分系统、指挥控制分系统、干扰源分系统和转塔分系统。

（1）空车总质量为 7500kg，车辆满载时总质量为 10700kg。质心位置由质心至前轴的距离和质心高度确定，质心至前轴的距离和质心至车架上平面的距离可采用下式计算获得。

$$
\begin{cases}
X_c = \dfrac{\sum\limits_{i=1}^{n} x_{ci} m_i}{M} \\[4mm]
Z_c = \dfrac{\sum\limits_{i=1}^{n} z_{ci} m_i}{M}
\end{cases}
\tag{2-1}
$$

式中：X_c 为质心至前轴的距离；Z_c 为质心至车架上平面的距离；X_{ci} 为各总成部件的质心至前轴的距离；Z_{ci} 为各总成部件的质心至车架上平面的距离。

（2）计算得出满载时的质心位置。质心至前轴的距离为 1765mm，质心高度为 1332mm。通过对驾驶室机柜、转塔设备舱内质量较大的设备位置下移，降低其质心高度，同时对车载电站和其他附件的优化布局，使得质心高度由 1429mm 降低到 1332mm。

（3）质心横向偏移。经测试，车辆没有配置柴油发电机时，质心右偏 7mm。而在左侧安装柴油发电机后，通过将电瓶、充气筒等附件从中心位置移至右侧安装，可以补偿预期的质心右偏。

2.4.5.2 车辆纵向稳定性分析

车辆纵向稳定性要求为 $\alpha_{max} > \alpha_{\varphi}$，其中 α_{max} 为汽车不致颠覆所能克服的最大坡度，α_{φ} 为汽车驱动轮在附着条件下的最大爬坡度。根据受力平衡条件进行计算，获得 α_{max} 和 α_{φ} 的数值，据此确定车辆满载状态下的稳定性。一般来说，首先分析车辆发生打滑时的坡度角 α_{μ}，如果 $\alpha_{max} > \alpha_{\mu}$，就说明车辆发生颠覆之前，会先发生驱动轮打滑，从而可以判定车辆质量分布能保证该方向的稳定性。

1. 上坡行驶工况

设道路纵向坡道角为 α，当 $F_1 \leqslant 0$ 时，汽车将会发生纵向颠覆，受力情况如图 2-6 所示，通过质心到后轮的间距与质心高度的比值可计算出 $\alpha_{\mu} = 58°$。

在计算驱动打滑条件时，取良好路面，地面附着系数 $\mu = 0.8$，根据驱动轮打滑计算公式可计算得出后轮驱动发生打滑时的坡度 $\alpha_{\mu} = 26.5°$，全轮驱动发生打滑时对应的坡度 $\alpha_{\mu} = 38.7°$。由计算结果可知：$\alpha_{max} > \alpha_{\mu}$，说明车辆的质量分布能保证车辆上坡时的纵向稳定性。

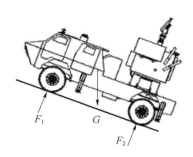

图 2-6　上坡行驶工况车辆受力图

2. 下坡行驶工况

车辆下坡行驶，当 $F_2 = 0$ 时，车辆将发生纵向前翻，受力情况如图 2-7 所示。根据质心距前轴的距离和质心高度，同时取良好路面，地面附着系数 $\mu = 0.8$，结合汽车制动时的惯性力，可计算得到 $\alpha_{max} > \alpha_{\mu}$，说明车辆质量分布能保证车辆下坡时的纵向稳定性。

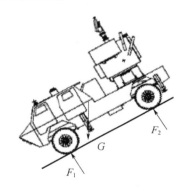

图 2-7　下坡行驶工况车辆受力图

综上所述，车辆满足上下坡时的纵向稳定性要求。

2.4.5.3　车辆侧向稳定性分析

当车辆在侧坡上静止或匀速直线行驶时，受力情况如图 2-8 所示。由于车辆质心向一侧偏移，最危险的工况即为向一侧侧翻。当重力方向通过左侧车轮接地点时，即达到侧翻的临界状态。

设道路侧向坡道角为 β，轮距为 B，重心高度为 h_g，ΔY 为质心在侧向上的偏移量，两侧车轮受地面的支撑力分别为 F_3 和 F_4，F_{y1}、F_{y2} 分别为地面与左侧和右侧车轮接地点间的摩擦力。根据分析当满足 $\mu < \left(\dfrac{B}{2} - \Delta Y \right) / h_g$ 时，车

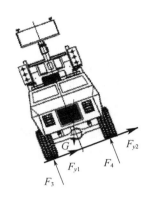

图 2-8 车辆在侧坡上静止或匀速行驶时受力图

辆发生侧滑；当满足 $\mu > \left(\dfrac{B}{2} - \Delta Y\right)/h_g$ 时，车辆发生侧翻。结合质心离地高度和轮距的具体参数计算可知，当路面附着系数 $\mu < 0.8$ 时，车辆在侧翻之前将发生侧滑，从而满足侧向稳定性要求；而当 $\mu > 0.8$ 时，车辆在侧坡上静止或匀速行驶允许的最大斜坡角度为 37.8°。

2.4.5.4 车辆恒速转弯行驶稳定性计算

当车辆在平面道路上向右转弯行驶时，受力情况如图 2-9 所示。轮距为 B，重心高度为 h_g，离心力为 P_j，离心加速度为 a_y，两侧车轮所受地面的支撑力分别为 F_3、F_4。根据分析可知，当 $\mu < \left(\dfrac{B}{2} - \Delta Y\right)/h_g$ 时，车辆先发生侧滑；当 $\mu > \left(\dfrac{B}{2} - \Delta Y\right)/h_g$ 时，车辆先发生侧翻。车辆侧滑和侧翻的先后顺序与侧坡行驶的分析结果一致。

图 2-9 车辆恒速转弯行驶受力图

为计算车辆在不同转弯半径道路上的临界车速，参考国家四级公路规范进行计算，取转弯半径 $R = 15\text{m}$，路面附着系数 $\mu = 0.8$，计算结果为：侧翻的临界车速 $v = 38.5\text{km/h}$，侧滑的临界车速 $v = 39\text{km/h}$。

由此可知，车辆在平面道路上恒速右转弯行驶时，侧翻先于侧滑发生，因此转弯行驶具有一定的不稳定性，但两者的临界速度非常接近，并且转弯车速远高于规范标准，实际驾驶时，在 15m 的转弯半径情况下，不可能采用如此高的车速，从而说明车辆恒速转弯行驶稳定性符合要求。

综上所述，分别对车辆的纵向稳定性、侧向稳定性和转弯稳定性进行了分析计算，结果显示，整车满足行驶稳定性要求。

2.5 系统精度设计与误差分配方法

研究武器系统精度的目的是为了获得理想的命中概率，对于末端综合光电防御系统而言，其干扰精度的最终体现就是干扰激光与目标中心的距离。但由于制造误差、安装误差、控制因素以及热变形等原因，干扰源的实际运动和指向与理想状态往往存在一定的误差，因此研究分析影响末端综合光电防御系统精度的误差源，确定各误差源的分布类型和特点，并采取相应措施降低各类误差影响，是进行系统设计、制造以及研究过程中至关重要的一环，对提高系统精度具有十分重要的意义。

2.5.1 系统主要坐标系定义

末端综合光电防御系统是车载环境下的多运动平台集成系统，系统的误差分析以及后续的指挥控制模型和运动模型的构建均依赖于各运动平台坐标系之间的关系。因此首先需构建各运动平台坐标系，具体包括：

1. 大地坐标系

大地坐标系用 $OMNH$ 表示，如图 2-10 所示。O 为原点，即转塔回转轴线与安装面的交汇点。OM 指向正东为正；ON 指向正北为正；OH 垂直于大地平面，向上为正。与大地直角坐标系相对应的大地球坐标系为 RBE。R 为瞄准线方向或目标斜距；B 为方位角，以 ON 为基准，顺时针方向为正；E 为仰角，以大地平面为基准，向上为正。

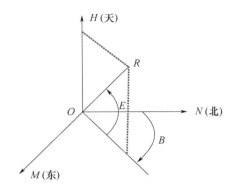

图 2-10　大地坐标系

这里，以 M、N、H 表示的线性变量均指大地直角坐标系中的变量；以 B、E 表示的角变量，均指大地球坐标系中的角变量。

2. 载车坐标系

载车直角坐标系以 $OXYZ$ 表示，如图 2-11 所示。OX 垂直于载车首尾线，指向右侧方向为正；OY 指向车首为正；OZ 垂直于转塔安装面，向上为正。与载车直角坐标系对应的载车球坐标系为 $Rq\varepsilon$。R 为瞄准线方向或目标斜距，q 为方位角，以 OY 为基准，顺时针方向为正；ε 为仰角，以转塔安装面为基准，向上为正。这里，以 X、Y、Z 表示的线性变量，均指载车直角坐标系中的变量；以 q、ε 表示的角变量均指载车球坐标系中的角变量。

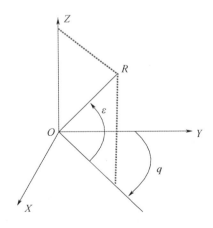

图 2-11　载车坐标系

3. 转塔坐标系

转塔坐标系实质上是另一种形式的载车坐标系，它是转塔在载车坐标系中旋转某个角度以后形成的，如图 2-12 所示，其中 q_p 是转塔的方位角。转塔直角坐标系表示为 $OIJK$。OI 垂直于转塔俯仰挂架在转塔安装面内的投影线，指向右侧方向为正；OJ 是转塔俯仰轴线在转塔安装面上的投影线，指向俯仰挂架上激光器出光方向为正；OK 垂直于转塔安装平面，向上为正（实际上 K 的定义与图 2-11 中 Z 的定义相同）。与转塔直角坐标系相对应的转塔球坐标系为 $R\beta\varepsilon$。R 为瞄准线方向或目标斜距；β 为方位角，以 OJ 为基准，顺时针方向为正；ε 为仰角，以转塔安装面为基准，向上为正。与载车坐标系中的仰角定义相同，用同一符号 ε 表示。

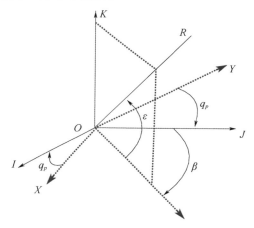

图 2-12　转塔坐标系

4. 雷达瞄准线坐标系

雷达瞄准线坐标系实质上又称为旋转坐标系，它以转塔坐标系为观察基准，用 $OX_dY_dZ_d$ 表示，如图 2-13 所示。O 为雷达天线回转轴线与安装面的交汇点。OX_d 垂直于雷达方位角零位线，指向右侧方向为正。OY_d 指向雷达方位角零位线为正。OZ_d 垂直于雷达安装面，向上为正。

5. 红外跟踪瞄准线坐标系

如果红外跟踪设备与搜索雷达一体化设计，即红外热像仪和搜索雷达的天线回转轴线一致，则可以认为红外跟踪瞄准线坐标系与雷达瞄准线坐标系一致。如果红外跟踪设备和干扰源共轴设计，则可以认为红外跟踪瞄准线坐标系与光电干扰坐标系一致。

6. 光电干扰坐标系

由于光电干扰设备安装在转塔俯仰挂架上，因此，可以认为光电干扰坐

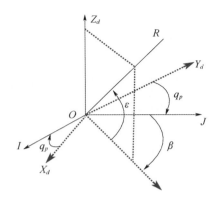

图 2-13　雷达瞄准线坐标系

标系与转塔坐标系一致。

2.5.2　系统主要误差源分析

末端综合光电防御系统集成了预警探测、指挥控制、干扰源以及转塔和底盘等分系统，影响系统精度的误差源因素较多，因此参考其他武器装备误差分析，结合末端综合光电防御系统自身特点，确定末端综合光电防御系统误差以红外目标跟踪误差 $\sigma_{红外}$、转塔定位误差 $\sigma_{转塔}$、红外跟踪设备与干扰设备同轴校准误差 $\sigma_{同轴度}$ 为主，具体误差源类型和分布特点见表 2-8。

表 2-8　末端综合光电防御系统误差源类型和分布特点

序号	误差源	误差类型	分布特点
1	红外目标跟踪误差 $\sigma_{红外}$	随机误差	正态分布
2	转塔定位误差 $\sigma_{转塔}$	随机误差	正态分布
3	红外跟踪设备与干扰设备同轴校准误差 $\sigma_{同轴度}$	随机误差	正态分布

2.5.2.1　红外目标跟踪误差分析

红外目标跟踪误差主要取决于红外成像系统的角度分辨率，目前由于红外焦平面器件（IRFPA）的性能及光学系统的影响，红外成像系统的角度分辨率大大低于可见光成像系统，大视场和高分辨率的矛盾对红外成像系统而言异常尖锐。总的来说，红外成像系统角度分辨率与像元尺寸以及焦距相关，角度分辨率计算公式为 $\mathrm{IFOV} = d/f$，其中 IFOV 表示角度分辨率，d 为像元尺寸，f 为焦距。在末端综合光电防御系统中，红外成像系统的像元尺寸为 $30\mu\mathrm{m}$，焦距 $100\mathrm{mm}$，计算可得角度分辨率为 $0.3\mathrm{mrad}$，这意味着 $\sigma_{红外} \leqslant 0.3\mathrm{mrad}$。

2.5.2.2 转塔系统误差分析

转塔系统误差主要包括轴系误差、测量误差以及原理误差等，其中轴系误差又分俯仰轴系误差和方位轴系误差。

以俯仰轴系误差分析为例，其误差主要来源为俯仰轴与方位轴的不垂直误差 σ_1、俯仰轴轴承不同心引起的偏移量 σ_2 以及运动惯性产生的随机偏移量 σ_3。

按照设计要求，方位座圈加工时采用的 IT7 级精度，其对应径向跳动 0.1mm，方位转盘轴承与俯仰轴间距为 1400mm，因此两者之间存在 $\tan\alpha = \dfrac{0.1}{1400} = 7.1 \times 10^{-5}$，此 α 角对应俯仰轴与方位轴的不垂直度误差 σ_1，得 $\sigma_1 = 0.004° = 14.7''$。根据所选轴承型号，其不同心度的最大值为 0.2mm，两轴承跨距为 920mm，按反余弦分布，可得偏移量 $\sigma_2 = 45''$。随机偏移量 σ_3 按经验值最大不超过 50″，此处取 $\sigma_3 = 50''$。综合 σ_1、σ_2 和 σ_3，计算得到俯仰轴系误差为 $\sigma_{俯} = \sqrt{\sigma_1^2 + \sigma_2^2 + \sigma_3^2} = \sqrt{14.7^2 + 45^2 + 50^2} = 68''$。

对于方位轴系而言，根据工程实践经验，只要满足刚度要求，其精度可以得到保证，一般取方位误差为俯仰误差的 50% 左右，可以认为 $\sigma_{方位} = 34''$。

在计算轴系总误差时，除了俯仰轴系和方位轴系的误差外，还需计入安装面的水平度误差、机架安装误差等，合计为 $\sigma_{机安} = 81''$，故得转塔轴系总误差为 $\sigma_{轴系} = \sqrt{\sigma_{俯}^2 + \sigma_{方位}^2 + \sigma_{机安}^2} = \sqrt{68^2 + 34^2 + 81^2} = 111.4'' = 0.54\mathrm{mrad}$。

转塔伺服控制系统中用测量元件来测量被控对象与给定输入的差值，然后将其放大再驱动执行机构，因此测量元件的误差是系统控制误差的一部分，对系统精度具有直接影响。转塔伺服系统选用的测量元件最大误差 $\sigma_{元件} \leqslant 20''$，计入测量元件安装误差 $\sigma_{测安} = 45''$，从而获得转塔测量误差为 $\sigma_{测量} = \sqrt{\sigma_{元件}^2 + \sigma_{测安}^2} = \sqrt{20^2 + 45^2} = 49'' = 0.24\mathrm{mrad}$。

转塔原理误差主要包括建模误差和计算机有限字长产生的量化误差，转塔伺服控制系统 $0° \sim 360°$ 采用 16 位字长表示，从而获得转塔原理误差为 $\sigma_{原理} = \dfrac{360°}{2^{16} - 1} = 0.0055° = 0.096\mathrm{mrad}$。

根据上述轴系误差、测量误差和原理误差数值，利用误差合成原理计算可得转塔误差为 $\sigma_{转塔} = \sqrt{\sum\limits_{i=1}^{n} \sigma_i^2} = \sqrt{\sigma_{轴系}^2 + \sigma_{测量}^2 + \sigma_{原理}^2} = 0.6\mathrm{mrad}$，但考虑到转塔在动态跟踪状态下实现该误差代价较高。因此，在误差分配时，对难以实现的误差项可适当扩大的误差分配原则，分配给转塔定位误差为 0.9mrad。

2.5.2.3 红外跟踪设备与干扰设备同轴校准误差

红外跟踪设备与干扰设备同轴校准误差 $\sigma_{干扰}$ 是指红外跟踪设备与激光制导武器干扰设备、电视制导武器干扰设备、中红外激光干扰设备、远红外激光干扰设备、可见光观瞄干扰设备的同轴度误差,可以通过提高加工精度和校轴精度来降低误差。$\sigma_{干扰} = 0.1 \text{mrad}$,基于误差合成原理可计算得出 $\sigma_{同轴度} = 0.22 \text{mrad}$。

2.5.3 系统误差分配

根据对上述红外目标跟踪误差 $\sigma_{红外}$、转塔定位误差 $\sigma_{转塔}$ 以及红外跟踪设备与干扰设备同轴校准误差 $\sigma_{同轴度}$ 的分析可知,系统总误差由各单项误差的综合影响所确定,那么在系统总误差的允许范围内确定各单项误差即为误差分配。误差分配总的原则是按等作用原则进行分配,同时必须根据具体情况进行调整,对难以实现的误差项适当扩大,对容易实现的误差项尽量压缩,而对其余误差项则不予调整。

根据系统设定动态跟踪的精度指标,同时综合考虑红外目标跟踪误差 $\sigma_{红外}$、转塔定位误差 $\sigma_{转塔}$ 以及红外跟踪设备与干扰设备同轴校准误差 $\sigma_{同轴度}$ 的实现代价进行误差分配,最终形成末端综合光电防御系统误差分配方案,具体参见表 2-9,按照该方案设定的误差经合成后得到总误差为 0.97mrad,满足指标要求。

表 2-9　末端综合光电防御系统误差分配

序号	误差源	误差数值
1	红外跟踪误差	0.30mrad
2	转塔定位误差	0.90mrad
3	红外跟踪设备与干扰设备同轴校准误差	0.22mrad
	合成总误差	0.97mrad

2.5.4 各设备安装平面水平一致性设计

末端综合光电防御系统集成多台工作于不同波段的激光干扰源,为使多干扰源精确照射到同一来袭目标,各设备安装平面的水平一致性问题是影响系统精度的一个重要因素。

末端综合光电防御系统中共有载车、转塔、雷达设备、光电瞄准及干扰设备等多个坐标系，涉及的安装平面有底盘调平系统测量平面、转塔安装平面、目标探测雷达安装平面、干扰源安装平面等，各安装平面的水平一致性直接影响在各个平面上建立的坐标系的一致性，坐标变换本身不存在误差，产生误差的原因是在转换过程由于各坐标面之间存在的夹角所致，因此，各安装平面的水平一致性是武器系统精度的基本保证。

系统总体设计时确定以转塔安装面中心为基准，这样有利于消除各坐标系之间误差传递，此外根据设备布局需要，综合采用了以下技术措施来确保各设备安装平面的水平一致性。

（1）通过增加车架结构辅梁和主体板材强度，有效提高底盘车架的整体刚度，将车架平台因静、动载荷变化引起的结构形变控制到最小程度，使调平系统安装平面等部位的最大形变量大幅下降。

（2）在不影响整车调平的前提下，将快速调平装置尽量靠近转塔安装位置，以减小底盘车架的扰度。

（3）将雷达天线座固连在转塔顶部中央位置，以刚性连接与调整机构相配合的方式确保雷达天线安装平面与转塔安装平面的水平一致性。

（4）干扰源安装平面位于转塔俯仰轴上和俯仰轴挂架两侧，其与转塔安装平面的水平一致性要求很高。因此，一方面通过选取优质碳素结构钢作为俯仰轴材料，并进行表面淬火处理，以减小因俯仰轴的扰度影响带来的安装平面平行性误差；另一方面，通过适当增加干扰激光束散角，合理降低两平面的水平度一致性要求。

（5）以载车坐标系为共同基准，在车架、转塔舱顶以及车顶等整体大结构件上预标坐标基准线，形成单机设备安装方位基准。

（6）运用观瞄设备进行同基准瞄星校正，消除各坐标系静态漂移误差，保持多坐标系安装平面的水平一致性。

2.6 系统工作流程与时序分析

2.6.1 系统工作流程

末端综合光电防御系统主要用于要点要地防御，根据战场态势，系统可保持战斗状态，也可随时加电进入战斗状态，其作战模式可分为行进间射击和停止间射击。系统可自动或人工操作，当处于自动工作状态时，系统上电自检后，雷达自动搜索目标，对来袭目标进行探测；红外跟踪设备跟踪目标；激光/毫米波告警设备自动侦收威胁信号；情报处理设备对信息进行综合，建立目标航迹，并将综合情报传送给指挥控制设备；指挥控制设备控制转塔转动到指定位置，并根据告警等综合信息，选择作战时序和干扰设备进行光电对抗。以上探测、识别、跟踪、作战可自动完成，必要时也可人工干预。

2.6.2 系统工作时序分析

末端综合光电防御系统作战时序如图 2-14 所示。搜索雷达探测威胁目标，建立目标航迹；指挥控制分系统根据目标指示控制转塔调转到目标来袭方向，红外跟踪设备根据目标航迹数据，捕获目标并稳定跟踪；引导综合干扰对抗分系统，对威胁目标实施干扰对抗。

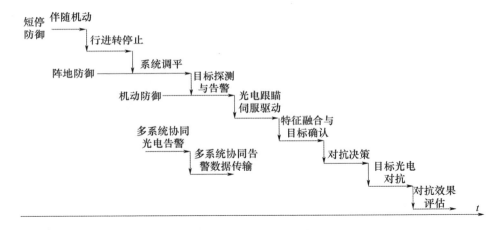

图 2-14 末端综合光电防御系统作战时序

假设某系统指标如下：对于雷达反射面积为 $0.1m^2$ 的空中小目标，搜索雷达目标探测能力可达到 18km，可在 6s 内建立航迹；转塔最大调转时间为 4.5s。调转到位后，无源干扰弹具备发射条件，若侦收到毫米波告警信号，则发射无源干扰弹实施烟雾遮障干扰。目标距离 9km 时，光电跟踪仪转入跟踪状态，此时具备引导激光制导干扰、电视制导对抗、中红外制导干扰、远红外制导干扰和可见光观瞄干扰等干扰对抗能力。目标距离 7km 时，进入激光定向干扰火力范围，可进行多波段激光定向干扰。

以 2Ma 目标作为典型作战对象，雷达可在目标相距至少 13.8km 时建立目标航迹；转塔可在目标相距 11.5km 处调转到位，此时如有毫米波告警，则向被保护目标上空发射无源干扰弹，干扰弹烟雾形成时间为 3.5s，可在目标距离 9.1km 处形成烟雾遮障。烟雾对毫米波制导武器的有效遮蔽时间不小于 20s，可持续后续作战过程，对被保护目标实施有效防护。

若无毫米波告警，则视来袭武器类型和制导种类，分别实施可见光观瞄干扰、激光制导干扰、电视制导干扰和中/远红外制导干扰。若目标距离 3km 处，威胁仍未解除，则再发射无源干扰弹，实施宽波段遮障干扰，遮障烟雾形成时，目标距离约 600m。

由于定向干扰采用激光定向干扰方式，其传播速度为光速，在防御作战时可不考虑射击提前量，因此指挥控制时序与综合干扰对抗系统的定向干扰设备作战能力相匹配。

3

第3章
末端综合光电防御目标探测与跟踪技术

3.1 目标探测与跟踪设计

3.1.1 目标探测与跟踪总体结构设计

根据总体机电一体化设计对目标探测跟踪系统结构设计要求,以及完成目标预警功能所必需的模块化组成结构,目标预警跟踪系统结构设计要求如下:

(1)雷达置于转塔顶部,与转塔内部设备集成使整个转塔上的设备重心保持在转塔回转中心,基座安装接口应有密封。

(2)激光告警、毫米波告警装置安装在驾驶舱顶部,两侧无遮挡,安装接口应有密封。

(3)红外跟踪仪安装于转塔内部,红外跟踪仪跟踪窗口水平方向应高于激光告警、毫米波告警天线顶部。

(4)布线应符合总体布线要求,光纤等专用管线应明确弯曲半径。与舱外设备相连的线缆,有相应的密封设计。

(5)雷达信号处理器,情报中心计算机应采用统一设计的标准尺寸机柜,仪器面板向外,便于安装使用。

(6)情报中心显示模块安装高度应符合人体工学要求,方便操作。

3.1.1.1 结构布局

根据上述系统结构设计要求,目标预警跟踪系统结构设计要力求紧凑、整体与局部布局合理、便于操作使用维护，其结构布局如图 3-1 所示。

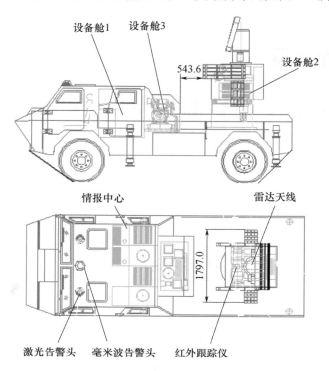

图 3-1 目标预警跟踪系统结构布局

表 3-1 给出了目标预警跟踪系统主要组成部件。

表 3-1 目标预警跟踪系统主要组成部件

名称	数量	装配位置
激光告警头	2	驾驶室顶部
毫米波告警头	1	驾驶室顶部
雷达天线	1	转塔顶部
红外跟踪仪	1	设备舱 2
情报中心计算机	1	设备舱 1
转塔控制器	1	设备舱 2
雷达信号处理器	1	设备舱 3
红外跟踪处理器	1	设备舱 2
激光告警控制器	1	设备舱 1
毫米波告警控制器	1	设备舱 1
情报中心显控模块	1	设备舱 1

3.1.1.2 主要模块外部结构设计

1. 机柜

目标预警跟踪系统设备安装位置较分散，分别安装在 3 个机柜中，系统根据相关车载电子设备机柜标准，采用机架蒙皮方式加工，机架选用标准钢型材，焊连接加角支撑，抽屉架选用铝型材，采用放松螺钉连接，抽屉滑轨选用精密球轴承滑轨，机柜内设走线槽，机柜侧面设有接线盒。

2. 情报中心

情报中心由情报中心计算机和显控模块组成，两者用电缆连接。情报中心计算机完成激光告警、毫米波告警、雷达和红外跟踪仪的情报综合、转塔的稳定跟踪，同时具备与指挥控制中心的通信功能，采用一个标准机柜，显控模块进行情报综合显示和控制，采用加固显示器。

3. 激光告警器

激光告警器由激光告警头与激光告警信号处理器两部分组成，两者用光纤进行连接。激光告警头完成激光告警信号的侦收，激光告警信号处理器完成激光告警信号的处理，同时具备与情报中心计算机的通信功能，激光告警信号处理器与毫米波告警信号处理器共用一个标准机柜。

4. 毫米波告警器

毫米波告警器由毫米波告警头和毫米波告警信号处理器组成，两者用电缆连接。毫米波告警头完成毫米波信号的侦收，毫米波告警信号处理器完成毫米波信号的处理，同时具备与情报中心计算机的通信功能，毫米波告警信号处理器与激光告警信号处理器共用一个标准机柜。

5. 雷达

雷达由雷达天线和雷达信号处理器组成，两者用电缆连接。雷达天线完成雷达信号的发射与接收，雷达信号处理器完成信号的处理与电机的驱动，同时具备与情报中心计算机的通信能力。

6. 红外跟踪仪

红外跟踪仪由红外跟踪头和信号处理器组成，两者用电缆连接。红外跟踪头完成红外图像的采集与处理，信号处理器完成红外目标的提取与跟踪，同时具备与情报中心计算机和指挥控制计算机的通信能力。

7. 转塔控制器

转塔控制器完成对转塔的控制，同时具备与情报中心计算机的通信能力，采用一个标准柜。

3.1.2 目标探测与跟踪信号接口设计

3.1.2.1 外部数字量信号接口设计

目标探测跟踪系统外部数字量信号接口主要与指挥控制系统有关，数字量通过 10/100MB 以太网传输，指挥控制系统接口设备和目标预警跟踪系统接口设备具有相对独立的设备编码 1 号、2 号。

1. 指挥控制系统→目标预警跟踪系统

作战控制报文格式见表 3-2。

表 3-2　作战控制报文格式

1号	2号
报文字节数	
报文帧号	
控制字 1	
控制字 2	
控制字 3	
状态字 1	
状态字 2	

2. 目标预警跟踪系统→指挥控制系统

目标参数格式报文见表 3-3。

表 3-3　目标参数格式报文

2号	1号
报文字节数	
报文帧号	
状态字 1	
状态字 2	
状态字 3	
目标参数 1	
⋮	
目标参数 n	

3.1.2.2 内部信号接口

目标预警跟踪系统为实现多通道情报融合，以情报中心计算机为中心，内部也有复杂的信息接口。

1. 与雷达的信号接口

1）数字接口

（1）情报中心→雷达。

情报中心发送给雷达的工作状态控制命令见表 3-4，一般 4～8 个字节，包括起识标识、工作模式、结束约定等。定义杂波区见表 3-5，杂波区删除命令见表 3-6，杂波区显示命令见表 3-7。

表 3-4 情报中心发送给雷达的工作状态控制命令

字节序号	位	位定义	数据	数据定义和注释
字节 1	bit7..0	帧起始标识	FFH	
字节 2	bit7..0	命令标识	88H	状态控制命令
⋮	⋮	⋮	⋮	⋮
字节 7 （时序）	bit7	标定、普通模式	1	标定模式
			0	普通模式
	bit6..5	伺服模式	00	跟踪
			01	标准
			10	低空
			11	指定
	bit4	AGC		
字节 8 （频综）	bit7..4	工作频率		
	bit3..0	侦听频率		

表 3-5 定义杂波区

字节	数据
字节 1	起始字头 FFH
字节 2	帧标识 8 位
字节 3	bit7..0：杂波区左方位
字节 4	bit7..0：杂波区左距离
字节 5	bit7..0：杂波区右方位
字节 6	bit7..0：杂波区右距离
字节 7	报告杂波区批号

表 3-6　杂波区删除命令

字节	数据
字节 1	起始字头 FFH
字节 2	帧标识 8 位
字节 3	删除杂波区批号

表 3-7　杂波区显示命令

字节	数据
字节 1	起始字头 FFH
字节 2	帧标识 8 位

（2）雷达→情报中心。

情报中心接收雷达返回的雷达状态数据见表 3-8，一般 4～10 个字节，包括起始标识、工作模式与状态等。情报中心接收雷达一次点迹数据见表 3-9，情报中心接收雷达二次点迹数据见表 3-10，情报中心接收雷达一次点迹（凝聚点）数据见表 3-11，情报中心接收雷达的天线方位高低角数据见表 3-12，情报中心接收雷达的杂波区数据见表 3-13。

表 3-8　情报中心接收雷达返回的雷达状态数据

字节序号	位	位定义	数据	数据定义和注释
字节 1	bit7..0	帧起始标识	××H	
字节 2	bit7..0	命令标识	××H	状态控制命令
字节 3	bit7	备用		
	bit6..2	指定批号		1～20
	bit1	录取方式	1	手动录取
			0	自动录取
	bit0	杂波区处理	1	处理
			0	不处理
⋮	⋮	⋮	⋮	⋮
字节 6	bit7..0	指定位置		伺服
字节 7 （时序）	bit7	标定、普通模式	1	标定模式
			0	普通模式
	bit6..5	伺服模式	00	跟踪
			01	标准
			10	低空
			11	指定
	bit4	AGC		

续表

字节序号	位	位定义	数据	数据定义和注释
字节 8	bit7..4	工作频率		
（频综）	bit3..0	侦听频率		

表 3-9　情报中心接收雷达一次点迹数据

字节序号	位	位定义	数据
字节 1	bit7..0	帧起始标识	××H
字节 2	bit7..0	命令标识	××H
字节 3	bit7..0	方位高 8 位	
字节 4	bit7..4	方位低 4 位	
	bit3..0	仰角高 4 位	
字节 5	bit7..0	仰角低 8 位	
字节 6	bit7..5	备用	
	bit4..0	距离高 5 位	
字节 7	bit7..0	距离低 8 位	
字节 8	bit7..5	信噪比（dB）	
	bit4..0	速度	

表 3-10　情报中心接收雷达二次点迹数据

字节序号	位	位定义	数据	数据定义和注释
字节 1	bit7..0	帧起始标识	××H	
字节 2	bit7..0	命令标识	××H	
字节 3	bit7..5	备用		
	bit4..0	批号		1~20
字节 4	bit7	备用		二次点迹方位
	bit6..0	方位高 7 位		LSB＝15（bit）/6000（mil）
字节 5	bit7..0	方位低 8 位		
字节 6	bit7	备用		二次点迹高低
	bit6..0	高低高 7 位		LSB＝15（bit）/6000（mil）
字节 7	bit7..6	高低低 8 位		
字节 8	bit7..3	备用		
	bit2..0	信噪比		0~7

续表

字节序号	位	位定义	数据	数据定义和注释
字节 9	bit7..4	备用		
	bit3	敌友		敌
				友
	bit2..0	威胁		0～7
字节 10	bit7..6	备用		二次点迹距离 14 位量化，每个量化 2m
	bit5..0	距离高 6 位		
字节 11	bit7..0	距离低 8 位		
字节 12	bit7..0	速度		目标速度 8 位量化，每个量化单位 2m/s

表 3-11　情报中心接收雷达一次点迹（凝聚点）数据

字节序号	位	位定义	数据
字节 1	bit7..0	帧起始标识	××H
字节 2	bit7..0	命令标识	××H
字节 3	bit7..0	方位高 8 位	
字节 4	bit7..4	方位低 4 位	
	bit3..0	仰角高 4 位	
字节 5	bit7..0	仰角低 8 位	
字节 6	bit7..5	备用	
	bit4..0	距离高 5 位	
字节 7	bit7..0	距离低 8 位	
字节 8	bit7..5	信噪比（dB）	
	bit4..0	速度	

表 3-12　情报中心接收雷达的天线方位高低角数据

字节序号	位	位定义	数据
字节 1	bit7..0	帧起始标识	××H
字节 2	bit7..0	命令标识	××H
字节 3	bit7..0	方位高 8 位	
字节 4	bit7..4	方位低 4 位	
	bit3..0	仰角高 4 位	

续表

字节序号	位	位定义	数据
字节 5	bit7..0	仰角低 8 位	
字节 6	bit7..0	备用	
字节 7	bit7..0	备用	
字节 8	bit7..0	备用	

表 3-13　情报中心接收雷达的杂波区数据

字节	数据
字节 1	起始字头 FFH
字节 2	帧标识 8 位
字节 3	杂波区总数
字节 4	bit7..0：杂波区左方位
字节 5	bit7..0：杂波区左距离
字节 6	bit7..0：杂波区右方位
字节 7	bit7..0：杂波区右距离
字节 8	报告杂波区批号
字节 9	bit7..0：杂波区左方位
字节 10	bit7..0：杂波区左距离
字节 11	bit7..0：杂波区右方位
字节 12	bit7..0：杂波区右距离
字节 13	报告杂波区批号
字节 14	......

2）模拟接口

雷达模拟信号接口见表 3-14。

表 3-14　雷达模拟信号接口

序号	信号名称	发方	收方	电气特性
1	雷达系统加电	情报中心	雷达	＋24V
2	雷达驱动加电	情报中心	雷达	＋24V
3	雷达发射机加电	情报中心	雷达	＋24V

2. 与红外跟踪仪的信号接口

状态报文格式见表 3-15，红外跟踪仪故障报文见表 3-16，红外跟踪仪控制报文见表 3-17，红外跟踪仪字符显示控制报文格式见表 3-18。

表 3-15　状态报文格式

字节	位	内容	注释
1	bit7..0	帧头标识	
2	bit7..0	帧标识	
3	bit7..4	备用	
	bit3..0	跟踪状态报告	0：手动跟踪状态 1：辅助跟踪状态 2：自动搜索状态 3：自动跟踪状态 4：自动记忆状态 5：自检状态
4	bit7..0	自动跟踪误差/手动跟踪误差信号方位高字节	均为 16 位补码： LSB＝0.01mil，手动控制信号为视场归一化处理，误差/视场斜率和自动跟踪误差斜率相同，手动跟踪状态时输出手动跟踪误差信号，自动跟踪状态时输出自动跟踪误差，其他状态误差信号为零
5	bit7..0	自动跟踪误差/手动跟踪误差信号方位低字节	
6	bit7..0	自动跟踪误差/手动跟踪误差信号俯仰高字节	
7	bit7..0	自动跟踪误差/手动跟踪误差信号俯仰低字节	
8	bit7..2	备用	1：小视场 2：大视场 3：电子变倍
	bit1..0	红外热像仪视场报告	

表 3-16　红外跟踪仪故障报文

字节	位	内容	注释
1	bit7..0	帧头标识	
2	bit7..0	帧标识	
3	bit7..0	故障报告字节 1（跟踪器故障）	
4	bit7..0	故障报告字节 2（红外热像仪）	
5	bit7..0	故障报告字节 3（备用）	
6	bit7..0	故障报告字节 4（备用）	
7	bit7..0	故障报告字节 5（备用）	
8	bit7..0	故障报告字节 6（备用）	

表 3-17　红外跟踪仪控制报文

字节	位	内容
1	bit7..0	帧头标识
2	bit7..0	帧标识
3	bit7..4	备用
	bit3..0	状态控制字
4	bit7..0	辅助跟踪方位位置
5	bit7..0	辅助跟踪俯仰位置
6	bit7..0	跟踪目标更换命令
7	bit7..0	bit7：红外焦距步进长 bit6：红外焦距步进短 bit5：红外聚焦远控制 bit4：红外聚焦近控制 bit3：红外增益手动/自动 bit2：手动增益加 bit1：手动增益减 bit0：备用
8	bit7..0	bit7：红外校正手动/自动 bit6：手动校正 bit5：红外对比度手动/自动 bit4：手动对比度增加 bit3：手动对比度减小 bit2：备用 bit1：备用 bit0：备用

表 3-18　红外跟踪仪字符显示控制报文格式

字节	位	内容	注释
1	bit7..0	帧头标识	
2	bit7..0	帧标识	

字节	位	内容	注释
3	bit7..0	bit7：跟踪状态字符显示与否 bit6：总体系统字符显示与否 bit5：跟踪波门显示与否 bit4：中心十字丝显示与否 bit3：备用 bit2：备用 bit1：备用 bit0：备用	0：不显示 1：显示 0：不显示 1：显示 0：不显示 1：显示 0：不显示 1：显示
4	bit7..0	备用	
5	bit7..0	备用	
6	bit7..0	备用	
7	bit7..0	备用	
8	bit7..0	备用	

3. 与激光告警器的信号接口

数字信号传送采用 RS-422 接口标准，参数定义如下：

波特率：19200bit/s；起始位：1 位；数据位：8 位；校验位：无；停止位：1 位。

激光告警信息报文格式见表 3-19，激光告警自检信息报文格式见表 3-20，激光告警干扰控制器自检状态字位定义见表 3-21。

表 3-19　激光告警信息报文格式

3 号	00H
告警方位编码	
告警高低编码	

表 3-20　激光告警自检信息报文格式

3 号	FFH
自检状态字	

表 3-21 激光告警干扰控制器自检状态字位定义

位号 b	状态字 1	
	"0" 状态含义	"1" 状态含义
0	1 号放大模块正常	故障
1	2 号放大模块正常	故障
2	3 号放大模块正常	故障
3	信号处理模块正常	故障
4	电源模块正常	故障
5~15		

4. 与毫米波告警器的接口

数字信号传送采用 RS-422 接口标准，参数定义如下：

波特率：19200bit/s；起始位：1 位；数据位：8 位；校验位：无；停止位：1 位。

毫米波告警信息报文格式见表 3-22，毫米波告警自检信息报文格式见表 3-23。

表 3-22 毫米波告警信息报文格式

4号	4号
告警状态	
告警频率（MHz）	

表 3-23 毫米波告警自检信息报文格式

4号	FFH
自检状态字	

5. 与转塔控制器的接口

数字信号传送采用 RS-422 接口标准，参数定义如下：

波特率：19200bit/s；起始位：1 位；数据位：8 位；校验位：无；停止位：1 位。

转塔引导数据报文格式见表 3-24，转塔自检命令报文格式见表 3-25。

表 3-24　转塔引导数据报文格式

5 号	00H
目标相对方位角（载车坐标系）	
目标高低角（载车坐标系）	
目标径向速度	

表 3-25　转塔自检命令报文格式

5 号	FFH

3.2　激光/毫米波一体化告警技术

3.2.1　激光告警技术

以激光为信息载体，发现敌方激光武器，获取其方位、种类、工作状态、性能参数、运行状况等"情报"并及时报警的技术叫激光告警技术。激光告警技术的目的是快速探测激光威胁的存在，尽可能确定出其方位、波长、强度、脉冲特性（脉冲宽度、重频、编码特性等）等信息，并进行声光报警，以便我方能及时采取规避、防护、干扰等措施，从而使我方人员或武器装备免遭杀伤、干扰或破坏[1]。

激光告警器的作战效果是十分显著的，它能大大提高所保卫目标的生存能力和杀伤力。在典型的作战情况下，一枚马赫数为 2 的激光制导导弹，从 3～4km 以外的直升机上发射，从发射到击中目标仅需 6.4～6.8s，这就要求光电防御系统的反应速度迅速。而系统的反应时间与告警器的方位分辨精度有关，当告警精度为 8° 时，由十字准线捕获目标需 3～4s[2]；告警精度为 1°～2° 时，捕获目标需 1～2s；告警精度为 0.1° 时，目标被定位仅需 0.1s，留给火控系统的反应时间则达到 6～8s。

经过 40 多年的发展，各国研制的激光告警设备已达几十种，采用了各种先进技术，并日趋成熟。常见的被动式激光告警技术有传感器阵列型激光告警技术、成像型激光告警技术、传感器阵列和成像复合相关探测的激光告警技术等。

激光告警技术[3]主要介绍如下：

复合相关探测技术主要分为两类：一类是采用同种探测方式的相关探测；另一类是采用不同探测方式相结合的复合相关探测。当前，通常采用的是第一类方式。在一个光学通道内，采用两个或两个以上并联的探测单元，并对探测单元的输出进行相关处理。由于各种干扰是随机产生的，两个探测单元的干扰脉冲同时出现的概率极低，所以采用相关探测技术，可以使激光告警接收机的虚警概率大大降低。但是，通过对多元相关探测分析可知：第一类相关探测技术尽管能降低接收机虚警概率，但它也降低了探测概率，系统探测能力的进一步提高受限，并且在其他性能指标上没有明显改进和提高；采用第二种方式的复合告警系统具有互补性，能够使不同的告警方式间取长补短，具有任何单一告警方式无法比拟的优越性。

传感器阵列型和成像型激光告警系统分别具有各自的优点，传感器阵列型的灵敏度高，反应时间短，而成像型定位精度高；但前者定位精度低，而后者虚警率较高、动态范围较小，这使得基于二者的相关探测方法具有信息互补、共同提高的可能。

传感器阵列和成像复合相关探测激光告警系统原理如图 3-2 所示，在大视场鱼眼镜头和高分辨率成像型探测器的硬件基础上，结合光电检波传感器探测阵列单元，实现两种告警方式相结合的多元相关探测。鱼眼镜头保证大视场探测，高分辨率相机保证精确定位，光电二极管单元探测器获取激光脉冲的时间特性，从而有效地降低探测虚警率。

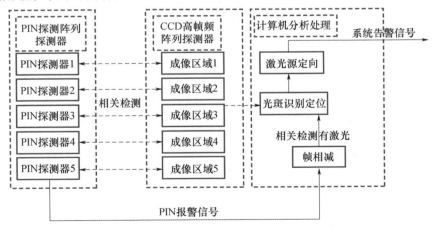

图 3-2 传感器阵列和成像复合相关探测激光告警系统原理

相关探测总体实现过程为，首先通过光电二极管（PIN）快速探测出激光威胁，同步触发控制成像型激光告警系统检测有无激光，进而确定激光方位。在此之前，CCD 成像探测器采集图像而不作激光判读处理，以尽可能地提高采集帧频，从而提高采集图像信号的信噪比，进而改善成像型激光告警系统的虚警率。通过将二者探测到的激光强度、方位等信息交互融合，可以使告警系统的虚警率得到进一步的抑制。在相关探测中，单元探测器信号的快速准确检测，时序控制电路的速度和稳定性及两路探测系统间的视场匹配等问题也需要注意。

由于单元探测器的探测灵敏度较成像探测器高很多，所以在相关探测时，可以进一步降低成像探测器的探测阈值，使其探测灵敏度提高，这时，虽然其虚警率有所升高，但通过复合探测，虚警都可以有效排除，这样系统虚警率不会明显上升，整体灵敏度部得到提高。

3.2.2　毫米波告警技术

3.2.2.1　空域分割式全向告警技术

1. 告警系统总体方案

全向威胁告警系统能够提供方位 360°、俯仰 90°（上半球）空域的来袭导弹预警信息，可安装在作战车辆顶部，为预警跟踪系统提供角度引导，输出以作战车辆为坐标原点的来袭导弹的方位和俯仰角测量结果，同时具有自检功能，开机后进行自动检测，将工作状态参数通过通信接口传给指挥系统进行监测和显示。在综合考虑成本、复杂性、可实现性等方面后，系统采用比幅单脉冲测角和顺序波瓣测角相结合的方式实现威胁方位的测量。

如图 3-3 所示，告警系统由天线、和差网络、接收通道、处理控制单元和配电单元等组成。系统配置一副单天线、一副上天线和一副下天线，其中：上、下天线用于目标方向判定，方位向上利用转动平台扫描实现顺序波瓣测角，俯仰向利用单脉冲测角技术实现角度测量；单天线用于对单脉冲测角结果进行极性判读。3 副天线数据分别进入对应的接收通道，经过低噪声放大和滤波后进入检波器，输出目标方向两维测量结果，测量结果通过滑环输出。

工作流程：全向告警系统安装在作战车辆顶部，在转动平台带动下实现天线波束扫描，3 副告警天线同时采集空域信号，若发现信源目标则结合其他通道数据输出信源方向信息；而后告警天线继续扫描完成全空域信源目标捕获和测向。

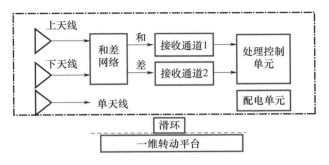

图 3-3　告警系统组成框图

2. 总体参数分析

告警系统通过接收制导武器的辐射信号发现目标，因此其探测距离与目标辐射信号特性有关，以"硫磺石"（欧州导弹集团（MBDA）研发的一种先进的毫米波雷达主动寻的制导反坦克导弹）为例，该导弹是在波音公司"海尔法"导弹基础上发展而成，采用英国马可尼（Marconi）公司的 3mm 雷达导引头，如图 3-4 所示。

图 3-4　"硫磺石"导弹的 3mm 雷达导引头

弹质量 48.5kg，弹长 1.8m，直径 17.8cm，作用距离 12km，超声速飞行，信号形式为 FMCW，发射机功率 0.3W，单向圆极化发射，双向圆极化接收，采用卡塞格伦天线，估计波束宽度约为 $0.97°$，估计天线增益约为 44dB。

假定制导导弹从距离告警器天线 12km 处进入末段飞行状态，告警器对导弹的探测距离估算可采用如下形式的雷达方程：

$$R^2 = \frac{P_t G_1 G_2 \lambda^2}{(4\pi)^2 P_{\mathrm{mm}}(S/N) L \, 10^{0.1 a R/1000}} \tag{3-1}$$

告警接收机采用单次检测方式发现目标，为了分析其检测前的信噪比，将雷达方程写成如下形式：

$$S/N = \frac{P_t G_1 G_2 \lambda^2}{(4\pi)^2 P_{mm} L R^2 \ 10^{0.1\alpha R/1000}} \tag{3-2}$$

式中：P_t 为导弹导引头发射功率（0.3W）；G_1 为导引头天线增益（44dB）；G_2 为告警接收机天线增益（21dB）（按照波束宽度最宽的中天线计算）；λ 为信号波长（3mm）；R 为导弹与告警器之间距离（12km）；L 为接收机损耗（10dB）；S/N 为满足给定虚警概率和发现概率的检测门限，当虚警概率为 10^{-6}、发现概率为 95% 时，检测门限为 13dB；α 为微波在大气中传播衰减系数（0.3dB/km）；$P_{mm} = kTBF$ 为告警接收机极限灵敏度，k 为波耳兹曼常数（1.38×10^{-23}），T 为接收机工作温度（290K），F 为接收机噪声系数（8dB），B 为导引头非合作信源，因此告警接收机采用单次检测方式，通过检波器输出信号幅度判断信源有无。包络检波器输出为视频信号，其带宽由导引头实际的发射信号宽度决定，暂选 100kHz（100μs 周期间断调频连续波）。

将以上参数代入雷达方程，计算出告警接收机检测前信噪比为 38dB，高于常规探测雷达 13dB 检测门限，表明该告警器具有良好的发现目标的能力。

3.2.2.2 阵列式定向告警技术

1. 系统组成与工作原理

毫米波告警器主要由全向接收天线、测频前端、信道化测频接收机、变频组件、瞬时测频接收机、信号处理机、高速可变频综、DLVA 视频检波组件和电源模块等部分组成，组成原理框图如图 3-5 所示。

毫米波全向接收天线截获来袭导弹的毫米波制导信号后，经过低噪声放大、驱动放大，功分两路：一路馈入信道化测频接收机；另一路馈入下变频组件进行频率变换，通过高速可变频综下变至固定中频。

信道化测频接收机把频段划分为 16 个频带通道，每个频带通道带宽 1.375GHz，每个通道经过波导滤波器、波导检波器后，再经过固定参考的比较器，形成频段编码，控制高速可变频综，使之产生固定带宽（1.375GHz）的中频信号。

中频信号功分两路：一路经窄带瞬时测频接收机测量信号的载频频率；另一路经 DLVA 输出幅度信号包络和同步信号，由信号处理机测量信号的脉冲宽度、重频、幅度等参数。

毫米波告警器测量的结果通过 RS422 串口上传至情报中心。

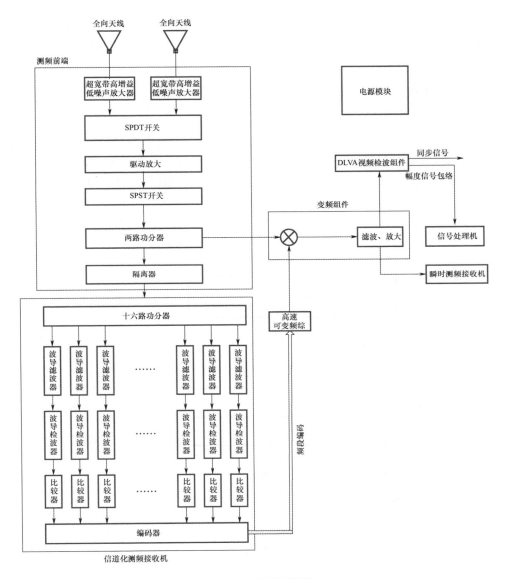

图 3-5　组成原理框图

2. 功能模块组成

根据设备模块化设计的思想，从硬件角度上来说，将整个模拟器设备分成几个不同功能的模块，而这些模块的硬件设计与控制方式尽量做到标准化、模块化，这样便于设备研制，也便于模块维修。

1）全向接收天线

毫米波天线都可由厘米波天线按比例缩小得到，系统中全向接收天线采用双锥喇叭天线形式，覆盖 360°双锥喇叭天线能够保证 TEM 作为主模，把所有的 TEM 模能量限制在双锥之间。双锥天线的极化是垂直线极化，需加极化器来实现 45°的斜极化。

接收天线分为两个频段全向天线覆盖的频段需求。

2）测频前端

测频前端主要完成毫米波制导信号的低噪声放大、开关调制等功能。

测频前端主要由低噪声放大器、单刀双掷开关、超宽带驱动放大器、单刀开关、超宽带两路功分器和隔离器等器件组成。测频前端组成框图如图 3-6 所示。

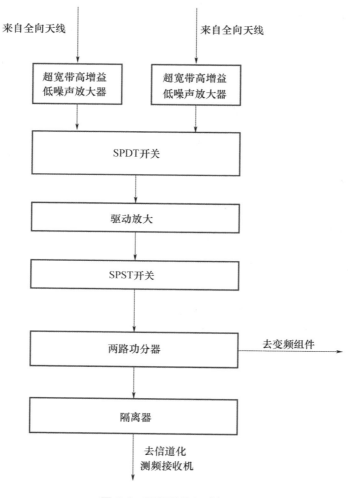

图 3-6　测频前端组成框图

3) 信道化测频接收机

信道化测频接收机把频率带宽划分为 16 个频率通道，每个通道 1.375GHz 带宽，再经过固定参考的比较器后形成频段选择编码，控制高速可变频综产生本振信号，只要导弹制导信号频率在带宽内，将产生固定的中频信号（1.5～2.875GHz）。

信道化测频接收机的原理框图如图 3-7 所示。

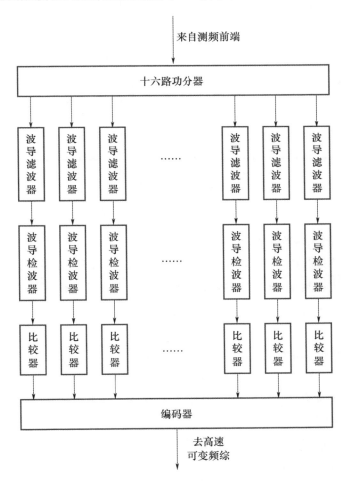

图 3-7 信道化测频接收机的原理框图

信道化测频接收机中关键元器件主要是宽带 16 路波导功分器和波导滤波器。波导滤波器要求滤波器的矩形系数好，带外抑制高，相对于传统微波频段的各种滤波器形式，由于毫米波频段波长更短，印制电路最小线宽、机加工精度等要求相应更高，因此，毫米波频段要获得矩形系数较好、损耗低的滤波器，需采用新型的波导滤波器形式。

系统中，采用波导腔＋E面金属膜片的新型滤波器，该滤波器具有插入损耗小（≤0.3dB），带外抑制高等特点（100MHz带外抑制大于20dB）。

波导滤波器仿真结果如图3-8所示。

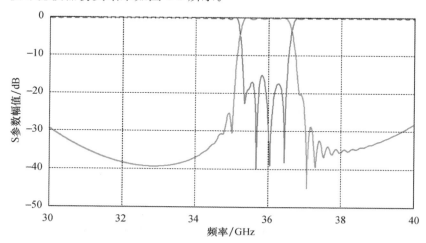

图3-8　波导滤波器仿真结果

4）瞬时测频接收机

瞬时测频接收机是ESM系统的重要组成部分。因其能对工作频段范围内的信号进行快速测量，同时对各种新体制雷达信号具有较好的适应能力而得到广泛应用。瞬时测频接收机主要由射频前端、相关器、频率编码模块等电路构成。

瞬时测频接收机原理如图3-9所示。从图3-9中可以看出，射频信号经过微波接收组件对输入信号进行射频前端处理，相关器将提取出输入信号的频率信息并转换为相应电压信息，再经频率编码模块将电压信息转化为与频率相对应的数字信号。

相关器对前端组件输入的分频信号进行相关处理，输出6路鉴相信号，整个相关器的组成原理如图3-10所示。

相关器的稳定性对于系统的测频精度非常关键，因为在相关器中微小的漂移将会在后端引起很大的测频误差。

5）信号处理机

信号处理机主要完成对DLVA输出的检波电压以及相关器输出的鉴相电压的采集，并完成检波电压的双路对接、灵敏度判决、幅度映射等，并通过

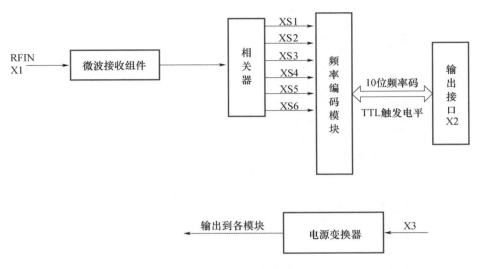

图 3-9　瞬时测频接收机原理

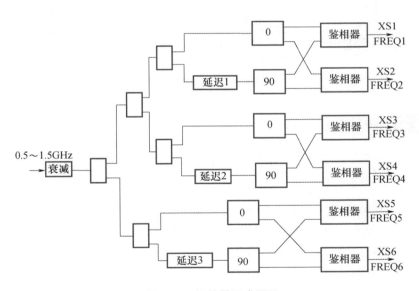

图 3-10　相关器组成原理

映射到的幅度信息测量出输入信号的脉冲宽度等信息。另外，鉴相电压被采集后通过映射电路计算出当前脉冲的频率信息。信号处理机同时还完成与主处理器的通信功能。

信号处理机主要由 A/D 转换器、可编程逻辑、通信接口电路等组成，如图 3-11 所示。

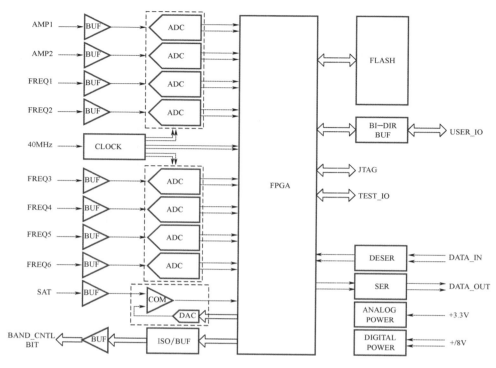

图 3-11　信号处理机组成

3.2.3　告警数据融合

在末端综合光电防御系统中，空情接收机能提供目标类型、目标地理坐标、目标高度等信息，搜索雷达能提供目标的距离、角度以及速度等信息，激光/毫米波告警器能提供目标类型、目标方位、俯仰角度信息。空情接收机提供的目标位置信息是经度与纬度，而搜索雷达提供的目标位置信息是方位、俯仰角。因此，要将两者转换在同一坐标下。激光/毫米波告警器主要提供的是目标类型信息，其方位俯仰角度信息的精度相比雷达目标角度信息的精度是较低的。因此，判别威胁目标类型时，需要将激光/毫米波告警器提供的目标告警位置信息与雷达目标位置信息进行融合处理才能提供出准确可靠的目标信息。同时，将空情、雷达和激光/毫米波告警等信息进行融合处理可以简化综合情报信息显示，避免由于目标过多造成的负担。

3.2.3.1　目标实时时间配准

在对空情与雷达目标数据点迹进行关联处理之前，需要进行时间配准。

当综合情报处理系统融合输出空中目标的位置时，如果用估计值进行插值配准，融合输出的目标位置数据势必比当前目标位置滞后一段时间，不能实时确定目标的当前位置。为了提高融合输出的目标位置数据精度，常采用自适应的配准方法[4]。

由雷达探测数据向空情数据配准，其过程如下：

（1）在雷达的数据处理中，计算当前观测值和上一时刻对当前时刻的预测值的残差，并结合前 $N-1$ 个残差计算出方差和自适应系数，分别计算出目标的滤波值和预测值，并且把预测值打上预测时间点的时间戳一并送往融合处理单元。

（2）融合处理单元从带时间戳的空情数据中提取同一目标需要配准的时间点 t，从雷达估计值数据中提取最近两点的时间 t_{k-1}、t_k 和预测点的时间 t_{k+1}。

（3）把最近两点估计值 $\hat{x}(k-1)$、$\hat{x}(k)$ 和相应的下一时刻的预测值 $\hat{x}(k+1/k)$，以及时间 t、t_{k-1}、t_k、t_{k+1} 进行插值配准。判定配准时间点 t 所在区间，如果 $t < t_{k+1}$，就采用三点估计值进行插值配准；如果 $t_{k+1} < t$，就采用最近两点估计值和相应的下一时刻的预测值，进行插值配准。

某末端综合光电防御系统空情和雷达数据配准仿真结果如图 3-12 所示。

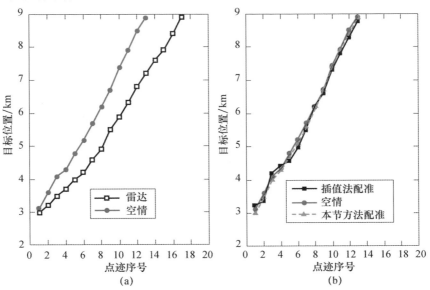

图 3-12 空情和雷达数据配准仿真结果

（a）观测航迹；（b）配准后航迹。

图 3-12（a）中，两条曲线为配准前雷达和空情得到目标数据所构成的曲线，表明数据时间不同步。图 3-12（b）中黑色线为采用通常的插值法，将雷达探测数据向空情数据配准后的数据所构成的曲线，虚线为利用本系统采用的配准方法将雷达探测数据向空情数据配准后的数据所构成的曲线，两条线上的数据点与真实航迹曲线上的点基本重合，仿真表明配准有效，而且配准精度无明显降低。

3.2.3.2 目标点迹关联与合并

多个雷达目标和多个空情目标的关联，本质上是一种聚类问题，即找出属于同一目标的雷达和空情信息。目标点迹关联的方法，通常可分为两类：一类是基于统计的方式；另一类是基于模糊数学的方法。在基于统计的点迹关联算法中，包括加权法、独立序贯法、经典分配法、相关双门限法等。这里采用的是基于统计的加权法，即精度加权法。采用这种方法的原因是其比较适用于搜索雷达的扫描体制。

设 R_{rk}、θ_{rk} 为雷达在 k 时刻所测得目标的距离与角度。R_{ak}、θ_{ak} 为 k 时刻空情提供的目标位置信息所计算出的目标的距离与角度。则

$$R_{ak} = (x_{ak}^2 + y_{ak}^2)^{1/2} \tag{3-3}$$

$$\theta_{ak} = \arctan\left(\frac{x_{ak}}{y_{ak}}\right) \tag{3-4}$$

若满足：

$$\begin{cases} |R_{rk} - R_{ak}| \leqslant R_{\mathrm{T}} \\ |\theta_{rk} - \theta_{ak}| \leqslant \theta_{\mathrm{T}} \end{cases} \tag{3-5}$$

则两点迹关联，其中 R_{T}、θ_{T} 为关联波门。

对于关联的点迹（R_{rk}，θ_{rk}）和（R_{ak}，θ_{ak}），通过下式进行点迹合并。

$$\begin{cases} \hat{R}_k = \dfrac{1}{\sigma_{rr}^2 + \sigma_{ar}^2}(\sigma_{ar}^2 R_{rk} + \sigma_{rr}^2 R_{ak}) \\ \mathrm{var}[\hat{R}_k] = \left(\dfrac{1}{\sigma_{rr}^2} + \dfrac{1}{\sigma_{ar}^2}\right)^{-1} \end{cases} \tag{3-6}$$

$$\begin{cases} \hat{\theta}_k = \dfrac{1}{\sigma_{r\theta}^2 + \sigma_{a\theta}^2}(\sigma_{a\theta}^2 R_{rk} + \sigma_{r\theta}^2 R_{ak}) \\ \mathrm{var}[\hat{\theta}_k] = \left(\dfrac{1}{\sigma_{r\theta}^2} + \dfrac{1}{\sigma_{a\theta}^2}\right)^{-1} \end{cases} \tag{3-7}$$

从式（3-6）和式（3-7）可以看出，目标点迹合并是基于统计的加权估计，其结果是根据雷达测量的位置信息与空情提供的位置信息按精度加权合

并，合并后的点迹精度得到提高。

空情目标的经纬度信息结合载车定位定向的信息转换到载车坐标系下，雷达目标的距离、角度信息根据其在载车上的安装位置关系转换到载车坐标系下。因此，通过坐标转换实现同一目标的空间配准。如果出现激光/毫米波告警信息，则将其与空情、雷达融合后的目标信息进行二次融合处理，从而判断出威胁目标的类型。因此，空情接收机、搜索雷达、激光/毫米波告警器提供的信息经过融合处理后，为末端综合光电防御系统提供了更为精确可靠的威胁目标预警信息。

3.3 雷达红外一体化探测跟踪技术

3.3.1 系统组成

雷达红外一体化主机由目标搜索雷达、红外搜跟仪及伺服座体组成。红外搜跟仪由红外探测器、红外高低伺服机构组成。伺服座体提供主机的方位信息，并且其上的高低伺服机构可调节天线面的俯仰。

3.3.3.1 目标搜索雷达

目标搜索雷达的组成如图 3-13 所示，主要包括接口模块、电源模块、方位伺服系统、汇流环、俯仰伺服系统（A、B）、接收模块（A、B）、接收天线（A、B）、发射模块（A、B）、发射天线（A、B）和信号处理机（A、B、C）等。其中：接口模块用于雷达的数据输出和标校输入等；电源模块用于将 AC 220V 转换为雷达各部分工作需要的直流电源；方位伺服系统用于控制雷达的水平转动；汇流环用于向天线座和主机 A、B 供电和信号传输；俯仰伺服系统 A、B 分别控制（发射和接收）天线 A、B 的俯仰角；发射模块和发射天线用于雷达信号的发射；接收天线、接收模块和信号处理机（A、B）用于目标回波的接收与目标检测；信号处理机 C 用于俯仰测角和杂波抑制。

3.3.3.2 红外搜跟仪

红外搜跟仪由线阵红外探测器、高低伺服机构和面阵红外探测器构成，而这两种红外探测器都是由光学处理组件块、探测器和信号与图像处理板组成（图 3-14）。

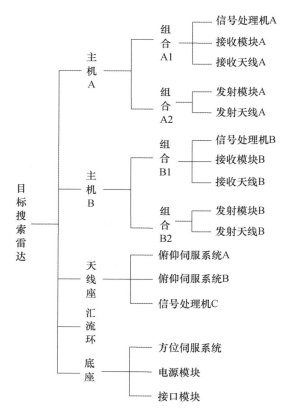

图 3-13 目标搜索雷达的组成

3.3.2 工作原理

目标探测与跟踪设备通过信息融合终端接收指挥控制中心的同步信号、状态和任务指令、转塔方位等信息。对空域的搜索主要由雷达和红外一体化主机中 X 波段雷达承担，可获得目标的距离 r、径向速度 $\dot{r}$、高度量测 h 和方位量测 α。红外搜跟仪上的线阵红外探测器可采集空域图像，并由红外数据处理机检测、跟踪红外目标，提取目标的方位、高低角度信息。信息融合终端对雷达量测和红外量测进行时空配准、数据融合，并实现航迹的起始、维持和终止；将融合后的目标诸元、自身伺服座体的方位以及设备状态等信息上报给指挥控制中心。目标探测与跟踪设备工作原理图如图 3-15 所示。

目标探测与跟踪设备有三种工作方式：

1. 雷达单独搜索，红外搜跟仪面阵红外探测器跟踪

雷达在水平方向周扫、高低方向扇扫，获得目标的距离 r、径向速度 $\dot{r}$、高

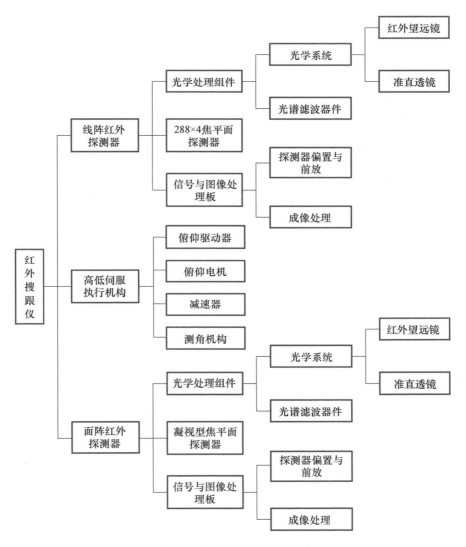

图 3-14　红外搜跟仪设备组成

度量测 $\dot{h}$ 和方位量测 α 等信息，并通过通信电缆传送到信息融合终端。信息融合终端对目标信息进行数据关联、跟踪滤波和状态预测，并建立航迹。当目标航迹建立后，信息融合终端向指挥控制子系统报告目标航迹信息。指挥控制子系统根据目标航迹信息进行威胁判断，一旦确定该批目标具有威胁，即做出干扰决策，并将此决策信息反馈至信息融合终端和转塔。信息融合终端根据干扰决策启动红外搜跟仪的面阵探测器跟踪目标，同时向红外数据处理机发送命令。红外数据处理机对红外图像进行顶帽图像增强、阈值分割后，

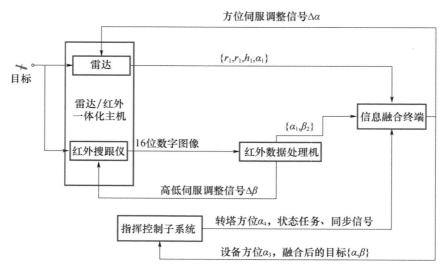

图 3-15 目标探测与跟踪设备工作原理图

结合目标的运动特征进行目标检测和跟踪并得到目标的方位、高低量测，同时不断向信息融合终端发送目标在视场中的相对位置信息。信息融合终端根据该信息和指挥控制子系统传送来的转塔方位角度和角速度信息计算方位伺服调整控制量，控制红外搜跟仪直到稳定跟踪上目标。当目标被稳定跟踪上之后，由指挥控制子系统继续进行后续处理。

2. 红外搜跟仪线阵红外单独搜索，面阵红外探测器跟踪

当 X 波段雷达不能工作或为避免反辐射导弹攻击而进行静默时，信息融合终端启动线阵红外单独搜索。线阵红外在水平方向周扫、高低方向扇扫可以获取目标的红外图像并传给红外数据处理机，进行目标检测和跟踪，红外数据处理机将检测出目标数据送给信息融合终端处理，得到目标的方位、高低量测，面阵红外跟踪过程同第 1 种工作方式。此种工作方式的缺点是，由于缺少目标的距离信息，当目标沿径向飞行时，只能靠目标成像的强度和斑点大小的变化判断目标飞临还是离远，而且线阵红外在俯仰方向扫描周期较长（俯仰方向上需扫描 10 次才能覆盖要求空域），造成检测出的目标数据率较低。

3. 雷达和红外搜跟仪线阵红外配合搜索，面阵红外探测器跟踪

在搜索过程中以雷达搜索为主，线阵红外探测器为辅的搜索方式，即当雷达在某一俯仰角度上有目标回波时，则驱动红外俯仰电机将线阵红外探测

器对准此角度，若能探测到目标则可得到一个目标数据。因此若在雷达对目标的两次量测之间，取得一个红外量测，经信息融合终端进行时空配准后形成对目标的 3 次有效量测，则可比单独雷达搜索节省建航时间。面阵红外跟踪过程同第 1 种工作方式。

雷达红外一体化主机由目标搜索雷达和红外搜跟仪协同完成目标的探测与跟踪，红外搜跟仪随雷达伺服座体水平周扫，高低扫描由自身的高低伺服执行机构完成。目标搜索雷达可得到目标的方位角和距离量测，红外搜跟仪上的线阵红外探测器可得到较高精度的方位角和高低角量测。在雷达静默或不能工作时，可独立实现目标的搜索。红外搜跟仪上的面阵红外探测器可为光电拦截系统提供高精度的测角信息。

3.3.2.1 目标搜索雷达

目标搜索雷达是一部伪码调相连续波雷达，它由两副背靠背的收发天线组成。目标搜索雷达原理如图 3-16 所示，图中为一副天线收发系统。雷达信号发射过程为：由伪码发生器产生的二相码对由二本振所产生的副载频信号进行调相，再与一本振所产生的载频进行变频后形成发射信号，然后经过功率放大后经天线发射出去。雷达信号的接收过程为：来自天线的目标回波信号先进行低噪声放大后进行下变频得到中频回波，再经过中频放大后进入距离相关器组与发射码的延时码进行相关以完成匹配滤波，距离相关器组的输

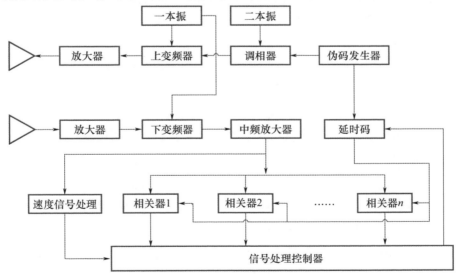

图 3-16 目标搜索雷达原理

出送入信号处理控制器，经过动目标显示（MTI）滤除固定地物和低速目标后再进行相参积累，最后通过恒虚警率检测（CFAR）得到目标的距离信息，同时通过方位编码器得到目标的方位角。中频回波经过速度信号处理电路后送入信号处理控制器解算，得到目标的径向速度，俯仰角则是在算法中对两副天线的回波幅度通过比幅测角得到的。

3.3.2.2　红外搜跟仪

红外搜跟仪有两个重要任务：一是搜索目标；二是发现目标后跟踪目标。这两个任务分别由线阵红外探测器和面阵红外探测器完成。

线阵红外探测器对能探测到的空域进行全方位搜索，在这个过程中它会根据目标的方位角和俯仰角信息变化调整自身红外镜头的方向，以保证目标在红外搜跟仪的视场中；线阵红外探测器发现目标后将目标信息（包括方位角和俯仰角）传递给面阵红外探测器，由面阵红外探测器对目标实施跟踪，在跟踪过程中面阵红外探测器同样根据目标的方位角和俯仰角的变化调整红外镜头的方向，以使目标始终在面阵红外探测器的视场中央而不丢失目标。

1. 线阵红外探测器工作原理

线阵红外探测器是利用目标与周围环境之间由于温度与发射率的差异所产生的热对比度不同，而把红外辐射能量密度分布图显示出来，成为"热像"。由于人的视觉对红外光不敏感，所以探测器必须具有把红外光变成可见光的功能，将红外图像变为可见图像[5]。在线阵红外探测器中，红外图像转换成可见图像分两步进行：第一步是利用对红外辐射敏感的288×4红外焦平面探测器把红外辐射变为电信号（模拟信号），该信号的大小可以反映出红外辐射的强弱；第二步是通过信号和图像处理模块将信号放大、处理（如A/D转换等），并形成反映目标热像的可见图像，实现从电到光的转换。

在探测器中具体实现由红外光变电信号、又由电信号变可见光的转换功能是由热像仪各个部件完成的。当代使用的热像仪大都采用光机扫描，这种探测器主要由光学系统、扫描器、红外探测器、信号处理电路等几部分组成，如图3-17所示为线阵红外探测器的工作原理方框图。

需要指出的是，线阵红外探测器的扫描过程实际上是通过方位伺服机构控制红外搜跟仪转动来实现扫描成像的，图3-17中方位同步器所控制的红外望远镜镜头转动的角度决定热像仪成像的区域范围。

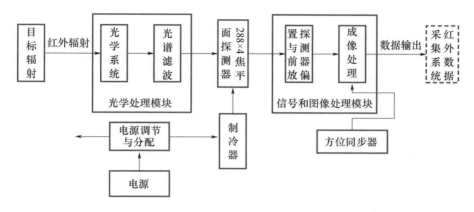

图 3-17　线阵红外探测器的工作原理方框图

2. 面阵红外探测器工作原理

面阵红外探测器成像系统一般由光学处理模块、凝视型红外焦平面探测器、信号和图像处理模块等组成，其工作原理方框图如图 3-18 所示。

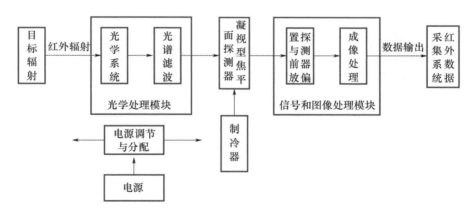

图 3-18　面阵红外探测器的工作原理方框图

面阵红外探测器成像系统的工作原理：红外光学系统把目标的红外辐射集聚到红外探测器上，并以光谱和空间滤波方式抑制背景干扰。红外探测器将收集的辐射能量转换成模拟电信号，信号和图像处理模块把模拟电信号转换成数字信号、放大并进行成像处理，最后形成可见红外图像。

需要说明的是，与扫描型焦平面探测器不同，凝视型焦平面探测器的每一个探测器单元对应目标空间的一个相应单元，整个焦平面探测器对应整个目标空间。通过采样转接技术，使各探测器单元的目标信号依次送出。

3. 高低伺服执行机构工作原理

红外搜跟仪的高低伺服执行机构用来调整红外搜跟仪的俯仰角。当目标的俯仰角发生变化时，红外搜跟仪需要调整自身的俯仰角以使目标处在其视场中，调节信息由红外数据处理机发出，俯仰驱动器根据调节信息驱动俯仰电机来调整红外搜跟仪的俯仰角。在这个过程中，由于俯仰电机的转速较快，需要减速器缓冲以达到平稳地调节红外搜跟仪俯仰角的目的。在红外搜跟仪调整俯仰角的同时，测角机构一直监测减速器转过的角度（即红外搜跟仪已调整过的俯仰角），并将这个角度值反馈给红外数据处理机，当此值达到所需要调整的角度值时，红外数据处理机发出信号停止调节。

3.3.3 关键指标分析

3.3.3.1 雷达探测距离分析

根据雷达方程，最大作用距离为

$$R_{\max} = \left[\frac{P_t \, \tau G_t \, G_r \sigma F_t^2 \, F_r^2}{(4\pi)^3 k f^2 \, T_s \, D_0 \, C_B L} \right]^{1/4} \tag{3-8}$$

式中：P_t 为发射信号的功率（天线端）；τ 为脉冲宽度；G_t 为发射天线功率增益；G_r 为接收天线功率增益；σ 为雷达目标散射截面积；F_t 为从发射天线到目标的方向图传播因子；F_r 为从目标到接收天线的方向图传播因子；k 为波耳兹曼常数；f 为信号频率；T_s 为接收系统噪声温度；L 为系统损耗；D_0 为可见度系数；C_B 为带宽校正系数。

3.3.3.2 红外搜跟仪角度分辨率及探测距离分析

1. 角度分辨率分析

红外成像系统的角度分辨率大大低于可见光成像系统，其主要是受红外焦平面器件（IRFPA）的性能及光学系统的影响。由于制作工艺及量子效率等问题，目前制作高密度小像元尺寸的红外焦平面器件还有一定困难，且成本较高。在光学系统焦距一定时，小的像元尺寸可得到较高的地面分辨率，在像元尺寸一定时，要提高分辨率，可以提高焦距，但视场会减小，光学系统的尺寸和质量也会增大[6]。

2. 探测距离分析

在以红外焦平面成像为基础的红外成像跟踪测量技术中，红外探测系统的作用距离是一项最为关键的战技术指标，在系统设计过程中，必须给予充分论证。另外，红外探测系统作用距离的远近可直接影响红外图像的信噪比和图像品质，因而也会影响目标的捕获和识别。当目标张角小于红外系统的瞬时视场时，实际应用中可将目标看成是点辐射源目标，红外系统所接收的目标辐射能量与其间的距离有关。

一般来说，对红外探测系统的作用距离计算，传统的分析方法主要以目标的辐射功率在探测器上产生的响应是否满足信噪比要求为依据，其具体计算公式如下：

$$R = \left[\frac{\pi \tau_a \tau_o D^* D^2 J}{4 \, (\Delta f A_d)^{1/2} \, (V_S / V_N)} \right]^{1/2} \tag{3-9}$$

式中：R 为目标到观测站的距离；τ_a、τ_o 分别为大气透过率和光学系统透过率；J 为目标辐射强度；D^* 为探测器的探测率；D 为光学系统通光口径；A_d 单元探测器光敏面面积；Δf 为系统的带宽；V_S / V_N 为信号处理信噪比最低要求。该方法存在一定的局限性，如其并未考虑成像点的弥散及其影响[7]。

目标成像尺寸计算应考虑理论成像尺寸和弥散两个因素。对理论成像尺寸较大的面目标，可忽略弥散的影响，其成像尺寸可根据物理映射关系直接求出，对点目标或近似点目标，可忽略理论成像尺寸，其成像尺寸主要由像弥散决定，对介于二者之间的目标，两种因素必须同时考虑。

影响弥散斑大小的主要因素有光学系统的成像质量、衍射分辨极限、大气抖动、仪器的振动、目标的相对运动、探测空间分辨率等。成像质量弥散因素主要包括光学系统的设计像差、光学镜片的加工误差、各镜片的装校误差等，由其引起的弥散斑大小可以利用光学设计专用软件进行分析计算。由光学系统衍射分辨极限引起的弥散斑可近似为零级衍射"爱里斑"。上述两种因素引起的近似圆形弥散斑由光学系统本身决定，是像弥散的基本量。大气抖动是一个快速随机变化过程，由其引起的弥散斑也是一个圆形光斑，其直径等于大气抖动量与光学系统焦距之积。仪器振动和目标与仪器视轴相对运动将使得弥散斑在振动和相对运动方向上产生位移。根据以上分析，成像弥散斑等于上述各种因素的合成，其合成过程如图 3-19 所示。

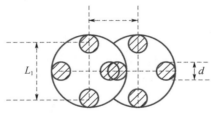

图 3-19 合成过程

根据图 3-19 可计算成像弥散斑的几何尺寸，而目标在探测器靶面上的实际成像尺寸还要考虑探测器的空间分辨率的影响，以红外焦平面器件的像素间距为量化单位，即以目标像所占像素数来表示其大小。理论分析和实际经验表明，对目前常用的像素间距≤30μm 的红外焦平面器件，即使点目标，其像弥散斑通常也将超过 2×2 像素。总之，通常成像尺寸可以满足可靠跟踪测量要求，故系统的作用距离主要由探测器接收到的目标辐射功率及目标与背景的对比度决定。

为了便于分析目标的辐射特性，可将目标近似为灰体。设目标的有效辐射面积为 A_S，温度为 $T(\text{K})$，发射率为 ε_1，根据普朗克公式，目标在 $\lambda_1 \sim \lambda_2$ 波段的辐射出射度为

$$M_t = \varepsilon_1 \int_{\lambda_1}^{\lambda_2} \frac{c_1}{\lambda^5} \frac{1}{e^{c_2/\lambda T} - 1} d\lambda \tag{3-10}$$

对应的辐射强度为

$$J = \frac{A_S M_t}{\pi} \tag{3-11}$$

式中：c_1 和 c_2 分别为第一辐射系数和第二辐射系数。被汇聚到仪器像面的目标辐射功率为

$$P_t = \frac{A_0}{R^2} J \tau_a \tau_o \tag{3-12}$$

式中：A_0 为光学系统接收口径面积；R 为目标到观测站的距离；τ_a 和 τ_o 分别为大气透过率和光学系统透过率。

对面目标，可不考虑像弥散的影响，此时，目标在探测器靶面上的辐射度为

$$H_t = \frac{M_t \tau_a \tau_o}{4} \left(\frac{D}{f}\right)^2 \tag{3-13}$$

对点目标，设弥散斑面积为 A_m，为便于分析，工程上可将光斑能量近似为均匀分布，而此时目标在探测器靶面上的辐照度为

$$H_t = \frac{M_t \tau_a \tau_o}{4} \left(\frac{A_S}{A_m}\right) \left(\frac{D}{R}\right)^2 \tag{3-14}$$

在上述理论的基础上，详细讨论目标作用距离的计算方式。

1) 基于探测器噪声的红外探测系统的作用距离

对于点目标，当目标距离为 R 时，红外探测系统入瞳处所接收到的目标光谱辐射照度为

$$E_\lambda = \frac{J_{\Delta\lambda}\tau_\alpha(\lambda)}{R^2}\,(\mathrm{W/cm^2}) \tag{3-15}$$

式中：$J_{\Delta\lambda}$ 为目标红外辐射强度；$\tau_\alpha(\lambda)$ 为大气光谱透过率。

若光学系统的通光口径为 D，则经光学系统入射到红外探测系统上的光谱辐射功率为

$$P_\lambda = E_\lambda\tau_o(\lambda)\pi D^2/4 \tag{3-16}$$

探测器的光谱响应度为

$$R(\lambda) = \frac{V_N D^*(\lambda)}{(A_d\Delta f)^{1/2}} \tag{3-17}$$

式中：$D^*(\lambda)$ 为探测器的光谱比探测率；V_N 为探测噪声的均方根值；A_d 为光敏元的单元面积；Δf 为系统的等效噪声带宽，$\Delta f = 1/(2T_{\mathrm{int}})$，$T_{\mathrm{int}}$ 为积分时间。

探测器产生的信号电压为

$$V_S(\lambda) = P_\lambda R(\lambda) \tag{3-18}$$

在红外搜跟仪所选用的工作波段（$\lambda_1 \sim \lambda_2$）内可获得的信号电压为

$$V_S = \int_{\lambda_1}^{\lambda_2} V_S(\lambda)\,\mathrm{d}\lambda = \frac{\pi D^2}{4R^2}\int_{\lambda_1}^{\lambda_2} J_{\Delta\lambda}\tau_\alpha(\lambda)\tau_o(\lambda)R(\lambda)\,\mathrm{d}\lambda \tag{3-19}$$

把信噪比 $\mathrm{SNR} = V_S/V_N$ 代入式（3-19）进行变换，得出的作用方程为

$$R^2 = \frac{\pi D^2}{4\,(A_d\Delta f)^{1/2}\mathrm{SNR}} \times \int_{\lambda_1}^{\lambda_2} J_{\Delta\lambda}\tau_\alpha(\lambda)\tau_o(\lambda)R(\lambda)D^*(\lambda)\,\mathrm{d}\lambda \tag{3-20}$$

假设在波段宽度 $\Delta\lambda$ 内目标的平均辐射强度为 $J_{\Delta\lambda}$，距离为 R 处的平均大气光谱透过率为 τ_α，光学系统在 $\Delta\lambda$ 内的平均光谱透过率为 τ_o，探测器在 $\Delta\lambda$ 内的平均光谱比探测率为 D^*。于是红外探测系统的作用距离估算公式为

$$R = \left[\frac{\pi D^2\tau_o\tau_\alpha D^* J_{\Delta\lambda}}{4\,(\Delta f A_d)^{1/2}\mathrm{SNR}}\right]^{1/2} \tag{3-21}$$

2）参数确定及作用距离估算

目标红外辐射强度的公式为

$$J_{\Delta\lambda} = \frac{1}{\pi}\varepsilon\sigma T^4 A_C k_{\Delta\lambda} \tag{3-22}$$

式中：ε 为目标比辐射率；A_C 为目标等效面积；σ 为斯蒂芬-玻耳兹曼常数；$\sigma = 5.67\times10^{-12}\,\mathrm{W\cdot cm^{-2}\cdot K^{-4}}$；$T$ 为目标温度；$k_{\Delta\lambda}$ 为目标温度为 T 时 $\Delta\lambda$ 光谱范围内的辐射能量占总能量之比，$k_{\Delta\lambda} = \dfrac{\displaystyle\int_{\lambda_1}^{\lambda_2}\dfrac{c_1}{\lambda^5}\dfrac{1}{\mathrm{e}^{c_2/\lambda T}-1}\mathrm{d}\lambda}{\sigma T^4}$，$c_1$ 和 c_2 分别为

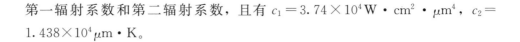

第一辐射系数和第二辐射系数，且有 $c_1 = 3.74 \times 10^4 \mathrm{W} \cdot \mathrm{cm}^2 \cdot \mu\mathrm{m}^4$，$c_2 = 1.438 \times 10^4 \mu\mathrm{m} \cdot \mathrm{K}$。

3.4 激光跟踪技术

3.4.1 设备组成

激光跟踪设备主要由收发机和信号处理机两大部分组成。

激光跟踪设备功能结构图如图 3-20 所示。

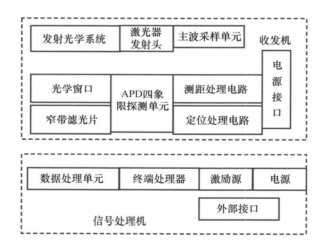

图 3-20 激光跟踪设备功能结构图

其中：

收发机包括发射光学系统、激光器发射头、主波采样单元、光学窗口、窄带滤光片、APD 四象限探测单元、测距处理电路、定位处理电路及电源接口等部分，主要功能是在外部引导下，对目标投射激光束，通过对目标的反射光波特性，分析解算其精确位置和距离信息，并与信号处理机通信。

信号处理机包括数据处理单元、终端处理器、激励源、电源、外部接口等部分，主要功能是接收上级显控下达的控制指令和匿影指令等，确定内部时统，提供激光发射激励，以及将收发机传送的信息报文进行二次解算形成最终的情报报文，上传到上级显控台。

3.4.2 工作原理

激光能量是由激光激励源中的储能电容提供的。激光激励源中的储能电容充到所需的电压，时统信号到来后，在时序电路控制下，放电回路通过氙灯放电，氙灯发光。工作物质 Nd^{3+} : YAG 棒吸收泵浦能量，达到粒子数反转，在调 Q 瞬时高压作用下，输出强激光脉冲，经发射望远镜准直成窄激光束，射向目标，同时激光器内的少量散射激光经主波采样形成主波信号送接收机，作为距离计数器门控电路的启动信号，距离计数器开始计数。

被激光束照到的目标将照射激光反射回来，经接收光学系统汇聚到 APD 光敏面上，形成回波信号，在此回波信号分成两个通道：一个通道将 4 路信号取或，形成一个回波信号进入测距单元，其与主波信号合成整形后形成共通道的主回波信号，主回波信号合成后送终端处理机，其中回波信号通过跟踪波门选通送门控电路，中止距离计数器计数，此时计数器所计时钟脉冲的个数与被测主回波时间间隔有严格的对应关系，信息处理单元录取距离计数器的值，经运算、处理，即可解算出被测目标到激光测距机之间的径向距离，并将距离数据和一些状态信息实时送系统。然后开始下个周期的工作，这样周而复始，直到任务结束[8]。

另一个通道直接将四路激光信号送入定位单元，4 个象限信号按横竖两两配对，4 个完全相同的求和前置放大，放大后的复合信号分别送入 4 个低噪声宽带对数放大器，放大压缩线性化处理，在规定的动态范围内，每一路对数放大器的输出脉冲幅度与输入脉冲幅度成对数关系。对数放大输出的信号再经求和形成 4 路和脉冲信号，同时对数放大输出的信号进入结构完全相同的 4 个差支路，差支路对每一组对数放大输出幅度进行比较，比较选出较强的一个作为角误差信号输出。4 路和脉冲信号与角误差信号送入数字逻辑处理电路模块。

设备工作流程：

（1）接收到系统显控下达的工作指令后，确认此时的无匿影信号，通过伺服系统掉转一体化探头对目标发射激光；

（2）时统信号 t_0 给出 200μs 后，调 Q 信号激发激光发射；

（3）在 $t_0 + 200$μs 左右（根据实际调试结果设置，比调 Q 信号稍早），开启主波门，主波门设置宽度 300ns，主波接收电路工作；

（4）设置回波搜索波门，设置波门在 $t_0 + 200$μs $+ 30$μs 时开启，宽度为 140μs；

（5）当第一个脉冲到达后，开启跟踪波门，设置跟踪波门宽度为 $20\mu s$；

（6）根据主回波处理电路计算距离；

（7）根据和差运算电路计算跟踪目标与坐标原点角度偏差；

（8）上报外系统。

3.4.3 关键指标分析

3.4.3.1 小目标高灵敏度探测能力

相关计算如下。

（1）热噪声：

$$V_{nt} = (4k \times T \times R_s \times \Delta f)^{1/2} \tag{3-23}$$

式中：V_{nt} 为热噪声电压（V）；k 为波耳兹曼常数；T 为相关器件工作温度上限（K）；R_s 为等效输入电阻；Δf 为接收机带宽（Hz）。

（2）暗电流噪声：

$$V_{ni} = I_n \times R_s \tag{3-24}$$

式中：V_{in} 为暗电流噪声电压（V）；I_n 为探测器暗电流；R_s 为等效输入电阻。

（3）背景噪声（$1.06\mu m$、$1.57\mu m$ 波段的背景噪声主要考虑太阳光的影响）：

$$\begin{cases} V_{nb} = I_{nb} \times R_s = \sqrt{i_{nb}^2} R_s \\ i_{nb}^2 = \int_{\lambda_1}^{\lambda_2} i_{nb}^2(\lambda) \mathrm{d}\lambda \\ i_{nb}^2(\lambda) = \dfrac{2ye^2 P_B(\lambda)\Delta f \cdot \lambda}{hc} \\ P_B(\lambda) = E_b(\lambda) \cdot A_d \end{cases} \tag{3-25}$$

式中：V_{nb} 为背景噪声电压（V）；I_{nb} 为背景噪声电流（A）；$i_{nb}^2(\lambda)$ 为单色背景入射功率引起的方均噪声电流；R_s 为等效输入阻抗；Δf 为接收机带宽（Hz）；A_d 为探测器入瞳面积（m^2）；y 为探测器量子效率；e 为电子电荷（e）；h 为普朗克常数（W/S^2）；c 为真空中光速（m/s）；$\lambda_1 \sim \lambda_2$ 为探测器响应光谱范围（μm）；$E_b(\lambda)$ 为太阳光谱辐射照度；$P_B(\lambda)$ 为单色背景入射功率。

最小可探测激光信号功率为

$$P_{rm} = [1/(\gamma_1 \times R_s)] \times V_n \times (SNR)^{1/2} \tag{3-26}$$

式中：V_n 为等效噪声电压（V），$V_n = (V_{nt}^2 + V_{ns}^2 + V_{nb}^2)^{1/2}$；$\gamma_1$ 为响应率（A/N）；SNR 为等效输入信噪比。

3.4.3.2 热透镜效应补偿分析

固体激光器在连续或者脉冲工作方式下，输入泵浦灯的功率（能量）只有少部分（约为百分之几）转化为激光输出，其余部分转化为热损耗，其中激光棒产生的热量，对激光器影响最大。工作物质自身温度升高，引起荧光谱线加宽、量子效率降低，导致激光器阈值升高和效率降低。激光棒一方面吸收光泵辐射发热，另一方面由于冷却不均匀会造成工作物质内部温度不均匀，导致热应力、应力双折射和热透镜效应等[9]。

光学热补偿用于消除或减轻热不均匀性造成的热致双折射或热透镜的影响，以改善光束质量。当激光器运行功率一定时，热透镜补偿主要有以下几种方式：

（1）棒端面修正法。通常将激光棒的一个端面磨成平面，另一个端面修成凹面。此法简单，但仅在热焦距保持常量，才有好的补偿效果，当热焦距偏离时，会产生欠补偿或过补偿。

（2）设计相应的谐振腔，以减小热透镜的影响。如平凸腔、凹凸腔、热不灵敏腔等。

（3）在谐振腔内加一个负透镜，透镜焦距与热焦距相同。由于热焦距为正透镜，则可抵消其影响。

非稳腔最有用的特性是在大菲涅耳数时，产生大体积基模，并有非常好的空间选模特性。换言之，非稳腔能够在大截面短谐振腔中产生小发散角的输出光束。为了非稳腔的有效性，激光介质必须有好的光束质量。非稳腔的不对准容限比稳定腔小，由于光阑产生菲涅耳条纹的缘故，产生大体积模的优势是以牺牲模式质量为代价的。非稳腔的近场光束花样是由具有衍射环，且中心有热斑的环状光束构成的。

在反射率可变的输出镜将非稳腔的输出光束变得既光滑又均匀之后，非稳腔才应用于市售的激光器。通过这种输出镜，耦合输出在克服光束分布方面提供了非常好的方案。对于特定系统，非稳腔对稳定腔是否具有优势，取决于激光增益。一般来说，只有高增益激光才能在非稳腔中以合理的不对准容限产生大尺寸模。

最有用的非稳腔是共焦非稳腔，其主要优点是产生自动对准的输出光束，这意味着光束在最后通过增益介质时被准直。正（$g_1 g_2 > 1$）、负（$g_1 g_2 < 0$）分支共焦谐振腔结构可用以下关系式定义：$2L = R_1 + R_2$。在正分支谐振腔中，光线不会通过光轴线，而在负分支谐振腔中，腔内却有焦点。

为了获得最好的选模能力，谐振腔应设计成在工作时具有一半的等值菲涅耳数。非稳腔的主要缺点之一是产生的环状输出光束包含衍射环，其中心还会出现热斑。应用径向反射率可变的部分透明耦合输出镜，可以消除这一缺点。这种镜的反射率从中心的峰值径向降为零。这种谐振腔至少在理论上能够维持大体积、空间分布光滑均匀的单横向模。实际系统中，是否能够获得大体积模，取决于系统的增益。

采用基于上述设计的非稳腔进行热补偿，结构简单可靠，效果良好。镜面镀高斯阶梯膜，腔形设计针对最高次重频设计，采用最高次重频打灯，出光重频由 Q 开关控制的方法，保证每次出光都在最佳设计状态。

参考文献

[1] 杨帆. 激光告警多路信号同步控制系统研究 [D]. 长春：长春理工大学，2009.

[2] 付伟. 激光侦察告警技术的发展现状 [J]. 光机电信息，2000（12）：1-7.

[3] 周中亮，应家驹，何永强，等. 激光复合探测技术研究 [J]. 激光与红外，2010，40（09）：976-980.

[4] 李学永，周俊. 一种多传感器时间配准方法 [J]. 空军雷达学院学报，2007（04）：252-254＋258.

[5] 杨顺. 磁悬浮转子系统的温度场实验研究 [D]. 武汉：武汉理工大学，2006.

[6] 赵岚. 毫米波凝视成像机理研究 [D]. 合肥：中国科学技术大学，2009.

[7] 邢强林，黄惠明，熊仁生，等. 红外成像探测系统作用距离分析方法研究 [J]. 光子学报，2004（07）：893-896.

[8] 陆君，王砚田，陆芳. 激光跟踪测距一体化技术在火控系统中的应用 [J]. 激光与红外，2011，41（01）：51-53.

[9] 刘丰满. 1444nm 波长 Nd：YAG 脉冲激光器研究与设计 [D]. 武汉：华中科技大学，2006.

第4章
末端综合光电防御多波段干扰源技术

4.1 多波段干扰源设计

4.1.1 多波段干扰一体化设计

无源烟雾干扰技术已成熟，发射距离可达千米量级，可通过延迟时间引信和电子开仓时间设定确定无源干扰弹起爆时间和位置；遮蔽可见光、近红外波段、中远红外波段，烟幕形成时间较短，单发有效遮蔽面积激光 $200\sim 1000m^2$，烟幕遮蔽效率较高，烟幕持续时间激光较长、红外和毫米波较短，发射控制方式为自动和人工发射、可单发和多发定向发射。

无源干扰弹的遮蔽波段覆盖了可见光至远红外，与激光定向干扰模块中干扰激光的波段重复，同时覆盖了红外跟踪设备的工作波段，因而使用无源干扰弹时，在对被保护目标实施有效遮蔽的同时，不能遮蔽己方的红外跟踪设备以及激光干扰源。为此，当侦测到来袭威胁时，需根据战场态势判断无源干扰弹的发射和起爆时机。

在图 4-1 所示的"被保护目标-末端综合光电防御系统-来袭威胁"位置关系中，可以看出，当来袭威胁沿着"末端综合光电防御系统-被保护目标"连线方向来袭时（如图中实线位置所示），末端综合光电防御系统若向被保护目标上空发射无源干扰弹，必将同时遮蔽自身红外跟踪设备及激光干扰源视线。此时需根据"被保护目标-末端综合光电防御系统-来袭威胁"间位置关系和来袭威胁速度信息，判断末端综合光电防御系统能否机动到图中有利位置（如图中虚线位置所示）。若时机允许，则机动到有利位置后，利用可多方向定向发射的多管集束式无源干扰弹，对被保护目标实施无源烟雾遮蔽，同时，末端综合光电防御系统对来袭威胁实施红外跟踪及激光定向干扰。

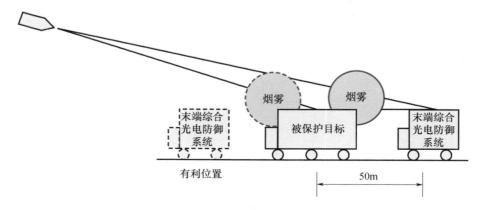

图 4-1   "被保护目标-末端综合光电防御系统-来袭威胁"位置关系

4.1.2 多波段定向干扰设计

表 4-1 所列为满足 5km 干扰距离所需的现有成熟干扰源功率与发散角，由系统定向精度 1mrad 指标可得多波段激光干扰源发散角为 3mrad，换算可得多波段激光干扰源需满足的功率指标如表 4-2 所列。

表 4-1   现有成熟干扰源功率与发散角计算结果

作战对象	激光制导 干扰源	电视制导 干扰源	中红外制导 干扰源	远红外制导 干扰源	可见观瞄 干扰源
激光波长	$1.06\mu m$	$1.06\mu m$	$3.8\mu m$	$10.6\mu m$	$0.8\mu m$
激光功率（最小）	2.0W	20W	3.0W	70W	20 W
发散角	≤3.6°	≤4.2mrad	≤2.64mrad	≤3.5mrad	≤4.2mrad

表 4-2   多波段激光干扰源源需满足的功率

作战对象	激光制导干扰源	电视制导干扰源	中红外制导干扰源	远红外制导干扰源
激光波长/μm	1.06	1.06	3.8	10.6
激光功率/W	2.0±0.2	≥15±0.5	≥4.4±0.3	≥50±3

多波段对抗干扰源所需的关键技术包含高重频干扰激光产生技术、电视制导干扰激光产生技术、中红外制导干扰激光产生技术、远红外制导干扰激

光产生技术等，其中高重频干扰激光产生技术和远红外制导干扰激光产生技术已发展成熟。

对于中红外制导干扰激光产生技术而言，能够产生中红外激光的激光源主要有气体激光器、量子激光器、化学激光器和光参量振荡（OPO）激光器等，其中气体激光器、量子激光器和化学激光器战场维护困难，难以满足恶劣环境使用要求，利用光参量振荡产生中红外干扰激光的方法是目前研究的热点。但伴随防御要求中红外干扰激光源体积小、功耗低，且满足单车集成，出光功率高需求。

一般利用 $1.06\mu m$ 激光作为产生中红外激光的 OPO 系统的泵浦光源，未进行频率转换的剩余 $1.06\mu m$ 激光将与中红外激光一起从 OPO 系统同时输出，而 $1.06\mu m$ 激光正是电视制导武器的有效干扰波段，可对电视制导武器实施有效干扰。同时，$1.06\mu m$ 激光可利用同步功率合成技术，大幅度提高其功率密度。

把激光同步功率合成技术应用到中红外 OPO 中，有望产生满足实战需求的高功率中红外干扰激光，同时输出电视制导干扰激光，为此，针对末端防御需求，提出双波长激光同步合成技术和高功率光纤激光干扰源技术。

4.2 同步合成双波段激光干扰源产生技术

4.2.1 双波段激光干扰源设计

经调 Q 的脉冲激光干扰源峰值功率高，干扰距离远；同时利用该干扰源作为激励源产生中红外干扰激光时，其高峰值功率特点对激光频率转换效率有利，可同时输出近红外和中红外双波段干扰激光。然而单台激光激励 OPO 过程，仅能产生 $2\sim3W$ 中红外干扰激光，不满足要求。调 Q 激光脉冲宽度窄，仅 10ns 左右，利用多台激光干扰源同时对来袭武器实施干扰，若干扰激光不能同时照射来袭武器，干扰激光功率不能有效合成，并不能明显提高干扰距离，为此需利用激光功率同步合成技术，控制多台激光干扰源同时出光，同步激励 OPO 谐振腔，产生满足要求的中红外干扰激光。

同步合成双波段激光干扰源设计方案如图 4-2 所示，同步合成双波段激光干扰源由两套 $1.06\mu m$ 激光器——中红外 OPO 系统（A 和 B）和一套精密测时电路——精密延迟时间补偿单元构成。

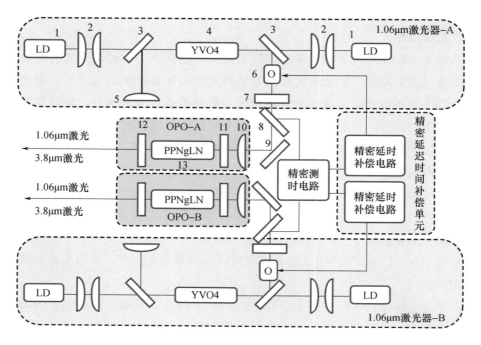

图 4-2   同步合成双波段激光干扰源设计方案

半导体激光器 1 发出的 808nm 波长激光，经光束整形装置 2 整形后，经耦合镜 3 耦合进 $1.06\mu m$ 激光器谐振腔，双端泵浦 $1.06\mu m$ 激光晶体 YVO4，产生的 $1.06\mu m$ 激光在由 5 和 7 组成的激光谐振腔中振荡，由声光调 Q 器件 6 调制成脉冲宽度为 12ns、重复频率为 3.3kHz 的高功率脉冲激光，经由输出镜 7 输出。输出的激光经反射镜 9 反射后，被聚焦透镜 10 汇聚进 11、12 构成的中红外 OPO 谐振腔，泵浦参量振荡晶体 13 产生的 $3.8\mu m$ 中红外激光与剩余的 $1.06\mu m$ 激光同时输出。

单路输出的中红外激光的功率小，无法满足有效干扰距离需求，若将两路激光简单叠加，由于激光脉冲宽度极窄，仅 12ns，激光脉冲若不能同时输出，激光功率难以真正提升，为此将两套激光系统在时域上进行同步合成，经过激光输出镜 7 输出的 $1.06\mu m$ 激光由采样元件 8 采样，精密测时电路精密测量两路激光 A、B 的出光时间，由精密延迟时间补偿电路，通过控制精密延迟时间线长度进行精密补偿，反馈至声光调 Q 器件 6，精密控制 Q 开关打开时间，进而精密控制激光的输出时间，使得两路激光在时间上同步输出，以满足有效干扰距离的功率需求。

4.2.2 中红外激光产生技术

4.2.2.1 1.06μm 高重频激光光源

1.06μm 高重频激光光源采用 808nm 激光 LD 双端泵 Nd：YVO4 晶体，采用声光调 Q 技术实现了大于 30W 功率 1.06μm 静态激光输出。

1.1.06μm 激光光源产生技术途径

激光二极管泵浦的固体激光器有多种方式，根据需要，可以选择不同的激光晶体、泵浦方式、激光谐振腔工作模式、激光工作状态等。

国内外在高功率基模固体激光器方面开展了大量的试验研究。在这些试验中涉及的激光晶体主要有 Nd：YAG、Nd：YVO4、Nd：GdVO4、Nd：YLF 等；泵浦结构上主要有单端泵浦、双端泵浦两种；激光器的结构方面主要有端面泵浦激光振荡器和端面泵浦放大器两种。考虑到实战化条件下系统体积、功耗限制，中红外 1.06μm 激光光源采用双端泵浦激光振荡器。

2. 激光晶体选择

激光增益介质的不断改良，可以使激光器的性能逐步提高并降低成本。棒状增益介质的激光器是目前应用最广泛、发展最成熟的一类固体激光器构造，具有电光转换效率高、系统复杂程度低、造价相对小、适合短脉冲调 Q 运转等优点。

产生 1.06μm 激光晶体有多种，其中 Nd：YVO4 晶体是一种与 Nd：YAG 有竞争力的激光晶体。它在 808nm 附近有较高的吸收系数，是 Nd：YAG 的 3.5 倍，吸收带宽约 20nm，是 Nd：YAG 的 5 倍多，且吸收峰也很高，所以特别有利于 LD 泵浦。该晶体在 1.06μm 处具有较大的受激发射截面，泵浦阈值低。同时 Nd：YVO4 是一种高双折射晶体，易产生偏振光输出，可避免 Nd：YAG 出现的热双折射现象。

Nd：YAP 属斜方晶系，具有各向异性的光谱特征，荧光带比 Nd：YAG 稍宽，但较难生长出高质量的晶体，另外由于热透镜效应非常严重，因而限制了它的推广和应用。

选择 Nd：YVO4 晶体作为基频激光产生晶体。

3. 泵浦方式

激光二极管泵浦的固体激光器（DPSSL）从泵浦方式上可以分为侧面泵浦和端面泵浦。

侧面泵浦是指泵浦光从棒状增益介质的侧面入射，而激光沿着增益介质纵向方向振荡的泵浦方式。侧面泵浦结构简单、稳定、成本低，采用单个封装好的激光头模块可以很容易地实现百瓦级甚至千瓦级的输出，但是输出激光光束质量较差，获得高效基模激光输出比较困难。

端面泵浦是指泵浦光从晶体棒的单端面或者双端面入射，而激光沿晶体棒长度方向振荡的一种泵浦方式，采用这种泵浦方式可以使泵浦光和振荡激光有效地实现模式匹配，非常有利于获得高效率、高光束质量的激光输出[1]。

为了获得更好的光束质量，有利于 OPO 效率提高，泵浦源采用端面泵浦技术，原理图如图 4-2 中 $1.06\mu m$ 激光器-A 所示。

随着泵浦光功率的提高，热效应问题成为影响 Nd：YVO4 激光器各项性能指标的主要因素之一。为了获得多光谱复合激光对抗技术所需的高功率，减缓 Nd：YVO4 激光器热效应，采用 808nmLD 直接将 Nd^{3+} 泵浦到激光上能级，减小量子缺陷带来的热效应。

光源采用 808nm 光纤耦合二极管激光器，纤芯直径为 $400\mu m$，最大输出功率为 110 W，数值孔径为 0.22。YVO4-Nd：YVO4 -YVO4 键合晶体，未掺杂 YVO4 晶体的尺寸为 4mm×4mm×3mm，掺杂部分 Nd：YVO4 晶体中的 Nd^{3+} 的掺杂浓度为 0.3％（原子分数），尺寸为 4mm×4mm×12mm；谐振腔采用平-凸 U 形腔结构，腔长约为 220mm。后腔镜 5 为凸面镜，其曲率半径为 3m，在 $1.06\mu m$ 处高反（$R>99.8\%$），输出镜 7 为平面镜，对 $1.06\mu m$ 激光的反射率为 50％。加声光调 Q 晶体，实现 3.3kHz 频率输出，测得激光动态输出最大功率大于 25W。采用光束质量分析仪对泵浦源光束质量进行测试，光束质量测试设备如图 4-3 所示。

图 4-3　光束质量测试设备

激光光源光斑的三维分布图，如图 4-4 所示。

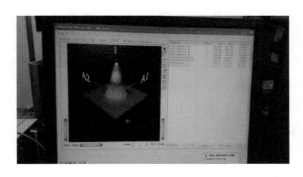

图 4-4 激光光源光斑的三维分布图

对光源发射激光的光束质量进行计算得知，光束质量因子 M^2 在 20W 时小于 1.5。

4.2.2.2 中红外光参量振荡技术

1. 参量振荡晶体的选择

如今用于 OPO 的非线性晶体主要有 KTP、KTA、BBO、PPLN、ZGP 等，各晶体的透光范围、有效非线性系数和抗损伤阈值等物理特性见表 4-3。其中，ZGP、PPLN 晶体由于其具有非线性系数大、透光范围广、走离角小、允许角大等特点，被广泛应用于中红外光参量振荡器，尤其 PPLN 晶体被广泛应用于准相位匹配过程，其 OPO 过程不受走离角限制。

表 4-3 非线性晶体的物理特性

晶体	透光范围/nm	d_{eff}/（pm/V）	损伤阈值/（GW/cm²）
KDP	200～1500	0.4	5
LiNbO₃	420～5200	5.1	0.2
BBO	189～3500	1.94	1.5
LBO	160～2600	1.16	2.5
KTP	350～4500	3.64	0.5
ZGP	740～12000	75	0.01
PP-KTP	350～3500	5～10	0.5
PPLN	300～5000	14～16	0.1
PPMgLN	420～5200	34	10

目前，在 OPO 领域的研究主要集中在以下几个方面：

1）基于周期性极化晶体的中红外光学参量振荡器

由于周期性极化晶体和准相位匹配技术的迅速发展，基于 PPLN 等晶体准相位匹配技术 OPO 已成为当今中红外 OPO 研究的热点。它具有以下优点：振荡阈值低、损伤阈值是普通 LiNbO$_3$ 的 5 倍、接受角较大、非线性系数大、转换效率高、无走离效应影响、参量光相互作用距离超过 50 mm 等，而且通过周期调谐辅以温度调谐，可实现连续宽带可调谐输出。

2）基于 ZGP、AGS 等晶体的远红外光学参量振荡器

用于中远红外 OPO 输出的晶体大部分是半导体非线性光学材料，如 AGS、AGSe、ZGP、GaSe 等。这些半导体材料的共同特点是透明范围宽、非线性系数大。其中，由于 ZGP 晶体非线性品质因数相对较大（大约是 PPLN 的 9 倍）、力学性能和热性能稳定、损伤阈值高，相对研究较多。ZGP 一般需要 2μm 左右激光泵浦，而 2μm 激光光源发展尚不成熟，一般需要 1.06μm 经过 OPO 过程获得。因而利用 ZGP 晶体产生中红外，需要经过两个 OPO 过程，光路复杂，维护困难，难以满足实战需求[3]。

3）基于 PPMgLN 的中红外参量振荡器

中红外 OPO 的一个重要进展，体现在周期极化材料的发展上。尤其，高非线性系数的 PPLN 晶体和长相互作用长度的出现，使 OPO 利用传统的连续固体激光源达到连续单谐振（CW SRO）阈值，获得更高的功率水平和转换效率。

PPMgLN 晶体调谐方式有温度调谐、周期调谐和角度调谐三种。温度调谐可以获得更高的调谐精度，周期调谐是获得 3～5μm 波长调谐最有效的工作方式。同时采用周期调谐和温度调谐方式，既可以获得较宽的调谐范围，也可以获得较高的调谐精度。

2. PPMgLN-OPO 相位匹配

虽然接受角对转换效率不会产生直接的影响，但是接受角的大小直接影响相位匹配角精度要求，这是调谐 OPO 必须考虑的一个问题，反映在控制转动晶体的步进电机的精度要求。

产生相位失配的最重要的原因是走离效应。根据晶体光学，单轴晶体中对应某一波矢方向 K 有 o 光及 e 光，两者的互相垂直，也彼此垂直。对于 o 光而言，它的 E 矢量及 D 矢量始终平行，并垂直于波矢与光轴所确定的平面，光线方向 S（玻印亭矢量，能流密度方向）与波矢方向 K 重合。对于 e 光，它的 E 矢量和 D 矢量一般不平行，不过都处在波矢与光轴所确定的平面内，它的光线方向 S 与 K 不重合，该光线方向 S 与 K 之间的夹角称为走离角。而对于双轴晶体 KTP 则有：

$$\tan\alpha = \frac{1}{2}\frac{(n_z^2 - n_x^2)}{n_x^2\sin^2\theta + n_z^2\cos^2\theta}\cdot\sin(2\theta) \tag{4-1}$$

式中：θ 为相位匹配角；n_z、n_x 为晶体的主轴折射率；α 为走离角，可见相位匹配角越接近 $\pi/2$，则走离角越小。

注意到，走离角越小，则说明泵浦光与信号光（或闲频光）之间的夹角越小，越同轴。当相位匹配角等于 $\pi/2$ 时，走离角为 0，此时并不满足相位匹配条件，故利用准相位匹配方法进行波长调谐。这里采用 e→e＋e 相位匹配，以消除光束之间的走离效应，实现泵浦光、信号光和闲频光的共轴输出，同时还可利用 PPMgLN 晶体的最大非线性系数 d_{33}（27.4pm/V），以获得最大的能量转换效率。

在 PPMgLN 准相位匹配光参量振荡器中，三波相互作用的能量守恒和共线条件下的动量守恒公式如下：

$$\begin{cases} 1/\lambda_p = 1/\lambda_s + 1/\lambda_i \\ n_{op}/\lambda_P = n_{os}/\lambda_s + n_{oi}/\lambda_i + 1/\Lambda \end{cases} \tag{4-2}$$

式中：λ_p、λ_s 和 λ_i 分别为泵浦光、信号光和闲频光的波长；n_{ep}、n_{es}、n_{ei} 分别为泵浦光、信号光和闲频光波长的折射率；Λ 为光栅周期。

PPMgLN 晶体中 e 光折射率赛耳迈耶尔（Sellmeier）方程为

$$\begin{aligned} n_e^2(\lambda, t) = {} & 5.35583 + 4.629\times10^{-7}f(t) \\ & + \frac{0.100473 + 3.862\times10^{-8}f(t)}{\lambda^2 - [0.20692 - 0.89\times10^{-8}f(t)]^2} \\ & + \frac{100 + 2.657\times10^{-5}f(t)}{\lambda^2 - 11.34929^2} - 1.5334\times10^{-2}\lambda^2 \end{aligned} \tag{4-3}$$

式中：$f(t) = (t - 24.5)\times(t + 570.82)$，$t$ 为温度（℃）；λ 为波长（μm）。

PPLN 晶体的反转周期与输出波长的关系如图 4-5 所示。由图 4-5 可见，为实现 3.8μm 中红外干扰激光输出，周期极化晶体的极化周期设计为 29μm 左右。

3. 中红外参量振荡试验

中红外光参量振荡器采用单谐振，外腔光参量振荡结构，1.06μm 激光经聚焦后泵浦 PPMgLN（5％摩尔 MgO）晶体，光参量振荡输出中红外激光，试验装置如图 4-2 方案中 OPO 所示部分。

试验中 PPMgLN 晶体尺寸为 50mm×10mm×2mm，共有 4 个极化周期，分别为 28.5μm、29μm、29.5μm 和 30μm，光参量振荡谐振腔 L＝60mm，阈值功率密度为 1MW/cm^2，泵浦光通过光学耦合系统，聚焦在激光晶体上光斑直径约为 400μm，PPMgLN-OPO 激光试验装置如图 4-6 所示。

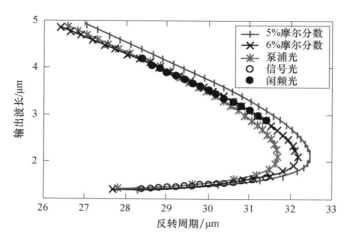

图 4-5　PPLN 晶体和 5%（摩尔分数）PPMgLN 晶体反转周期与输出波长关系

图 4-6　PPMgLN-OPO 激光试验装置

1.06μm 激光光源功率为 20W，重频为 3.3kHz，OPO 采用平平腔，利用光栅单色仪、示波器和功率计对中红外激光干扰源的出光性能进行了测试，3.8μm 最大输出功率为 2.5W，此时光-光转换效率为 14%，斜率效率为 18%，脉冲宽度约为 10ns，中红外激光干扰源指标测试设备如图 4-7 所示。

1）出光波长测试

利用光栅单色仪测量得到的中红外干扰激光波长测试结果如图 4-8 所示。可见，中红外干扰激光波长为 3.8μm。

2）出光脉冲宽度及频率测试

利用示波器对中红外干扰激光的脉冲宽度和重复频率进行测试，结果如图 4-9 所示，从图中可以看出，激光脉冲宽度约 10ns，重复频率 3.3kHz。

图 4-7 中红外激光干扰源指标测试设备

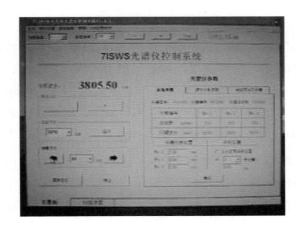

图 4-8 中红外干扰激光波长测试结果

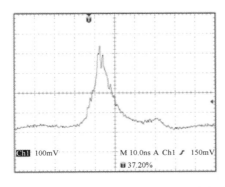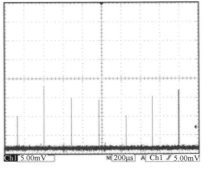

图 4-9 中红外干扰激光脉冲宽度和重复频率

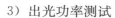

3）出光功率测试

利用功率计对中红外干扰激光的出光功率进行测试，结果如表 4-4 所列。从表中可以看出，在不同的时间共进行了 3 组实验，每组分别测试了 10 次，每组计算激光功率的平均值，得到 3.8μm 激光功率平均为 2.5W 左右。

表 4-4　中红外激光出光功率

组别	1	2	3	4	5	6	7	8	9	10	平均
1	2.66	2.54	2.33	2.34	2.56	2.66	2.45	2.55	2.52	2.48	2.51
2	2.67	2.43	2.38	2.56	2.62	2.67	2.55	2.43	2.51	2.62	2.54
3	2.45	2.39	2.56	2.55	2.47	2.66	2.48	2.55	2.45	2.51	2.52

4.2.3　双波长窄脉冲激光同步合成技术

单路输出的中红外激光功率仅为 2.5W，参量振荡后剩余的 1.06μm 激光仅约为 11W，难以满足指标需求，为此，利用同步合成技术，将两台中红外参量振荡的泵浦源——1.06μm 激光进行基于时间同步的功率合成，继而使 OPO 过程产生的中红外干扰激光也在时间上同步，提升其功率。

4.2.3.1　短脉冲激光时空域同步合成技术

短脉冲激光时空域同步合成，使得多台脉冲激光器输出的激光在同一时间照射到同一空间区域。由于激光具有一定的发散角，多台平行输出的脉冲激光器的远场光斑将会发生重叠。若脉冲激光的发散角以 3mrad 计，则 5km 处的远场光斑直径约为 21m。考虑到激光定向干扰源执行的作战任务为伴随防御，集成的平台需具有小型化和探测、干扰、指挥控制等多功能一体化的特点，多台脉冲激光干扰源间的空间距离一般较小。若两台同时输出的激光干扰源出光口的空间距离为 1.5m，则这两台激光干扰源输出的激光在 5km 处的光斑重合率约为 74%（重叠的光斑与两光斑面积总和之比），激光的发散角越大，光斑的空间重合率也越高。也就是说，只要同轴的两激光器能够在时域上同步输出，即可基本保证其强度在空域中的合成。因此，脉冲激光的时空域同步合成技术，主要研究脉冲激光的时域同步合成。

1. 同步合成仿真分析

对激光束进行精确的时间控制，即通过比较简捷的方式有效提高激光输出功率。下面以两台激光器合成为例分析激光合成的基本过程。两台脉冲激光器波长为 1.06μm，脉冲宽度为 10ns，设两台激光器输出参数一致，时域上激光波形为高斯脉冲。激光脉冲合成波形如图 4-10 所示。

当两台激光器输出激光完全同步时，则合成激光脉冲如图 4-10（a）所示，此时光束同步叠加效率为 100％。

当两激光束之间延迟时间为 3ns 时，合成效果仿真波形如图 4-10（b）所示，此时，合成波形幅度相当于单光束的 1.88 倍，合成效率为 94％。

当两激光束之间延迟时间为 10ns 时，合成效率仿真波形如图 4-10（c）所示，此时合成波形幅度相当于单光束的 1.08 倍，从图中可以看出此时输出激光的峰值功率与单光束相比没有明显变化。为此需采用相应补偿措施，减少输出激光的延迟误差，直至达到较为理想的合成效果。

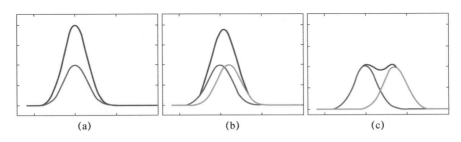

图 4-10　激光脉冲合成波形

（a）两脉冲无时间差；（b）两脉冲时间差为 3ns；（c）两脉冲时间差为 10ns。

一般来说，调 Q 脉冲激光器从触发激励到发射激光的整个过程所需时间约为几十毫秒，且因为受激光器内部的工作物质、工作温度等多种因素的影响，每台激光器激励过程的时间长短稍有不同，所以即使用完全同步的信号去触发各台激光器，也不能保证各台激光器发射的激光脉冲在时间上完全同步。为此，必须首先精确测量各激光器实际发射的激光脉冲的时间差，然后再作相应的精密时间延迟时间补偿。

2. 激光脉冲时域同步合成基本原理

实现两台调 Q 脉冲激光的同步合成方案如图 4-11 所示。在每台激光器同样泵浦电压、调 Q 触发信号的条件下，激励出光过程所需的时间是固定的。为了测量各台激光器所发射激光脉冲的时间差，我们以激光器 1 为参考，将激光器 2 的激光脉冲波形与激光器 1 的作比较，用精密测时电路测量出它们之间的时间差，然后再用精密延迟时间补偿线路对两激光器的触发信号进行时间差补偿，使激光器 2 的脉冲与激光器 1 的脉冲保持精密同步发射，这也就实现了两台脉冲激光时域上的同步合成控制。

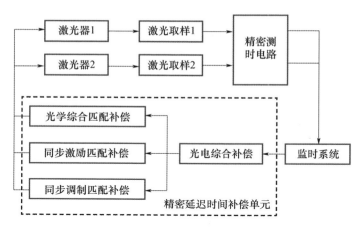

图 4-11　两台短脉冲激光器同步合成方案

激光取样单元用 1% 反射率镜片从每台激光器发射的激光脉冲中反射约 1% 激光能量作为取样光信号，采用光电二极管将激光脉冲转换为电脉冲波形。选用光电二极管作为光脉冲波形探测器，是因为其具有较高灵敏度和响应速度，其时间响应速度 <0.1ns，带宽 >1GHz，且对激光器的 1.06μm 近红外波长有非常好的响应。

实现如此高的激光脉冲时间同步精度控制是必须要解决的关键问题，也是难点问题。解决问题的技术途径包括：①激光脉冲之间传输时间差的精密测量；②设计精密延迟时间线路对时间差进行精确补偿。

4.2.3.2　时间差精密测量技术

两激光脉冲之间时间差的测量方法主要有模拟法、数字法、数字插入法和模拟插入法等。其中模拟插入法则是将模拟法和数字法相结合，具有测量范围大、线性好、测量精度高（测量精度可达到 0.1ns）等优点，因而选用此方法精密测量各台激光器所产生的激光脉冲之间的时间差。

1. 模拟插入法精密测时原理

如图 4-12 所示，单纯用数字法测量时间间隔时只能测得 nT，这样测得的时间值存在误差，误差主要来源于时钟脉冲的上升沿分别与两个被测激光脉冲电信号上升沿之间的时间差 t_a 和 t_b，它们所导致的误差大小为 $\Delta T = t_b - t_a$。模拟插入法就是在单纯数字计时电路中插入电容充放电模拟电路，首先利用模拟电路高精度测量 t_a 和 t_b，然后对数字法所测结果 nT 进行修正，以提高测时精度。

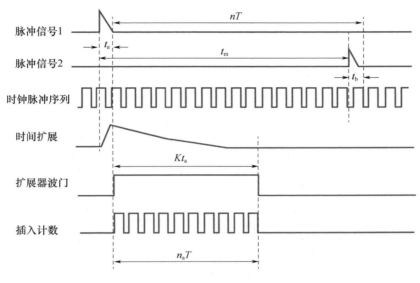

图 4-12　模拟插入法原理示意图

模拟插入法的关键是利用高精度电容的充放电过程，对时间间隔 t_a 进行 k 倍扩展，即 k 倍时间拉伸。与此同时，时间扩展模块产生一宽度为 kt_a 的门脉冲，用同一时钟计数器对 kt_a 时间段进行计数测时，测得 n_a 个时钟周期，即有 $kt_a = n_a T$。利用同样的方法（图中没有画出时间拉伸、计数测量过程，它与对 t_a 的拉伸测量过程一样）对 t_b 可以测得 n_b 个时钟周期，则 $kt_b = n_b T$。于是可算出 $t_a = n_a T/k$，$t_b = n_b T/k$。最后得到修正后更为精确的测量结果：

$$t_m = nT - \Delta T = nT + t_a - t_b = (n + n_a/k - n_b/k)T \qquad (4\text{-}4)$$

当然，模拟插入法也有一定的局限性，因为由于电子器件的不同，会使 t_a 和 t_b 的测量精度产生差异。另外，电容充电和放电时，实际具有非线性（指数形式）伏安特性，且是非零状态响应，使得每次充放电的时间扩展倍数不完全一致，实际时间扩展倍数不容易达到理论值。还有，由于电容长时间放电的电平变化很小，可能造成判决电平的时间模糊，时间闸门的控制较难做到很精确。这些因素都能使测时精度有所降低，使实际测时精度低于理论值，但模拟插入法的实际测时精度还是能满足要求的。

2. 模拟插入法精密测时系统设计

模拟插入法精密测时电路原理如图 4-13 所示，由数字计数器单元、模拟插入单元和处理显示单元组成。由单纯数字法计数器单元测得带有较大误差的时间间隔 nT，由模拟插入单元测得 t_a 和 t_b，再通过处理显示单元进行修正运算并显示得到精确时间值 t_m。模拟插入部分采用高精度钽电容器 TAC_1 和 TAC_2，并通过高稳定、高精度恒流源精密控制电容器的充放电过程。采用 12 位的 AD7542 作为数模转换器模块[4]。

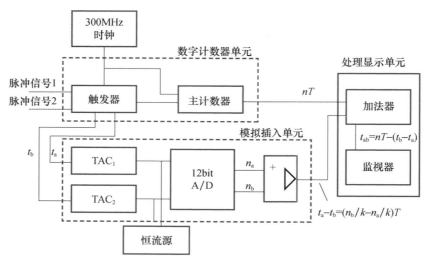

图 4-13　模拟插入法精密测时电路原理

3. 模拟插入法精密测时电路试验测试

利用数控直流恒流源将高稳定的精密钽电解电容器 TAC_1 和 TAC_2 的充电电流稳定在毫安级，放电电流稳定在微安级，使它们之间的比例大于等于 1000 倍。所选取的电容器具有较好的充放电特性，而且在充电时间小于 $1\mu s$ 时不会饱和。这样对计时器的精度要求将由纳秒级降到微秒级，实现了在保持测量结果精度不变的前提下，把以高精度测量短时间转化为以低精度测量长时间，从而降低了对测量仪器的精度要求和测量成本，而且便于实现。

为了检验精密测时电路的实际效果，还设计了相应的简易测试电路。利用该测试电路，产生两个时间间隔稳定并可精密调节（要求调节范围大，调节精度高）的短脉冲，对模拟插入法精密测时系统进行模拟试验，检验其时间测量精度。

如图 4-14 所示为模拟插入法精密测试电路的原理框图。采用单稳态触发器来产生两个脉冲（同一个脉冲触发），用不同长度的同轴线延迟时间调整两个脉冲的时间间隔，再用单稳态触发器重新触发对脉冲整形，从而获得两个时间间隔可调的脉冲信号，模拟激光脉冲信号 1 和信号 2。

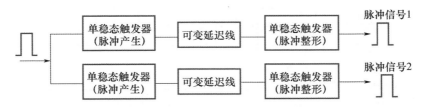

图 4-14 模拟插入法精密测试电路的原理框图

试验中采用的同轴线缆（型号为 SYV50Ω-3）作为延迟时间线，其特性阻抗为 50Ω，电磁波传播速率 0.666c。通过调节两路延迟时间同轴线的长度差，可以对测试电路所产生的两个脉冲的时间间隔进行精密调整，以满足对精密测时电路进行性能测试的要求。由于同轴线缆长度的限制，测试电路产生的脉冲信号 1 和脉冲信号 2 的时间间隔不可能很大，并且模拟插入法时间间隔测量的精度取决于模拟插入部分，因此，主要对模拟插入部分的时间测量精度进行试验研究。将延迟时间同轴线长度差以 20cm 间隔递增，即两脉冲信号时间间隔以 1ns 为间距递增时，测量的时间间隔与两路延迟时间同轴线的长度差呈线性关系，表明时间间隔测量精度已达到 1ns。进一步将延时同轴线长度递增值减小为 2cm，即两脉冲信号时间间隔以 0.1ns 为间距递增时，试验测量的时间间隔与两路延迟时间同轴线的长度差仍能基本呈线性关系，试验表明：该精密时间间隔测量电路的单脉冲测量精度接近 0.1ns。

4.2.3.3 高精密时间延时线路设计技术

一般情况下，脉冲激光系统所用的调 Q 电路的同步触发延时器，无论在稳定性还是在调节精度上都只能达到激光器工作的一般要求，它的抖动范围可大到微秒量级，远远达不到对激光脉冲的时域同步控制精度（≤1ns）要求。因此，研制不大于 1ns 的高精密延迟时间线路是实现对多台激光器高精度同步控制的关键。

1. 高精密纳秒延迟时间电路

高精密纳秒延迟时间电路原理框图如图 4-15 所示，该电路采用高精度线性斜波电压信号的产生，实现了延迟时间调节范围宽、调节精度高的延迟时间信号输出。

精密纳秒延迟时间电路主要是由触发脉冲成形、微秒脉冲产生、微秒斜波（锯齿）信号产生、驱动放大输出、延时触发、脉冲整形输出等电路组成。触发成形电路将自己产生的、外触发或手动触发产生的脉冲成形为具有固定

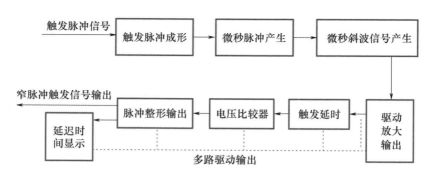

图 4-15　高精密纳秒延迟时间电路原理框图

幅度和宽度的负脉冲,微秒脉冲产生电路受负脉冲的触发产生稍大于 $1\mu s$ 宽度的矩形脉冲,矩形脉冲控制微秒斜波信号产生电路,产生一种持续时间稍大于 $1\mu s$ 的具有良好线性和稳定性的斜波电压信号,该信号经驱动电路放大稳定后,可分成多路输出,每路输出后面各跟一路完全相同的延迟时间触发、电压比较器及脉冲整形电路,延迟时间触发将具有良好线性和稳定性的斜波电压送入精密电压比较器,斜波幅度与基准电压幅度比较甄别后,产生电脉冲信号,再经整形电路变成所需的前沿延迟时间脉冲输出。调节控制各路比较器的基准电压即可得到不同延迟时间的脉冲输出,同时还可将该电压送入电压表进行相应的延迟时间显示。为了使脉冲触发信号上升时间小于等于1ns、时间抖动小于等于1ns,在最后的整形输出电路中采用了雪崩整形网络对高速比较器输出的触发脉冲进行整形后获得高速的短脉冲输出。

考虑到多路延迟时间脉冲之间的波形一致性、稳定性、超快的脉冲前沿以及较强驱动能力,电路设计采用微带线结构并采用雪崩三极管有效地解决这一问题。雪崩三极管的工作原理为当晶体管集电极电压足够高时,收集结空间电荷区内的电场强度比正常工作时大许多倍,进入收集结的载流子被强电场加速,从而获得很大能量。这些载流子与晶格碰撞时便产生新的电子孔穴对,新生的电子孔穴又分别被强电场加速而重复上述过程,于是流过收集结的电流便"雪崩"式迅速增长,这就是雪崩管的雪崩倍增效应。雪崩晶体管具有以下特点:电流增益大,可以有效解决输出脉冲驱动能力问题;稳定性高,触发晃动小;固有延迟时间短;导通时间短,具有较快的脉冲前沿时间[5]。

2. 精密电压比较器单元设计

高稳定、高精密电压比较器幅度甄别单元是产生纳秒级延迟时间的关键,因而选用集成电压比较器 MAX921 对斜波信号的幅度进行甄别,可精确控制输出脉冲的幅度，而不同幅度则精确对应着不同的延迟时间。如图 4-16 所示，精密电压比较器幅度甄别单元包括 C5 和 R1 构成的输入耦合电路、比较器 MAX921 以及由高精密多圈电位器 W1 构成的电压阈值调节电路三部分组成。斜波信号经耦合电路输入比较器 MAX921 的第 3 脚，当输入斜波信号电压幅度大于比较器 MAX921 的 4 脚所设置的高精密阈值电压时，MAX921 的 8 脚输出相应的延迟时间脉冲信号，实现电压比较器的功能。

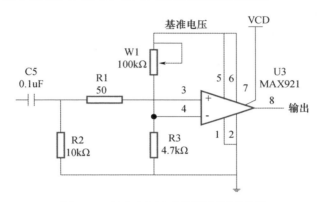

图 4-16　精密电压比较器幅度甄别单元

采用上述的高精密电压比较器进行电压幅度甄别，以及结合应用标准频率计数器和高精度线性斜波电压产生法，设计的精密延迟时间电路可以实现延迟时间调节精度优于 1ns 的多路输出的快前沿触发控制信号，能很方便地满足多台调 Q 脉冲 Nd:YAG 激光器的时间同步合成精度要求，更为重要的是它特别适合用于机动性要求高的激光武器系统。

3. 大范围精密快前沿时间脉冲延迟的实现

根据需求，研究了一种大范围、高精密脉冲延迟时间线路的设计方法，克服传统快前沿延迟脉冲信号源存在延迟时间调整范围小的主要缺陷，可根据需要实现快前沿脉冲延迟时间在 0～250ns 范围内任意设置。

1）设计原理

常规的高精密延迟时间线路的设计有两种方法：一是将多个具有不同延迟时间的固定延迟时间脉冲产生电路单元，组合成一个可程控的电路，通过计算机的控制获得不同延迟时间的快前沿脉冲输出，但很难达到高准确度的延迟时间和较好的快前沿特性以及较高的脉冲形状的一致性。主要原因是在多个固定延迟单元电路的接入点处，不管是电子式还是机械式开关，其接触电阻都是一个随机参数，并且该参数还受到电路周围环境的影响，从而使输出的脉冲前沿和延迟时间产生较大的随机误差，并且很难消除。而且采用这种方法所设计的电路复杂、体积也较大。二是制作一个具有较长延迟时间的脉冲产生电路，在电路的不同延迟时间部位引出具有不同延迟时间的信号，再由计算机根据用户的需求，将所需延迟时间的脉冲接入后续的输出放大电路，以获得所需的信号。这种设计方法仍然存在前一种设计方法中相同的问题，而且对工艺提出了更高的要求。用传统工艺制作的分离元件延迟时间线路要获得纳秒级延迟时间脉冲是十分困难的[6]。

DALLAS 公司的 DS1023S 可编程延迟线芯片既具有长延迟的快前沿脉冲延迟电路的各种性能，又具有与计算机通信和接受控制的特性，采用这种芯片，可以设计出高准确度可程控延迟快前沿脉冲信号源。

2）系统原理及组成

脉冲信号源主要由纳秒级延迟时间脉冲产生放大输出电路和系统控制电路两部分组成。纳秒级的延迟时间可以通过键盘进行设置，并通过显示器显示。高精确度可程控延迟快前沿脉冲信号源原理框图如图 4-17 所示。

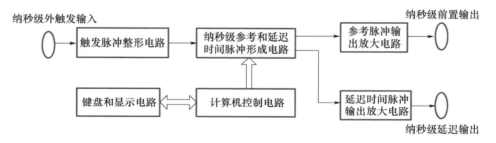

图 4-17　高精确度可程控延迟快前沿脉冲信号源原理框图

纳秒级延迟时间脉冲产生放大输出电路由触发脉冲整形电路、纳秒级参考和延迟时间脉冲形成电路，以及参考与延迟时间脉冲输出放大电路组成。

触发脉冲整形电路完成对由外触发输入端送入的 ±（5～25）V 脉冲信号的整形锁定，形成一个具有一定前沿和宽度的规则脉冲送入纳秒级参考和延迟脉冲形成电路的输入端，触发脉冲整形电路如图 4-18 所示。

纳秒级参考和延迟时间脉冲形成电路产生参考脉冲和延迟时间在 0～250ns、步进为 1ns 的延迟脉冲，由 DS1023S 构成。DS1023S 是一个 8 位可编程延迟芯片，延迟时间可由计算机通过并行方式或串行方式进行编程控制。由于系统控制相对简单，故选用实时功能较强的单片机 97C2051 作为系统的中心处理器。为了获得高准确度的延迟，采用 DS1023S 提供的延迟参考输出

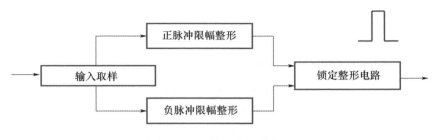

图 4-18　触发脉冲整形电路

功能，可以最大限度地减少当输入信号电平发生变化时，输入到输出间的测量延迟时间会因过渡时间的变化而发生的显著改变，同时还可消除零步长延迟时间因工作温度系数变化而引起的不利影响。DS1023-100 设置于并行编程工作方式，所需的设置数据由总线驱动器 74HC244 送 74HC573 锁存后输出到 DS1023S 的并口输入端，DS1023S 根据并口输入端的数据对输入脉冲进行延迟。DS1023S 的 REF/PWM 和 OUT/OUT 端分别产生出纳秒级的参考输出脉冲和纳秒级的延迟输出脉冲，经驱动后送输出放大电路。

参考脉冲与延迟时间脉冲输出放大电路是一个脉冲变压器耦合的脉冲放大器，主要完成对参考脉冲和延迟时间脉冲进行整形放大的功能。

3）系统控制电路

系统控制电路主要由单片机 97C2051、总线驱动器 74HC244、数据锁存器 74HC273、74HC573 和 6 个 7 段 LED 显示器组成，完成延迟数据的设置和显示等功能。数据传送和数据处理由控制软件来完成。

4）系统控制软件

系统控制软件由主程序、键盘扫描程序、显示程序、延迟时间补偿程序等子程序组成，主程序流程图如图 4-19 所示。主程序完成系统的初始化和资源分配，以及各子程序的调用；键盘扫描子程序产生键盘扫描信号并进行键值识别计算；显示子程序完成延迟值的循环显示；延迟时间补偿子程序主要是针对纳秒级参考与延迟脉冲的，根据系统硬件调试结果对零延迟进行补偿，以进一步提高延迟时间准确度。

该系统由于使用了先进的可编程延迟芯片，电路结构简单，延迟时间可任意设置，延迟准确度高，抗干扰能力强。另外由于采用单片机作为控制部件，使该精密延迟时间线路操作简单方便，功能更易扩展。能方便地应用于数量更多的小型短脉冲固体激光器的同步强度叠加合成。

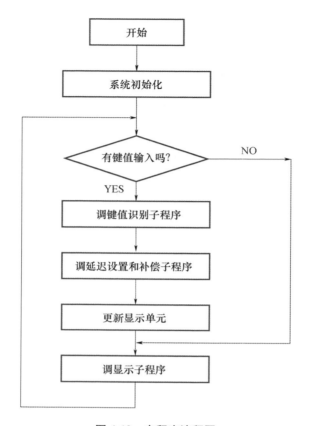

图 4-19 主程序流程图

4.2.3.4 同步合成效果试验

1. 单台激光器出光参数测量

1) 激光脉冲宽度测量和重复频率测量

如图 4-20 所示为激光脉冲宽度测量装置。使激光束射在一漫反射屏上，在其附近放置一 PIN 管激光探测器，用示波器测量激光脉冲宽度和重复频率。经多次测量平均得到：激光器的脉冲宽度为 10ns，其重复频率为 3.3kHz，满足单台激光器指标要求。

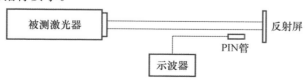

图 4-20 激光脉冲宽度测量装置

2）激光器脉冲的能量和功率测量

如图 4-21 所示激光功率测试装置。以窗片将激光分束后，利用 EPM400 激光功率计测量单台双波段激光器的输出功率，测量结果表明：经过参量振荡后，单台 $1.06\mu m$ 激光功率为 11.2W，单台 $3.8\mu m$ 激光功率为 2.5W。

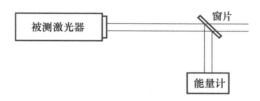

图 4-21　激光功率测试装置

3）激光同步合成效果测试

（1）同步合成精度测试。如图 4-22 所示为激光同步合成精度与同步合成效率测量装置。首先开启被测激光器 1 号，并以其作为参考标准，通过示波器观察激光脉冲波形，然后开启被测激光器 2 号，观察 1 号和 2 号的延迟时间，并记录数据。测试 10 组数据，并计算均方根值。经测试合成同步精度小于 1ns。

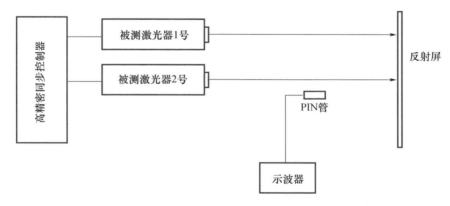

图 4-22　激光同步合成精度与同步合成效率测量装置

（2）激光同步合成效率测量。激光同步合成效率测量结果如图 4-23 所示，激光器 1：波形幅度 2.6 格，激光器 2：波形幅度 1.9 格，合成激光器：波形幅度 4.3 格，合成效率约 95.5%。

4）中红外激光同步合成效果测试

利用功率计对两台同步合成后的近红外和中红外激光参数进行测试。经过参量振荡过程后，$1.06\mu m$ 激光剩余功率为 11.2W，两台同步合成后，功率

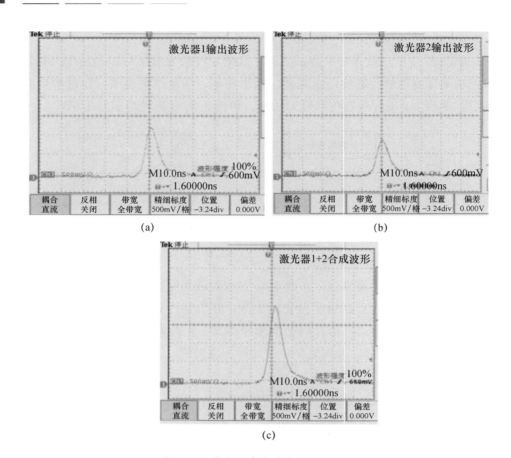

图 4-23 激光同步合成效率测量结果

(a) 激光器 1 脉冲波形；(b) 激光器 2 脉冲波形；(c) 两台激光器合成波形。

为 21.4W，合成效率大于 95%。参量振荡过程产生的 3.8μm 中红外激光功率为 2.52W，两台同步合成后，功率为 4.67W，合成效率大于 93%。

4.3 高功率光纤激光干扰源产生技术

光纤激光器是近年来激光领域关注的热点之一，也是目前实现高平均功率、高光束质量激光的重要手段。特别是 1988 年 E. Snitzer 等提出了双包层光纤以后，使得高平均功率光纤激光器技术取得了重大突破。双包层光纤是一种具有特殊结构的光纤，它由纤芯、内包层和外包层组成。双层包芯光纤结构示意图如图 4-24 所示。

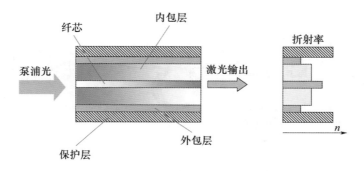

图 4-24　双层包芯光纤结构示意图

传统的激光干扰技术由于激光干扰源的重量和体积的限制，多采用地基干扰形式，激光干扰缺少机动性和灵活性。随着光纤激光器输出功率的不断提高，可以通过光纤激光组束技术获得更高输出功率的激光干扰源，并且兼有体积小、重量轻等优点，便于集成和战场使用，是未来激光干扰源的发展方向，为此研究基于光纤激光的光电干扰技术。

4.3.1　高功率光纤激光干扰源设计

光纤激光器具有低阈值、高效率、全固化和结构紧凑的优点，且其表面积大，因此具有更好的热管理性能。为实现高功率激光输出，通常采用双包层增益介质光纤的主振荡功率放大（MOPA）结构。

MOPA 技术就是采用性能优良的小功率激光器作为种子源，种子激光注入单级或多级光纤放大器系统，最终实现高功率放大的激光技术，如图 4-25 所示。它的优势在于整个系统输出激光的光谱、频率和脉冲波形等特性由种子源激光器决定，而输出功率和能量大小则依赖于放大器增益特性。因此，采用 MOPA 技术较易获得高重复频率、超短脉冲和窄线宽的高功率激光，在战术激光武器、光电防御等军事领域，高功率 MOPA 光纤激光系统展现出很强的应用潜力。

4.3.1.1　高功率光纤激光器的泵浦技术

产生激光的必要条件是激光工作物质高能级上粒子个数比低能级上粒子数多，即粒子数反转，泵浦就是外界注入能量使激光工作物质粒子从低能级跃迁至高能级的过程，也称为激励或激发。

激光泵浦一般采用光泵浦、电泵浦、化学泵浦等几种方式，高功率光纤激光器大多采用光泵浦方式，即利用半导体激光器端面泵浦或侧面泵浦，输

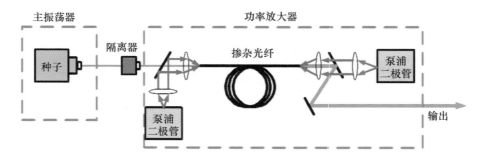

图 4-25　MOPA 光纤激光器结构示意图

出高功率激光。

1. 端面泵浦

端面泵浦方式相对简单，是最常用、最易实现的泵浦技术，包括透镜组耦合和直接熔接耦合。

1）透镜组耦合

如图 4-26 所示为透镜组耦合端面泵浦方式示意图。半导体激光器出射的激光经过透镜组整形后，聚焦或直接耦合进光纤内包层。该耦合系统最突出特点是能承受较高的功率，但受光学系统像差等因素影响严重，需要对光束进行控制和整形，使聚焦光斑与光纤内包层良好匹配。

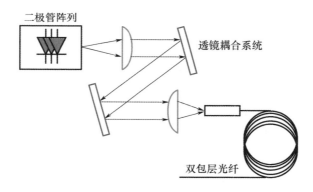

图 4-26　透镜组耦合端面泵浦方式示意图

透镜组端面泵浦方式简单可靠，是目前实验室最常用的方法，也是最成熟的技术，目前国内外文献报道的最高耦合效率大于 90%。

2）直接熔接耦合

直接熔接耦合的端面泵浦方式如图 4-27 所示，若干个激光二极管发射出的多模泵浦激光通过多模光纤注入光纤合束器实现模场匹配，使得多束光纤输出的激光能有效地从双包层光纤端面注入内包层。合束器所有器件均为波导结构，方便熔接，可实现光纤激光系统全光纤化。但高功率激光系统中合束器对熔接工艺的要求较高，且插入损耗较大，可承受功率有限。因此，该泵浦方式虽然在光通信系统和 MOPA 系统前级有广泛的应用，但是否满足高功率泵浦的要求仍需深入研究。

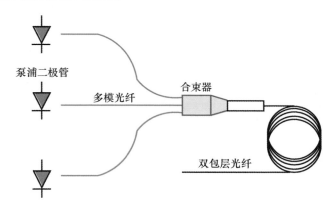

图 4-27　直接熔接耦合端面泵浦方式示意图

2. 侧面泵浦

侧面泵浦技术的提出解除了端面泵浦方式对光纤端面的限制，使泵浦激光在光纤中的分布更均匀，可实现多点泵浦，功率扩展性较好。侧面泵浦技术发展至今，最具代表性的有多模熔锥侧面耦合、V 形槽侧面耦合、嵌入反射镜侧面耦合和光纤斜抛侧面耦合等。

1）多模熔锥侧面耦合

如图 4-28 所示，多模光纤熔锥侧面耦合是将多根裸光纤和去掉外包层的双包层光纤缠绕在一起，高温加热使之熔化，同时在两端拉伸光纤，使光纤熔锥区成为锥形过渡段，能够将泵浦光通过多模光纤由双包层光纤侧面导入内包层，实现定向侧面耦合。此耦合器不同于端面泵浦合束器，整个过渡区由石英光纤拉伸而成，没有熔接点，因此可承受较大功率；同时，侧面耦合可以实现光纤激光系统多点泵浦，降低光纤端面的压力，该技术的耦合效率能达到 80％以上。

2）V 形槽侧面耦合

V 形槽侧面泵浦方式如图 4-29 所示，先将双包层光纤外包层去除一小段，在裸露的内包层上刻蚀出一个 V 形槽，槽的斜面用作反射面，泵浦激光由半导体激光器经微透镜耦合，使其在 V 形槽侧面汇聚，反射进入内包层，实现泵浦。该技术耦合效率可达为 75％以上。

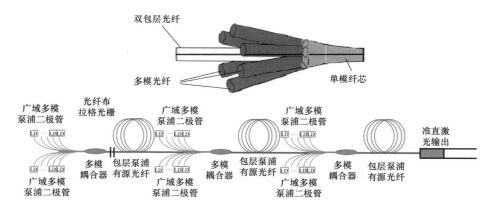

图 4-28 多模熔锥侧面耦合方式示意图

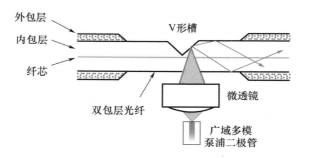

图 4-29 V 形槽侧面泵浦方式示意图

3）嵌入反射镜侧面耦合

嵌入反射镜侧面泵浦技术是在光纤内包层上制造一个凹槽嵌入一个微小的反射镜，完成泵浦激光的注入（图 4-30）。由此，紧贴光纤表面的半导体激光器的巴条发射出的激光可以经过棱镜的反射，高效进入光纤内包层。实验所得到的最大耦合效率为 80％，但这种微棱镜嵌入技术需要较高的加工精细度和稳定性。

4）光纤斜抛侧面耦合

如图 4-31 所示为光纤角度磨抛侧面泵浦耦合结构示意图，剥去涂敷层和外包层，将内包层沿纵向进行磨抛，得到小段用于耦合的平面；然后将端面按一定角度磨抛好的泵浦光纤的纤芯相对该平面紧贴合并。泵浦激光即可由泵浦光纤侧面耦合进入内包层。该方式对光纤端面磨抛工艺要求较高，制作难度较大。

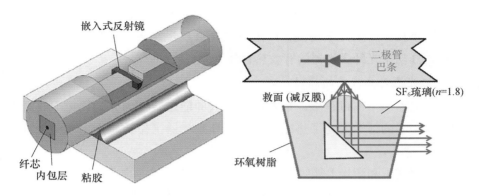

图 4-30　嵌入反射镜侧面耦合方式示意图

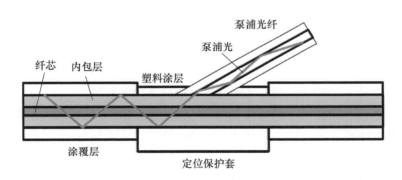

图 4-31　光纤斜抛侧面耦合示意图

从上述耦合泵浦方式的分析中不难看出 V 形槽、嵌入反射镜和角度磨抛的侧泵方式均会破坏光纤的机械性，造成泵浦点损耗，而且对相关工艺要求很高，制作方法并不成熟；而借助光纤合束器的熔锥侧面泵浦方式虽然具有全光纤结构和体积小等优点，但是其制作难度较大，成本较高，且连接点的散热问题仍有待研究。对于 MOPA 光纤激光系统而言，当前熔锥侧面耦合方式已经应用于 MOPA 系统的前放和预放，但很难适用于高功率运转的主放大级。相比而言，最简单可靠的透镜组端面耦合方式则是目前构建 MOPA 系统主放大级的最佳选择。

4.3.1.2　热管理技术

泵浦效率、热管理和光束质量是决定高功率光纤激光干扰源将高功率激光束传送到来袭目标的效率的三个主要因素。提高泵浦效率可以降低输入功率的要求，同时减少废热、激光介质吸收泵浦辐射而产生的热，与由冷却过程造成的热流结合起来导致热透镜、应力、退偏、双折射等热效应。随着泵浦功率增加，热效应随之加剧，使激光器的阈值升高、效率降低、并导致折射率分布不均，产生光学畸变，严重影响光束质量，甚至会损坏光纤激光介质，因而高功率光纤激光器的有效热管理十分必要。

1. 激光器产生废热的原因

在激光器的工作过程中，只有部分输入的能量转变为光能输出，其余能量中有相当多的都转变为了热能。一般光纤激光器工作物质产生热的原因主要有：

（1）泵浦带和激光上能级并不完全匹配，它们之间的光子能差会造成所谓的量子亏损发热；同理，下激光能级与基能态之间的能差也会转化成热能。

（2）激光跃迁内的荧光过程量子效率小于 1，会由于猝灭机制而产生热能。

（3）泵浦光源自身的热效应。

2. 减少高功率光纤激光器废热的方法

减少高功率光纤激光器废热的方法一般包含以下五种。

（1）强迫冷却技术。强迫冷却技术包括强迫风冷和强迫液冷，是借助外界能力使气体或液体进行被迫流动，通过流体与热源表面接触，将热量带走，表现为增大对流换热系数。

（2）辐射冷却技术。辐射冷却是应用热量以电磁波形式向外辐射的原理，在元器件周围放置吸热材料来进行元器件的散热。

（3）相变冷却技术。相变冷却技术就是应用材料在相变的过程中吸热和放热的原理，实现对热源进行制冷和加热的功能。

（4）热管散热技术。热管技术是应用液体在冷凝段和蒸发端进行液—气来回的相变和回流，实现将热量从蒸发端传递到冷凝段的散热装置。其特点是具有较高的传热能力，且均温性较好。

（5）热电制冷技术。热电制冷技术是热电制冷器件的一种功能，它可实现沿温度梯度相反的方向进行抽运，以达到制冷的目的。其优点是结构紧促，无运动件，可用于低温下工作，控制温度精确。

对热管理要求较高的设备，单独的热设计技术并不能满足散热要求，需要采取多种方式相结合的方法，来达到要求的散热条件。

4.3.2 高功率光纤激光的合成技术

尽管淡漠连续波光纤激光器已可以实现千瓦级功率输出，但其纤芯较粗，不易玩去，难以在战场使用，需要利用激光合成技术将多束干扰激光合成一束以提高干扰激光功率。激光合成技术是近年来激光技术研究领域的热点问题，不仅可以获得更高的输出功率，还能优化激光光束质量，并得到多波段激光输出。激光合成技术可分为非相干合成和相干合成，非相干合成后的光束总功率为各光束功率的线性叠加，而相干合成后的光束总功率与参与合成的光束数目 N 的平方成正比，较非相干合成有明显提高。但相干合成要求的技术条件比较严苛，不仅要求参与合成的各光束的激光波长严格相同，而且需要严格的相位控制技术。

4.3.2.1 激光非相干合成

激光非相干合成中，各路激光进行强度叠加。与相干合成相比，非相干合成技术具有更高的可靠性及实用意义。此种合成方式对各路激光束的偏振情况和彼此相位关系没有要求，只要被合成的激光其波长能够适于合成过程所涉及的光学元件，都能实现合成过程，达到辐射功率的叠加。非相干合成相对来说结构较为简单，工作稳定性强，而且便于控制改组，成为近年来获取高功率激光的研究热点。对于光纤激光器及其泵浦源，非相干合成技术一般包括偏振合成、空间交叉合成等技术体制。

1. 偏振合成技术

在偏振合束中，用偏振分束片将偏振方向相互垂直的两束光进行合成，合成后光束的宽度没有改变，这两束光可以在近场和远场进行叠加，而不必考虑其相位关系，偏振合束示意图如图 4-32 所示。

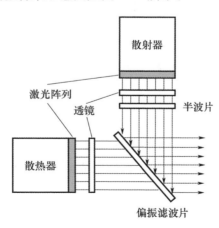

图 4-32 偏振合束示意图

两个半导体激光器阵列首先用微透镜将其光束进行准直，一个阵列经过半波片改变其偏振方向，与另一个阵列的光束在偏振滤波器处进行合成，光束沿同一个光路进行传播，这样可以增加激光光束的功率密度。由于光束的偏振态只有两个，因此偏振合成技术限制了其对多个光源进行合束的能力。经过合成的半导体激光器可以泵浦高功率光纤激光器。

2. 空间交叉合成技术

空间交叉合成技术是利用棱镜、光学直角立方体等光学元件或其组合，对多个光束进行合成，进而增加光输出功率密度，还可以提高输出光的光束质量。

如图 4-33 所示为用两个棱镜将三个阵列的激光光束进行合成的示意图，激光阵列 1 的光束通过两个棱镜直接输出，而激光阵列 2 经过 1 号棱镜反射、激光阵列 3 经过 2 号棱镜反射与激光阵列 1 的光束在同一光路上输出。此结构可以在不改变每个组件光束质量的情况下，将输出光功率密度提高 3 倍。该技术可用于泵浦高功率光纤激光器。

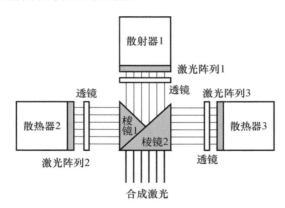

图 4-33　空间交叉合成示意图

4.3.2.2　激光相干合成

相干合成中，各路激光进行振幅叠加。要实现各路激光的稳定干涉，需要满足以下三个条件：各路激光的频率分布相同（空/时域合成）或者频率差恒定（频域合成）；各路激光的偏振态相同或关系保持恒定；各路激光的相位差恒定。因此需要严苛技术条件来满足各路激光在空间/时间上的重合、在光谱上的匹配和在相位上的锁定。

1. 空域相干合成

空域相干合成又称为空间分束相干合成，连续激光相干合成一般都采用空域相干合成技术。一个典型的超短脉冲激光空域相干合成系统结构如图 4-34 所示。锁模飞秒激光种子经过脉冲展宽后，再由空间分束器分为多路。每一路激光经过放大后，由相位控制系统锁定为同相，再由合束装置对阵列光束进行高效合束。最后用脉冲压缩器将合成后的激光压缩为飞秒激光。该系统中的关键技术主要有高效合束、光程控制和相位控制等。

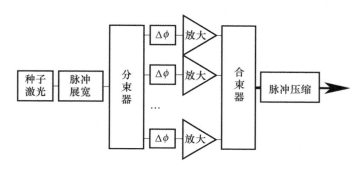

图 4-34 典型的超短脉冲激光空域相干合成系统结构示意图

1）高效合束

和连续激光的相干合成一样，要获得好的合成效果，需要进行孔径压缩，实现高效的光束合成。根据合成光束的排布特点，光束合成可以分为分孔径合成和共孔径合成两大类，如图 4-35 所示。分孔径合成中，采用压缩占空比的方式，提高阵列光束远场光斑的能量集中度，主要采用光束传输因子（BPF）描述合成效果。共孔径合成中，各路激光在空间上完全重合，形成一束激光输出。共孔径合成的关键是减小合束过程中的功率损失，常采用合成效率（η）来描述系统性能。

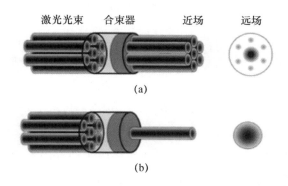

图 4-35 分孔径（a）和共孔径（b）光束合成示意图

分孔径合成的实现方式主要有准直器直接拼接、空间光路拼接、光束整形和微透镜阵列等。基于微透镜阵列，2011 年，美国林肯实验室和法国 Thales 公司分别实现了 8 路连续激光和 64 路光纤激光相干合成，中央主瓣能量均占总功率的 58%。

共孔径合成的主要实现方法有 M-Z 干涉仪、自成像光波导、功率合束器、相干偏振合成（CPBC）和衍射光学元件（DOE）等。利用相干偏振合成，国防科技大学粟荣涛等于 2016 年实现了 4 路总功率 5.02kW 连续光纤激光的近衍射极限合成输出，合成效率高达 93.8%。

2）光程控制

在脉冲激光相干合成中，由于光程差的存在，一方面会使各脉冲存在时域误差，使脉冲激光不能在时域上完全重合；另一方面会造成群延时，使单元光束的相位差存在频域啁啾。如图 4-36 所示，当中心频率（ν_0）的光波被锁定到同相时，其它频率（如 ν_1）的光仍然存在相位差。以两路傅里叶变换极限脉冲的相干合成为例，为了获得大于 95% 的合成效率，当脉冲 3dB 光谱宽度为 7nm 时，光程差必须控制在 ±25λ 以内；当脉冲 3dB 光谱宽度增大到 13nm 时，光程差的控制要求进一步提高，需控制在 ±14λ 以内。

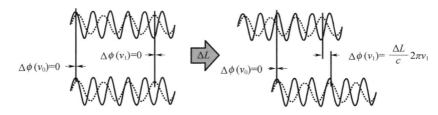

图 4-36　光程差导致群延时示意图

目前，光程差控制的方法主要有空间光路调节、被动光纤调节、光纤延迟器件调节等。可以根据合成系统的要求，采用大行程低精度与小形程高精度相结合的方法，或者静态调节与动态调节相结合的方法，也可以利用同时对多个频率成分的激光进行锁定的方法，实现高精度的光程差控制。

3）相位控制

在激光放大器中，由于热效应和外界环境扰动等因素的影响，输出的激光存在相位噪声。为了消除各路激光之间的相位差，实现各路激光的同相输出，需要对各路激光的相位进行实时控制。按照相位控制的物理机制，主要分为被动相位控制和主动相位控制。

（1）被动相位控制。被动相位控制是通过一定的能量耦合机制或者非线性相互作用实现各路激光相位起伏的自动补偿，达到相位锁定的目的。被动锁相方法主要有外腔法、倏逝波耦合法、全光纤自组织法和相位共轭法等。

自傅里叶激光腔（S-F 腔）是一种相对典型的外腔相干组束技术，如图 4-37 所示，由一个平面镀有半透膜的平凸透镜作为耦合输出镜，激光经过外腔往返 1 次正好完成 1 次傅里叶变换。为了产生激光，需要有足够的光反馈回输入纤芯中。要使光纤激光器阵列所发出的光学图样与经过 1 次傅里叶变换后图样完全一样，有 $b = \sqrt{F \cdot \lambda}$，其中，$F$ 是透镜的全程（外腔中的往返）焦距（注意 $F = f/2$，f 是平凸透镜的实际焦距），λ 是工作波长，b 是输入光纤纤芯间的空间距离。S-F 腔的原理：高斯函数的傅里叶变换还是高斯函数，梳状函数的傅里叶变换还是梳状函数。如果适当设计光纤的输入结构，就能获得与输入图样相同的经过外腔的一次往返后的干涉图样且高效率地进入光纤中。

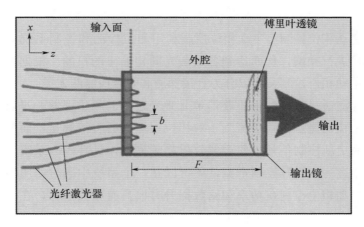

图 4-37 自傅里叶变换激光谐振腔

近来中国科学院上海光学精密机械研究所对 S-F 腔进行理论上分析和试验上的探索性研究。对于不同数目的光纤端面以及不同的排列方式，数值上模拟了阵列激光在腔中经过一次往返后再次回到光纤端面时的光斑图样。4 种不同的光线排列方式和激光强度图案如图 4-38 所示。结果表明，对于一维光纤阵列要使光反馈高效地再次进入光纤纤芯，必须在腔内加 1 个柱透镜对光斑的横向进行压缩，从而减少腔内损失；但对于二维阵列来说就不需要加入柱透镜，光纤数目越多光斑变得越小，这更加有利于光反馈进入纤芯。

从图 4-38 可以看出，光纤数目越多，中心光斑越小，光斑内光强越大，功率密度也越高，有利于对远距离来袭制导武器的有效干扰，然而如何确保中心光斑照射来袭制导武器成为必须解决的关键问题。

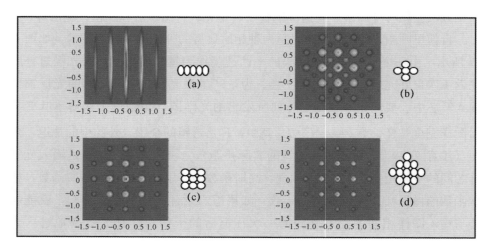

图 4-38　4 种不同的光线排列方式和激光强度图案

（2）主动相位控制。主动相位控制利用相位检测和控制系统对各路激光的相位起伏进行补偿，从而达到各路激光同相输出的目的。根据相位差探测的原理，主动相位控制又可以分为直接探测和间接探测两大类。

直接探测通过一定的手段获得单元激光之间的相位误差并进行校正，具有控制速率快的优点；间接探测不对相位误差进行直接测量，而是利用一定的算法不断更新控制信号，使合成效果趋于最优，具有控制系统结构简单的优点。为了进一步提升控制带宽，还可以在一个系统中同时使用多种主动控制算法。主动相位控制在功率和路数提升方面具有很大潜力，在高功率和大阵元的相干合成系统中使用较为广泛。

在间接探测相位控制中，一般是通过合成光束的功率起伏来解算各路激光的相位信息，再对各路激光之间的相位差进行实时矫正。然而，在脉冲激光中，由于激光脉冲本身也是一种光强起伏，这必然对相干合成的相位控制产生影响。当激光重频频率较高时，可以通过低通滤波消除光强起伏的影响；当激光重频频率较低时，则需要通过连续光成分获取相位噪声信息。

2. 时域相干合成

时域相干合成时域相干合成又称为时序相干合成，是近年来为了进一步提升脉冲峰值功率而发展起来的一种新技术。其核心思想是对高重频的脉冲序列进行功率放大后，再通过时序合成，降低激光的重复频率，提升输出激光的峰值功率，避免低重频激光放大过程中高峰值功率引起的各种非线性效应。目前，常用的时序相干合成方法主要有脉冲分割放大和脉冲堆叠两大类。

1）脉冲分割放大

典型的脉冲分割放大时序相干合成系统结构如图 4-39 所示。通过脉冲强度的控制自由度为 N-1 的脉冲分割器将一个脉冲分割为 N 个脉冲，各脉冲的强度依次增加。该脉冲序列经过放大后，各脉冲的峰值功率和非线性相移基本保持一致，再由一个脉冲合成器件将其合为一束。

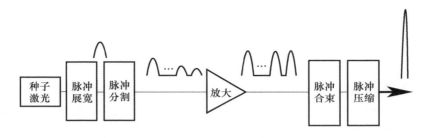

图 4-39　脉冲分割放大时序相干合成系统结构示意图

由于脉冲分割和合成采用的是两套器件，需要通过一个主动控制系统对脉冲分割器中各延迟线的光程进行精密控制，确保各子脉冲在相干合成时的光程和相位保持一致。

但是，随着脉冲数目的增加，对脉冲分割放大系统中延迟线数目和长度、单脉冲稳定性和饱和增益效应控制提出了更高的要求，因此脉冲分割放大技术一般只能将脉冲能量提高一个量级左右。

2）脉冲堆叠

脉冲堆叠技术可以进一步提升参与合成的脉冲数目，高重频的种子激光经过放大后，通过一个脉冲堆叠器来实现成百上千个脉冲的相干叠加。一个典型的脉冲堆叠器结构如图 4-40 所示。高重频的脉冲激光经过耦合镜（IC）进入到增强腔中，经过多面高反镜（HR）进行反射，和腔内运行的堆叠脉冲进行相干叠加。每个来回脉冲能量都会得到增强，同时也存在一定的能量损失（主要来自 HR 的透射等）。当耦合和损失的能量相等时，腔内的能量达到平衡。平衡态时腔内的脉冲能量一般比入射的单脉冲能量高几个量级。

3. 频域相干合成

通过空域和时域的相干合成，可以提升系统的平均功率和脉冲能量，但是无法避免光纤激光的增益带宽限制以及脉冲放大过程中的增益窄化效应。

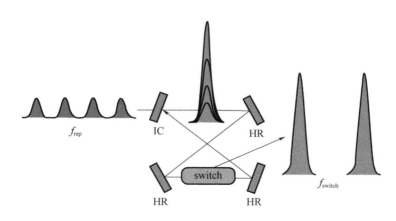

图 4-40　典型的脉冲堆叠器结构示意图

因此，普通飞秒光纤激光系统难以实现小于 100fs 的激光脉冲输出。频域相干合成是获得短脉宽高能量脉冲输出的有效技术途径。频域相干合成和空域/时域相干合成相比，在时频域和相位误差的探测和控制方面技术难度更大。光纤激光的频域相干合成可以通过两种方式实现：多种子频域相干合成和单种子频域相干合成。

1）多种子频域相干合成

多种子频域相干合成的核心思想是对多个锁模激光器输出的激光进行"相干光谱拼接"，使多路激光在实现光谱展宽的同时，保持单个锁模激光器的频率和相位特性，达到压缩脉宽的目的。

以两个锁模激光器的频率相干合成为例，如图 4-41 所示。首先，将两个激光器的腔长控制到一致，实现两路激光器的重复频率（或纵模间隔）相等。通常利用平衡交叉相关仪（balanced cross-correlator）来探测两路激光因腔长不一致引起的重复频率抖动（通常称为时间抖动：timing jitter），作为腔长控制的反馈信号。然后，通过精密控制两路激光的光程差（ΔL），实现各脉冲包络在时域上重合。最后，再对两路激光的载波-包络相位（$\Delta\varphi_{CEP}$）进行控制。由于 $\Delta\varphi_{CEP} = \mathrm{frep}\,(\delta f/2\pi)$，通常采用声光移频器对锁模激光器的频移量进行控制，达到载波-包络相位锁定的目的。

2）单种子频域相干合成

单频种子频域相干合成的工作原理如图 4-42 所示，用光谱分束元件将锁模激光种子分为多束，通过多个放大器对不同光谱成分的脉冲光进行放大，最后再将不同波段的高能量脉冲进行相干合成。由于采用了多个放大器，降低了单个放大器中的光谱窄化效应，能够降低光谱窄化效应对脉冲展宽的影响。如果各放大器的增益带宽范围不同，还可以消除单个放大器的增益带宽对输出脉宽的限制。

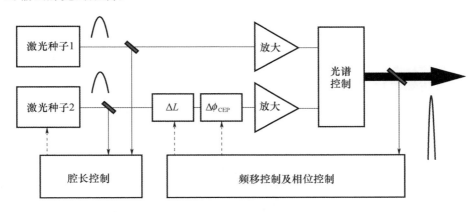

图 4-41　两路锁模激光器频域相干合成原理示意图

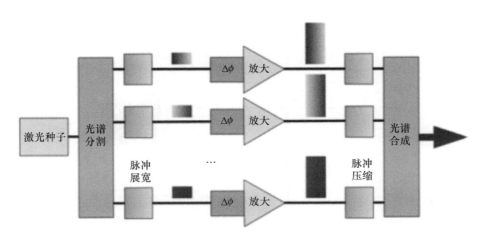

图 4-42　基于单种子激光的频域相干合成原理示意图

4.3.3　高功率激光光束定向控制技术

光纤激光中心光斑的高精度定向发射是实现对来袭武器实施有效干扰的必要保障，而在多束激光合成系统中，由于光轴的自身抖动、热效应、大气扰动以及环境噪声等的影响，使远场光斑产生随机漂移，难以重合，导致合成的峰值功率不高、光束质量较差等不良现象。解决这些不良现象的方法是在光路中放置抑制光轴抖动的器件将光轴的抖动量控制在一定的范围内，使光轴的抖动对合成的影响可以忽略，从而提高靶上能量密度，充分发挥激光干扰源的效能。

4.3.3.1　光轴稳定控制系统

如图 4-43 所示为精密调控组束光纤激光光轴方向的闭环系统。在激光出光光路上，加装分光片，分出的光束由成像探测器 PSD 接收，并由监视器监控。监视器监控光纤激光中心光斑在视场中的质心坐标，并将此坐标信息传送至转台控制设备。转台控制设备将中心光斑坐标与来袭导弹方位比较，判断并控制转台，使得中心光斑精确照射来袭制导武器，实施有效干扰。

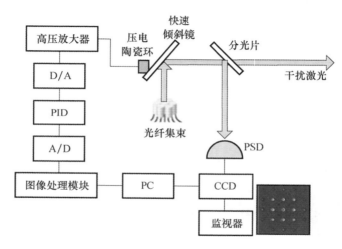

图 4-43　光纤激光光轴稳定控制系统

该光轴稳定控制系统中，光斑质心的高精度采集与调整是系统的核心，高帧频 CCD 相机作为快速倾斜镜的反馈信号来源，由闭环控制系统对快速倾斜镜进行实时闭环控制，将光轴的抖动量控制在一定范围内，从而实现多束激光的相干合成。

光源的光轴抖动是二维的，快速倾斜镜需实现二维运动来对光轴进行校正，同时考虑压电陶瓷的承载能力和自身性能等因素，相干合成快速倾斜镜驱动器的布局采用四驱动器二维结构，其布局方式如图 4-44 所示。四驱动器二维结构快速倾斜镜必须保证有较高的加工精度和装调精度，确保 4 个驱动器物理尺寸高度一致，以免造成某个驱动器产生"吃"位移以及谐振等不良现象。

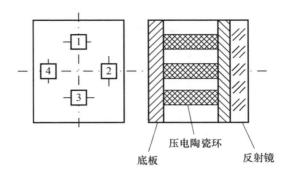

图 4-44 快速倾斜镜结构

4.3.3.2 激光光斑中心的确定

激光光斑质心的定位精度和准确度关系到光轴的控制精度。激光光斑质心的定位精度主要和光斑质心检测算法和成像器件的像素大小有关，而成像器件一旦选定之后，光斑质心的定位精度主要和光斑质心检测算法有关。目前常用的光斑质心算法主要有：重心法、Hough 变换、圆拟合算法及空间矩算法等。这里只需要确定中心，不需要确定半径，光斑形状比较规则，与圆形相似，可采用重心法对成像器件图像进行处理。光斑质心定位流程如图 4-45（a）所示，采集到的激光亮斑如图 4-45（b）所示。

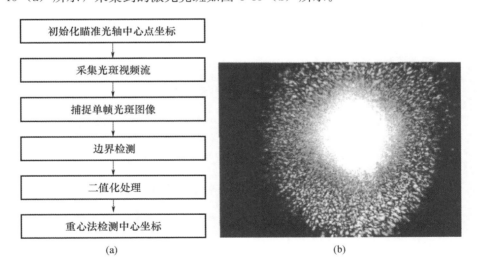

图 4-45 重心法测量激光光斑质心定位流程及采集到的激光光斑

（a）定位流程；（b）采集的激光光斑。

通过对开闭环控制结果的对比分析发现，远场光斑平均帧峰值可提高约 3 倍。

参考文献

［1］赵智刚．高功率端面泵浦基模固体激光器及光纤相位共轭镜改善光束质量研究［D］．杭州：浙江大学，2011.

［2］黄伟，孙建国，张永峰，等．一种大功率半导体激光器的电源及温控系统设计［J］．电光系统，2004（04）：38-41.

［3］林洪沂．准相位匹配 PPMgLN 光学参量振荡器的研究［D］．长春：中国科学院研究生院（长春光学精密机械与物理研究所），2010.

［4］杨成伟，陈千颂，林彦，等．脉冲激光测距时间间隔测量及误差分析［J］．红外与激光工程，2003（02）：123-126.

［5］刘进元，欧阳娴，刘百玉，等．多路激光装置同步技术研究［J］．强激光与粒子束，2000（02）：188-190.

［6］刘英．高准确度可程控延迟快前沿外触发脉冲信号源的设计［J］．今日电子，2003（03）：17-19.

［7］马涛，赵尚弘，魏军，等．高功率光纤激光器探测器致盲研究［J］．激光杂志，2007（05）：40-41.

第5章
末端综合光电防御定向干扰转塔技术

末端综合光电防御系统中，转塔承载了搜索雷达、红外跟踪、多波段光电干扰等大负载设备，汇集了各类激光器、信号处理设备、电源、水冷系统等装置于一体，而且区别于普通硬杀伤武器的破片杀伤群覆盖方式，末端综合光电防御系统是以激光作为主要定向干扰手段，定向干扰时要求激光必须进入高速运动中的导弹、炸弹等被干扰目标的导引头视场才能有效实施干扰，因而对转塔提出了高精度和快速定向的要求。因此，光电防御定向干扰转塔面临着定向精度要求高、承载设备多、转动惯量大以及光、机、电、液集成度高等诸多挑战，转塔综合性能的优劣将直接影响末端综合光电防御系统的跟踪瞄准精度和干扰打击效能。

5.1 大负载高精度定向干扰转塔设计分析

末端综合光电防御系统中，转塔是不断赋予干扰源正确的方位角和俯仰角的执行机构，它根据指挥控制分系统传输的位置指令，求解光轴与目标之间的角误差信号，误差经过变换、放大校正和功率放大后，驱动伺服转塔传动装置精密跟踪目标，并实时精确测量伺服系统机械轴的位置，直至对准目标实施干扰。因此，其设计的主要任务是针对承载对象的布局与转塔结构的优化以及高精度快速定向控制设计。

5.1.1 高精度高稳定性的定向控制设计分析

在系统工作过程中，其威胁对象多为距离较近的空中高速突现目标，要求转塔必须具有很大的调转角速度和调转角加速度，并拥有较好的低速稳定性才能满足干扰源对目标的连续、精确干扰。从定向干扰要求出发，一般转塔设计指标如表 5-1 所列。

表 5-1　转塔设计指标

调转范围	方位 0°～360°、俯仰－5°～7°
精度	动态≤2mrad、静态≤1mrad
最大调转角速度	方位 100（°）/s、俯仰 80（°）/s
最大调转角加速度	方位 60（°）/s²、俯仰 40（°）/s²
最小稳定跟踪角速度	0.05（°）/s
动态响应指标	调节时间≤0.5s、超调量≤20%

1. 转塔稳态精度分析

按照转塔方位俯仰轴的结构情况，对其进行误差计算。

俯仰轴系机械误差主要来源是俯仰轴与垂直轴的不垂直度误差 σ_1、偏移量 σ_2 和随机偏移量 σ_3。若设计要求 IT6 级精度，方位座圈径向跳动是 0.1mm，高度取 1.4m，通过反正切计算可得俯仰轴与垂直轴的不垂直度误差 σ_1 为 14.7″。偏移量 σ_2 主要是由支承俯仰轴的轴承内环不同心引起的，不同心度的最大值为 0.2mm，设轴的跨距为 820～940mm，按反余弦分布，偏移的均方根为 $\sigma_2 = 45″$，考虑所有在俯仰轴上的设备不一致性为 0.8mm，偏移量 σ_2 为 59″。由于运动产生惯性力，随机偏移量 σ_3 误差最大不超过 100″。由上述计算可得，俯仰轴的误差为 $\sigma_{俯} = \sqrt{\sigma_1^2 + \sigma_2^2 + \sigma_3^2} = 0.57\text{mrad}$。

方位轴系主要是动态指标即运动的平稳和振动幅度，这一方面主要是考查结构设计的刚性。只要满足刚性，则精度就可以相对保证。根据实践经验，方位误差为俯仰误差的 50%，即 $\sigma_方 = 0.285\text{mrad}$。

综合俯仰和方位两项综合误差，加上机械加工安装误差 $\sigma_安 = 1.3'$。则均方差为 $\sigma = \sqrt{\sigma_俯^2 + \sigma_方^2 + \sigma_安^2} = 0.75\text{mrad}$，满足静态误差 1mrad 的要求。

2. 转塔动态精度分析

为达到转塔设计指标的要求，将转塔伺服系统设计成一个具有电流环、速度环、位置环三闭环回路的复合控制系统。伺服系统最终追求的是外环定位的准确性和快速性，而外环的性能发挥在于内环的性能。位置环、速度环和电流环三闭环是伺服系统最经典的结构，而系统内环的设计是高性能伺服系统的基础和前提[1]。电流环是位置伺服系统中的一个重要环节，它是提高伺服系统控制精度和响应速度、改善控制性能的关键。通过工程设计方法把电流环降阶为 1 个一阶小时间常数的惯性环节，为速度环设计提供基础。

伺服系统通常有给定和扰动两种输入，理想的控制系统能准确跟踪给定的输入，且不受扰动输入的影响。系统具有很好的跟踪性和很强的鲁棒性[2]。方位和俯仰数字交流伺服系统都是三闭环回路的反馈控制系统，考虑到它们所承担任务的不同，各个回路参数变化快慢的不同以及回路频带宽度的不同，系统采取多采样频率配置。三环均由 DSP 控制，电流环的采样频率为 10kHz，速度环的采样频率为 500Hz，位置环的采样频率为 200Hz。

若伺服控制器每 20ms 接收指挥控制设备通过串口 RS-422 送来的目标位置，按 4 拍差分形成每 5ms 角度位置给定值。位置环的反馈值是 DSP 的 Endat2.2 接口按照 5ms 采样周期，从位置传感器获取的数字输出量。给定值和反馈值的差，经过位置调节器传送到速度调节器。

速度环的给定值由位置环供给，而速度环的反馈值则由来自 PMSM 同轴转动的脉冲编码器（PS）供给。转塔设计指标中规定的最大跟踪角速度和最大跟踪角加速度能否实现，速度环起着重要的作用，以电流环作为内环的速度环具有较理想的速度和加速度特性。调速范围也是速度环的重要指标，调速范围越宽，伺服系统从高速到低速的运转越平稳。

在三闭环回路中，电流环的采样频率最高，提高电流环的采样频率能减小系统的转矩脉动，增加系统的稳定性，获得更好的低速性能。电流反馈和速度反馈还能对两环内部参数的变化和非线性因素的不良影响起到良好的抑制作用。

3. 转塔最低速度、最高速度及加速度分析

1）转塔方位支路分析

（1）方位电机轴上总负载转矩。转塔方位快速调转时，按等效正弦法计算电机轴上的总负载转矩

$$T_{\beta_{\max}} = T_{rc\beta} + \frac{T_{c\beta}}{i_\beta \eta_\beta} + \left(J_{r\beta} + J_{p\beta} + \frac{J_\beta}{i_\beta^2 \eta_\beta} \right) i_\beta \dot{\omega}_{\beta_{\max}} \qquad (5\text{-}1)$$

式中：$T_{\beta_{\max}}$ 为电机轴上所承受的最大转矩（N·m）；$T_{rc\beta}$ 为电机自身的摩擦力矩（N·m）；$T_{c\beta}$ 为水平转台静摩擦力矩（N·m）；i_β 为方位减速器传动比；η_β 为方位减速器传动效率；$J_{r\beta}$ 为电机转子转动惯量（kg·m²）；$J_{p\beta}$ 为方位减速器折算到电机轴上的等效转动惯量（kg·m²）；$\dot{\omega}_{\beta_{\max}}$ 为高低最大跟踪角加速

度（rad/s²）。

将 $T_{rc\beta}=0N \cdot m$，$T_{c\beta}=15N \cdot m$，$i_{\beta}=360$，$\eta_{\beta}=0.72$，$J_{r\beta}=7.83 \times 10^3 kg \cdot m^2$，$J_{p\beta}=0.78 \times 10^3 kg \cdot m^2$，$J_{\beta}=600kg \cdot m^2$，$\dot{\omega}_{\beta_{max}}=60°/s^2=1.05rad/s^2$ 代入式（5-1），可得 $T_{\beta_{max}}=5.73N \cdot m$，小于电动机额定转矩 $6N \cdot m$。

（2）方位电机极限响应频率。电机所能提供的极限响应频率 $\omega_{k\beta}$ 应能满足方位伺服系统开环截止频率的要求，公式如下：

$$\omega_{k\beta}=\sqrt{\frac{\lambda_{\beta}T_{nor\beta}-\left(T_{rc\beta}+\dfrac{T_{c\beta}}{i_{\beta}\eta_{\beta}}\right)}{\Delta e_{\beta}i_{\beta}\left(J_{r\beta}+J_{p\beta}+\dfrac{J_{\beta}}{i_{\beta}^2\eta_{\beta}}\right)}} \geq 1.4\omega_{c\beta} \tag{5-2}$$

式中：$\omega_{k\beta}$ 为电机的极限响应频率（rad/s）；λ_{β} 为过载系数；Δe_{β} 为最大跟踪动态误差（rad）；$T_{nor\beta}$ 为电机的额定转矩（N · m）；$\omega_{c\beta}$ 为方位伺服系统开环截止频率（rad/s）。

将 $\lambda_{\beta}=3$，$T_{nor\beta}=6N \cdot m$，$\Delta e_{\beta}=0.001rad$ 代入式（5-2），可得 $\omega_{k\beta}=57.64rad/s$，根据经验公式估算系统开环截止频率 $\omega_{c\beta} \approx (8 \sim 15)/t_{s\beta}$，其中，$t_{s\beta}$ 表示水平转台对输入阶跃信号的响应时间，单位为 s。$t_{s\beta}=\dfrac{\omega_{\beta_{max}}}{\dot{\omega}_{\beta_{max}}}=\dfrac{80°/s}{60°/s^2} \approx 1.3s$，因此，$\omega_{c\beta} \approx 6 \sim 12rad/s$。显然 $\omega_{k\beta} > 1.4\omega_{c\beta}$。

（3）方位电机最高和最低转速。因 $i_{\beta}=360$，$\omega_{\beta_{max}}=80$（°）/s，$\omega_{\beta_{min}}=0.05$（°）/s，计算可得，跟踪时，电机的最低转速为 3r/min；最大调转角速度时，电机的最大转速为 4800r/min。

2）俯仰支路分析

（1）俯仰电机轴上总负载转矩。快速调转时，计算同方位伺服系统，转塔快速调转时，电机轴上的总负载转矩为 $4.7N \cdot m$，小于额定转矩为 $6N \cdot m$。

（2）俯仰电机极限响应频率。计算同方位伺服系统，电机所能提供的极限响应频率为 57.64rad/s，满足 $\omega_{k\varepsilon} > 1.4\omega_{c\varepsilon}$。

（3）俯仰电机最高和最低转速。因 $i_{\varepsilon}=450$，$\omega_{\varepsilon_{max}}=50$（°）/s，$\omega_{\varepsilon_{min}}=0.05$（°）/s，计算可得，跟踪时，电机的最低转速为 3.75r/min；最大调转角速度时，电机的最大转速为 3000r/min。

根据以上指标分析，转塔系统在大调转、稳定跟踪时，选择合适的电机使其最大转矩和转速满足要求。

5.1.2 大负载高集成度的结构设计分析

由于搜索雷达、红外跟踪设备、多波段光电干扰系统等大负载装置的信号处理设备、电源机箱、冷却设备、激光器等均安装固定在转塔内外侧，具体安装位置分别为转塔内部、顶部、转塔内部俯仰轴上以及转塔外部俯仰轴左右两侧。转塔承重一般为 12000kg，而转塔自重为 1500kg。

与采取内置转发方式的激光干扰源不同，末端综合光电防御系统的光电干扰源主要集成在转塔外部的俯仰轴两侧，采取激光器外挂直接发射的双肩挑形式。这种布置方式具有光源整体封装、可靠性高、可维修性强等优点，但也导致了伺服系统的负载转动惯量随之增大、控制困难等问题。常见车载环境下的光电跟踪设备、光电侦察设备的转动惯量一般在几十 $kg \cdot m^2$ 以内，而对于末端综合光电防御系统而言，其绕转塔方位部分回转轴线 Z_e 的转动惯量达 $300kg \cdot m^2$。

在转塔伺服系统中，从执行元件到负载间的传动链不可避免地存在一定的柔性，从而构成了一个谐振系统，并且谐振频率随着系统的尺寸增大而降低，以致成为限制伺服系统动态性能、影响系统跟踪精度的重要因素。因此，在单车集成环境和高精度的双重约束条件下，将探测、干扰、指控等设备有效集成是转塔结构设计的一大挑战。

5.1.3 复杂高效的环境控制设计分析

根据多波段激光干扰源的工作特点，激光器发光同时有大量的热量需要散发，并且干扰源主要集中在俯仰轴的左右外挂部位，各外挂整体封装，更增加了其自身散热的难度，因此，高效、稳定可靠、体积适当的环境温度控制是转塔设计的关键之一。

此外，考虑转塔承载的精密光电子设备不可避免受到外界的振动和冲击，而且振动冲击对转塔跟踪精度影响很大，因此有必要通过隔振和缓冲设计，来减小振动和冲击的影响。由于隔振和缓冲技术相对成熟，这里不再赘述。

5.2 大负载高精度定向干扰转塔结构设计

末端综合光电防御定向干扰转塔主要由转塔机械结构和转塔伺服控制系统

组成，转塔机械结构是各激光干扰源和目标探测设备以及转塔伺服控制系统的承载载体，包括转塔塔体、转台轴承和传动装置等，由于转塔塔体在总体重量中属于占比较大的部分，因此在重量和拓扑结构方面具有进一步挖掘和优化的潜力；转塔伺服控制系统主要包括伺服驱动电机、伺服驱动控制器、功率放大器、光电编码器以及控制软件等，转塔机械结构是转塔伺服控制系统的控制对象。

末端综合光电防御定向干扰转塔结构设计主要包括系统布局、负载力矩的计算、驱动方式及执行元件的选择、减速器传动比确定、内部环境温控等。总体来说，对于这些成熟技术，只需直接选用即可，而对于转塔轴系设计、转塔方位轴和俯仰轴动力学耦合关系、转塔结构优化设计等问题则是末端综合光电防御定向干扰转塔结构设计中需要解决的关键技术。

5.2.1 转塔总体布局设计

转塔总体布局的设计主导思想是保证车辆稳定性、安全性和人机环境良好性，通过合理的布局达到操作、安装、维修方便的目的。转塔布局遵循的原则是较重的设备靠下、左右尽量平衡。尽量做到操作方便，并有充足的自然采光和调整环节。

转塔前后布局示意图如图 5-1 所示。

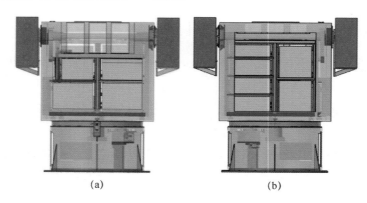

(a)   (b)

图 5-1　转塔前后布局示意图

(a) 前面布局图；(b) 后面布局图。

在转塔前面布局中，主要有电视制导武器干扰设备、中红外激光干扰设备、远红外激光干扰设备和俯仰控制器。其中，干扰设备的激光器外挂右侧，激光激励源在设备舱内。在转塔后面布局中，主要有搜索雷达、红外探测跟踪设备、激光跟踪设备、激光制导武器干扰设备、可见光观瞄干扰设备和电源分配器。其中，雷达天线在转塔顶部，激光跟踪收发单元和红外探测跟踪成像单元外挂左侧，干扰设备的激光器在内俯仰轴上，激光激励源、信息处理单元和电源分配器在设备舱内。

5.2.1.1 转塔箱体静态特性分析

从频带宽度的角度出发，借助于大型有限元分析软件对转塔箱体进行静态特性分析，是检验转塔箱体强度的有效手段。

1. 箱体几何模型的建立

由于箱体内部结构比较复杂，用有限元建模相对繁琐，在建模过程中，对一些不重要的细节特征进行了简化，如螺纹孔、润滑孔等。简化的实体模型采用主流 CAD 造型软件 SolidWorks 建模。

2. 设置材料信息与网格划分

方位箱体采用碳钢板，材料属性如下：弹性模量为 200GPa，泊松比为 0.3，密度为 $7.85 \times 10^3 \mathrm{kg/m^3}$，重力加速度 g 为 $9.8\mathrm{m/s^2}$。材料的力学性能：最小抗拉强度为 570MPa，最小屈服强度为 450MPa，最小许用应力为 300MPa。

箱体结构采用支持退化的 20 节点体单元 Solid186 来进行静、动力学特性模拟，该结构整体采用智能网格划分，对筋板与接头处再次进行网格细划。

3. 施加载荷与约束

根据转塔系统技术指标，转塔方位箱体最大承重为 250kg，约束方式为转盘轴承支撑面的固定约束，即假设该转盘轴承的形变值为零。

从仿真计算可知，转塔方位箱体的最大变形出现在转塔方位箱体前侧面中心处附近，总体位移较小，但是俯仰部分的前侧比后侧变形大，可以考虑加强前侧部分的刚度。此外，转塔方位箱体，最大应力区出现在方位箱体的安装接口处，在静载荷作用下箱体结构整体应力不大，箱体结构可以满足强度要求，同时相比较传统设计重量有所下降。

5.2.1.2 转塔箱体模态分析

由于箱体固有频率的高低将直接影响其频响速度及频响误差，因此，针对箱体进行模态分析，即对箱体自身的固有振动频率与振型的分析很有必要。首先利用已经在静力分析中建立的有限元模型，运用适合大型对称结构特征值求解的 Block Lanczos 法对方位箱体进行模态分析，Block Lanczos 具有以下特点：功能强大，在提取中型到大型模型（50～100 个自由度）的大量振型

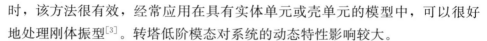

时，该方法很有效，经常应用在具有实体单元或壳单元的模型中，可以很好地处理刚体振型[3]。转塔低阶模态对系统的动态特性影响较大。

转塔方位箱体的前五阶固有频率范围约为 48～95Hz，光电防御系统正常运转时，转塔方位箱体的外部激励源主要有交流伺服电机和齿轮传动链，其工作频率在 10Hz 左右，方位箱体的第一阶固有频率为 48Hz，因此，方位箱体结构本身不会发生共振。

5.2.2 转塔轴系结构设计

转塔轴系由方位轴、俯仰轴、转盘轴承、圆锥滚子轴承和扇形传动齿轮等组成，其主要功能是支撑激光干扰源，传递运动，与系统跟踪平稳性、光轴指向精度和跟踪精度直接相关。轴系设计需考虑结构的合理性、结构刚度和强度、变形对称、重心置中及减小转动摩擦等问题，以降低转塔轴系的系统误差和随机误差。

5.2.2.1 方位轴系的结构设计

方位轴系主要包含底座、转盘轴承、方位箱体等部件，转塔转盘轴承是转塔底座与底盘的连接件，又自带内齿，直接和方位驱动机构连接，将方位电机的转动传递到整个水平轴系，实现转塔的方位回转。

转盘轴承的作用是保证转塔方位部分有确切的旋转运动，同时承受转塔部分作用于它的垂直力、水平力和倾覆力矩。根据方位轴系传动设计路线，回转支承采用单排四点接触球内齿式转盘轴承。转盘轴承由两个座圈组成，滚动体为圆球形，每个滚动体与滚道间呈四点接触，能够同时承受轴向力、径向力和倾覆力矩。这种回转装置制造精度高，间隙小，启动力矩即静摩擦力矩小，具有承载能力大，工作平稳，回转阻力小，抗倾覆能力大的优点，方位减速器输出轴与方位转盘轴承的大齿圈之间采取内齿啮合形式。

总传动比 i 是指由执行电动机轴到主控轴（即负载轴）之间的传动比。它的选取要满足已执行电动机的条件以及主控轴的最大转速和系统跟踪性能要求。方位传动设计采用 16Mn 钢板焊接、拼接成转塔下面固定部分，将方位机构、汇流环以及其他设备装入其内，便于选型和安装，节省空间。

在工程实践中，有时特别强调主控轴的低速平稳性，因此，在这种情况下，总传动比 i 由下式决定。

$$i = \frac{n_{DM}}{n_{max}} = \frac{\omega_{DM}}{\omega_{max}} \tag{5-3}$$

式中：n_{DM} 为执行电机的额定转速；n_{max} 为主控轴的最大转速；ω_{DM} 为执行电机的额定角速度；ω_{max} 表示主控轴的最大角速度。

方位电机最大转速为 5000r/min，即 30000（°）/s，方位最大调转速度为 100（°）/s，根据最大转速和最大调转速度求得传动比 i 为 300。

由此，方位传动比可在 1～300 之间选择。一般原则是应优先考虑低速平稳性。故方位传动比取 $i = 360$ 为宜。最后一级传动比应取大值，这样对传动链精度有利。故最后一级取值为 $i_{末} = 12$。根据以上分析，方位传动图如图 5-2 所示。

方位减速箱按方位传动图来设计，已知总传动比为 280，最后一级传动比为 14，则减速箱传动比 i 为 20。减速箱的结构形式采用全密封形式由钢板拼接而成，编码器可通过方位同步机调整位置安装，方位减速箱传动原理图如图 5-3 所示。

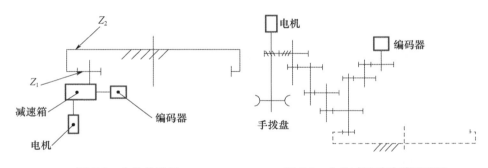

图 5-2　方位传动图　　　　图 5-3　方位减速箱传动原理图

方位减速箱设计遵循的原则：①高刚性；②减速比范围宽；③抗冲击能力强；④精度高传动回差小；⑤高速运转振动小；⑥输入方式可多种形式；⑦输入功率范围大；⑧额定输出扭矩大（20～1300N·m）；⑨体积小、重量轻；⑩安装方式简单。

在精度方面和环境适应性方面遵循的原则：①传动链的分支比较容易，转值取数十分精确；②传动链的空回及传动误差均可控制和有效消除；③结构简单，便于部件、整件合理的装调，组织批量生产方便；④调试过程简单，操作方便，可靠性高；⑤机电结合紧密；⑥抗冲击、振动能力强；⑦电磁屏蔽能力强；⑧静摩擦力矩要小；⑨环境适应性强；⑩标准化程度要高。

减速箱与大齿圈通过螺栓调整连接固定。这样的设计结构紧凑，安装方便。

5.2.2.2 俯仰轴系的结构设计

俯仰轴系是转塔的俯仰转动系，它提供了俯仰转动的驱动和角度转动量，并支承所有的激光干扰源，它的设计好坏直接影响系统的静态和动态精度。

俯仰轴系组成主要由左轴承座、俯仰电机、位置传感器、高低角度限位器、左端径向轴承、左轴端、左进出水口、大齿弧、中间进出水口、水平安装平台、平衡配重块、右进出水口、右轴端、右端径向轴承、右轴承座等组成。

俯仰轴左右挂架安装平面必须具有较高的高度以及水平性一致性，才能保证系统的精度，这就要求俯仰轴刚度高，并且轴线的直线度高。可以依据轴系受力和支承情况（图 5-4（a）），进行轴系强度计算分析，求取支反力并绘制俯仰轴的受力图、弯矩图，如图 5-4（b）、（c）所示。通过计算可得，俯仰轴所受弯矩最大处 M＝296364.5N·mm。

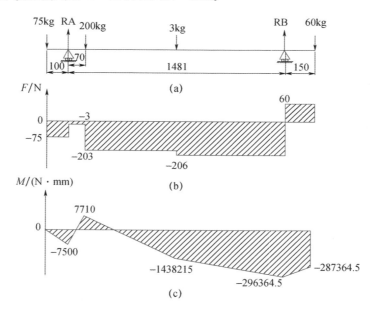

图 5-4 俯仰轴的受力图与弯矩图

求取轴的直径，由于是只承受弯矩的轴，应按弯曲强度条件计算。

$$\sigma = \frac{M}{W} \leqslant [\sigma] \tag{5-4}$$

式中：σ 为轴的计算应力（MPa）；M 为轴所受的弯矩（N·mm）；W 为轴的抗弯截面系数（mm³）；$[\sigma]$ 为轴的许用弯曲应力（MPa）。

空心轴的抗弯截面系数 W 计算如下：

$$W = \frac{\pi d^3}{32}(1 - \beta^4) \approx 0.1\, d^3\,(1 - \beta^4) \tag{5-5}$$

式中：d 为轴的直径；β 为直径比。因为 $1 - \beta^4 \approx 1$，抗弯截面系数 W 计算式（5-5）可化简为

$$W = \frac{\pi d^3}{32}(1 - \beta^4) \approx 0.1\, d^3 \tag{5-6}$$

从受力分析可知，俯仰轴所受的最大弯矩 $M = 296364.5\,\mathrm{N \cdot mm}$。假设俯仰轴选用材料为 40Cr，淬火硬度 $48 \sim 55\mathrm{HRC}$ 以上，轴的许用弯曲应力 $[\sigma]$ 为 70MPa。由弯曲强度计算公式可得，俯仰轴的直径要求大于 35mm。根据对俯仰轴的计算结果，进行俯仰耳轴的结构设计。考虑实际工程应用，轴外径取 85mm。

俯仰电机额定转速为 4500 r/min，即 27000 (°)/s，俯仰最大角速度为 80 (°)/s，传动比约 i 为 337。

由此，俯仰传动比可在 $1 \sim 337$ 之间选择。考虑俯仰制动力矩大，电机功率要提高，速度越快越平稳。综合考虑齿轮模数的选取，俯仰传动比 i 取 280。最后一级传动比取值为 $i_\text{末} = 8$。俯仰传动图如图 5-5 所示。

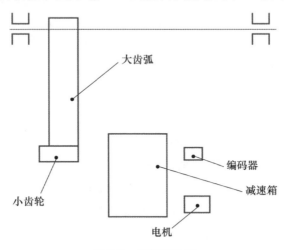

图 5-5　俯仰传动图

俯仰减速箱按俯仰传动图来设计，总传动比为 280，最后一级传动比为 8，则减速箱传动比为 i 为 35。减速箱的结构形式采用全密封形式由钢板拼接而成。俯仰减速箱原理图如图 5-6 所示。

俯仰同步机传动图如图 5-7 所示。

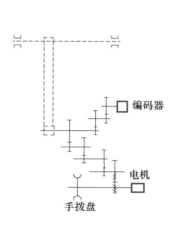

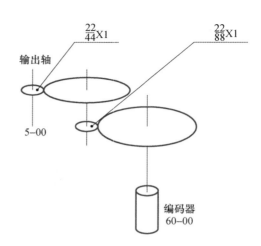

图 5-6　俯仰减速箱原理图　　　　　图 5-7　俯仰同步机传动图

5.2.3　转塔两轴动力学解耦设计

合理的机械结构设计对降低控制系统设计难度、提高转塔跟踪精度将产生重要影响。定向干扰转塔的俯仰轴与方位轴之间存在运动耦合和转动惯量耦合关系，亦即俯仰轴和方位轴之间的运动和转动惯量在探测跟踪时相互影响，并非独立，并且当转轴的速度和加速度较大时，两轴间的耦合比较严重，若不采取有效的解耦补偿措施，将对系统的跟踪精度和动态性能产生不利影响。因此，对于精度要求高，负载重量大的定向干扰转塔，开展方位和俯仰两轴间的动力学解耦设计将为转塔伺服控制设计奠定良好基础，具有重要意义。

理论上当定向干扰转塔俯仰轴与方位轴垂直正交时，并且俯仰轴相对其各惯性主轴的转动惯量相等，则俯仰轴与方位轴之间的运动耦合关系将会解除。然而根据转塔系统的总体布局，转塔俯仰部分外挂和内挂激光干扰设备，内挂干扰设备的出光必须经过方位框架前上方透射玻璃，这就要求内部俯仰转轴距离透射玻璃的距离较近，否则大角度的俯仰调转会对透射玻璃的尺寸提出很高要求。因此，在结构设计时，采取俯仰旋转轴和方位旋转轴存在偏距 $Z_e - Z_a$，那么两轴同时运动时必然存在较为严重的动力学耦合现象，这给高精度的伺服控制带来了严峻挑战，因此如何平衡好两轴间动力学解耦设计与内挂激光设备距透射玻璃的合理距离是转塔结构设计的一个关键问题。为此，利用基于多体动力学理论的虚拟样机技术进行俯仰轴和方位轴的动力学解耦设计研究。

5.2.3.1　坐标系构建与定义转动惯量

为了方便研究各轴运动及各运动间的耦合关系，转塔可看作是两个活动的刚体框架，如图 5-8 所示，建立如下坐标系：$O\text{-}XYZ$ 表示与地球固联基座坐标系，为地理坐标系；$O\text{-}X_aY_aZ_a$ 表示方位轴坐标系，X_a 轴与地理坐标系 X 轴重合，Z_a 坐标可随方位轴的转动而转动；$O\text{-}X_eY_eZ_e$ 表示俯仰轴坐标系，X_e 坐标可随俯仰轴转动而转动。表 5-2 为各坐标系的转动惯量定义。

表 5-2　各坐标系的转动惯量定义

序号	转动惯量代号	含义
1	J_{X_e}	俯仰轴（包括负载和各种绕 X_e 轴转动的部件）绕 X_e 轴旋转的转动惯量
2	J_{Y_e}	俯仰轴（包括负载和各种绕 Y_e 轴转动的部件）绕 Y_e 轴旋转的转动惯量
3	J_{Z_e}	俯仰轴（包括负载和各种绕 Z_e 轴转动的部件）绕 Z_e 轴旋转的转动惯量
4	J_{X_a}	方位轴（不含俯仰轴）绕 X_a 轴旋转的转动惯量
5	J_{Y_a}	方位轴（不含俯仰轴）绕 Y_a 轴旋转的转动惯量
6	J_{Z_a}	方位轴（不含俯仰轴）绕 Z_a 轴旋转的转动惯量

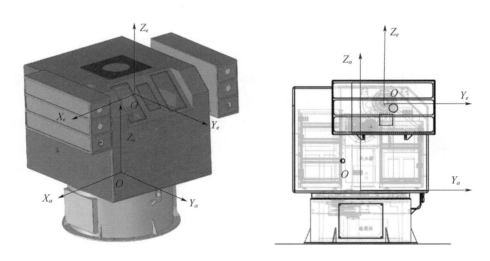

图 5-8　转塔坐标系

转塔动力学模型在三维模型的基础上进行了 3 部分的简化：①是基于刚体的（通过有限元分析，结构的变形量相对于整个系统误差的要求可以忽略）；②忽略了轴系间隙以及加工安装带来的固有误差；③在建模过程中，按照相对运动件和相对静止件的原则对零部件进行了"焊接整合"，从设计加工的角度讲，转塔可以分解成很多零部件，从动力学仿真角度讲，最终整合成高低部分、方位部分以及基座 3 部分。物体的几何尺寸和密度与实际的设计保持一致，以保证其物理属性，这样处理的好处在于 ADAMS 中设置运动关系时比较简洁。

将 Solidworks 中建立的模型通过公共的无缝接口格式 .x-t 导入 ADAMS 中，以进行转塔的运动学与动力学的仿真。导入 ADAMS 的转塔在不影响仿真效果的前提下模型做适当的简化，转塔共有 2 个自由度，俯仰部分及各任务设备绕 X 轴转动，俯仰部分和方位部分一起绕 Z_a 轴转动，底座固定。

5.2.3.2 转塔系统动力学建模

动力学建模的目的就是将实际的物理模型转化为可以分析、计算的数学模型，因此建立符合研究对象实际特性的动力学模型是进行动力学仿真分析、优化的前提[4]。

系统振动特性取决于系统本身的惯性、刚度、阻尼以及外部激励[5]。在实际结构中，这些参数都很复杂，很难用理论的方法完全描述它们。为反映其振动特性，需要用一个简化的动力学模型代替真实的系统，这个模型要能准确地模拟实际系统的力学特性，同时便于数学工具进行分析计算，得到实际问题的解。根据多刚体动力学理论，对于工程中的复杂机械系统，通常可以将构成机械系统的许多构件简化成刚体，刚体之间通过"铰"连接，从而得到多刚体系统。连接构件的"铰"泛指任何刚体与刚体之间的线位移、角位移、力、力矩等连接关系，可以是圆柱铰链、万向联轴节、球铰或者其他形式的运动学约束（广义铰）。机械系统可以通过这种方式直观地表达为拓扑型结构。进而可以应用第二类拉格朗日方程或者牛顿-欧拉方程等动力学分析方法建立系统的动力学方程。

作为一个典型的多体系统，对转塔系统进行动力学分析时，可根据各部件之间的运动和连接关系，将转塔系统划分为由底座、方位部分、俯仰部件组成的树形拓扑构型。转塔系统拓扑结构如图 5-9 所示，B_1 为转塔底座，B_2 为方位部分，B_3 为俯仰部件。

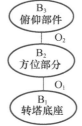

图 5-9 转塔系统拓扑结构

5.2.3.3 约束关系和驱动激励设置

在 ADAMS 中建立样机模型后，需要定义约束和相应的运动才能进行运动学和动力学仿真分析[6]。载荷和边界条件的正确设定，影响着计算结果的准确性。ADAMS 提供了多种约束，包括时变约束、时不变约束、完整约束、非完整约束以及高副约束、低副约束，用户还能自定义约束。另外，通过定义机构遵循一定的规律进行运动，可以约束机构的某些自由度，另一方面决定了是否需要施加力来维持所定义的运动[7]。

对于系统的整个运动过程来说，从宏观角度来看其运动有两个：一是俯仰部分的俯仰运动；二是回转部分的回转运动。从微观角度来看，俯仰部分传动部件、回转部分传动部件以及基座等，由于自身的弹性变形，在快速瞄准和制动过程中不可避免地会产生振动。如前述基本假设，为了简化计算而又不失一般系统的固有动态特性，对回转部分和俯仰部分（包括摇架、定向管束）视为彼此弹性约束的刚体子系统，其结构的柔性效应由刚体间的弹簧和阻尼器模拟。

准确模拟弹性变形和结构阻尼是目前动力学仿真分析设计中的热点和难点，计算刚度系数和阻尼系数的方法不外乎试验的方法和有限元分析的方法。在大量的工程实践中，更多地依赖经验，这给动力学分析的效果和效率都带来不小的挑战。

为了测试转塔在运动时的动力学耦合状况，在 ADAMS 中同时为方位旋转运动 MOTION_1 和俯仰旋转运动 MOTION_2 设置运动函数，保持方位部分不变，通过改变俯仰部分旋转轴在方位部分中的安装位置，即改变 $Z_e - Z_a$ 的值，测试俯仰旋转轴上外挂设备的输出力学数据，对比相同输入条件下，不同的间距条件下输出力学数据大小变化，此即转塔两旋转轴间的动力学耦合影响。同时，利用 $Z_e - Z_a$ 的值即可确定内挂设备到透射玻璃的距离，从而可以利用动力学解耦设计的结果为确定内挂设备到透射玻璃的距离提供参考。

5.2.3.4 转塔系统动力学仿真与分析

俯仰轴和方位轴两轴的动力学耦合关系归根结底是对两轴电机的驱动转矩的耦合影响，为了测试转塔在运动时的动力学耦合状况，在 ADAMS 中同时为方位旋转运动 MOTION_1 和俯仰旋转运动 MOTION_2 设置运动函数，进行仿真分析，耦合状态和非耦合状态方位轴驱动力矩对比如图 5-10 所示，图 5-11 和图 5-12 分别为俯仰轴单独运动时的俯仰驱动力矩和耦合时的俯仰驱动力矩，通过对比分析可见，单独运动和同时运动时驱动力矩显著不同，从而验证转塔方位轴和俯仰轴同时运动时存在的耦合因素。

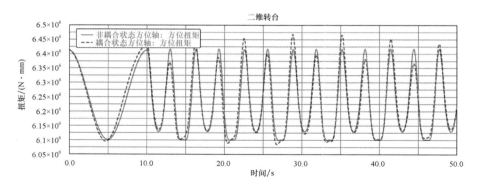

图 5-10　耦合状态和非耦合状态方位轴驱动力矩对比

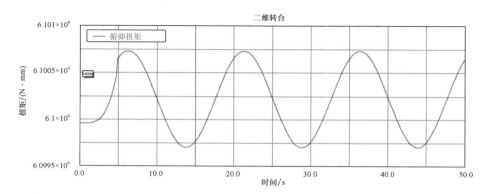

图 5-11　俯仰轴单独运动时的俯仰驱动力矩

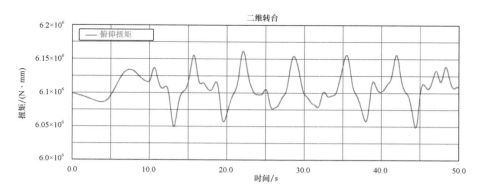

图 5-12　耦合时的俯仰驱动力矩

通过上述仿真，验证了俯仰轴和方位轴的耦合情况。由于结构设计时采取俯仰旋转轴和方位旋转轴存在偏距 $Z_e - Z_a$，导致两轴同时运动时必然存在较为严重的动力学耦合现象，因此，进行转塔关键结构参数的试验设计，即

改变 $Z_e - Z_a$ 的值，测试俯仰轴上外挂设备的输出力学数据，根据不同的间距条件下输出力学数据大小变化，确定内挂设备到透射玻璃的距离，为确定内挂设备到透射玻璃的距离提供参考。根据试验设计结果，截取部分数值绘制图 5-13 和图 5-14，分别对应俯仰轴与方位轴偏距变化时俯仰驱动力矩和方位驱动力矩的变化情况。

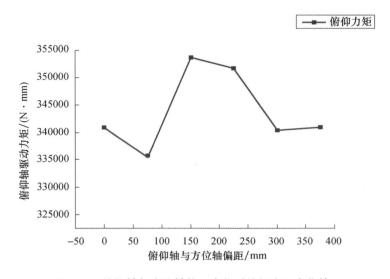

图 5-13　俯仰轴与方位轴偏距变化时俯仰力矩变化情况

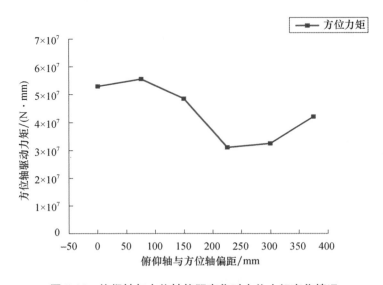

图 5-14　俯仰轴与方位轴偏距变化时方位力矩变化情况

俯仰轴和方位轴两轴的动力学耦合关系归根结底是对两轴电机的驱动转矩的耦合影响，现对俯仰轴和方位轴二轴联动仿真，分析俯仰轴与方位箱体 $Z_a - Z_e$ 为 275mm 和 300mm 两种状态下方位轴角度跟踪误差和控制力矩，设定俯仰轴角度运动 $r(t) = \dfrac{\pi}{10}t$，$Z_a - Z_e = 275$mm 时，方位轴角度跟踪误差和控制力矩曲线如图 5-15 所示。

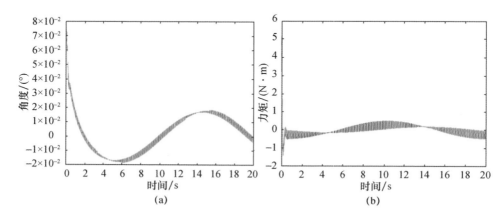

图 5-15　间距为 275mm 时方位轴角度跟踪误差和控制力矩曲线

（a）跟踪误差曲线；（b）控制力矩曲线。

设定俯仰轴角度运动 $r(t) = \dfrac{\pi}{10}t$，$Z_a - Z_e = 300$mm 时，方位轴角度跟踪误差曲线和控制力矩曲线如图 5-16 所示。

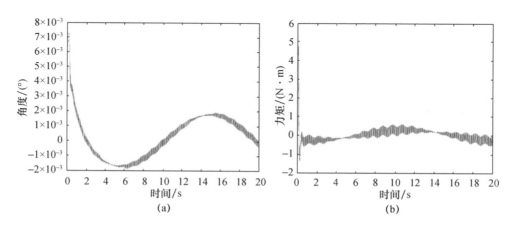

图 5-16　间距为 300mm 时方位轴角度跟踪误差曲线和控制力矩曲线

（a）跟踪误差曲线；（b）控制力矩曲线。

当间距增大到 300mm 时，俯仰部分的转动给方位轴产生的陀螺力矩干扰明显增大，方位轴角度跟踪误差和控制力矩均出现明显跳动状波动，数量级不变，最后结合内挂设备与透射玻璃的距离关系，确定选择俯仰轴到方位轴间距为 275mm 的布局方式。

5.2.4 转塔内部环境温控集成设计

针对末端综合光电防御系统利用多波长激光进行定向干扰的工作模式，激光器工作时产生的大量热量能否及时散掉，直接影响系统的干扰效果和干扰频率。此外，安装在转塔内部的探测跟踪、指挥控制等设备机箱，由于集成度高，发热量大，均需要提供合适的温度环境。因此，提高任务设备的温度适应性，提供稳定可靠的温度环境是系统集成设计的关键之一。

提高任务设备温度适应性的技术实现主要通过提高元器件的温度筛选要求、增加和加强局部部件的温度补偿、提高主要发热部件的散热效率等手段来解决。对于转塔舱内的电子设备所处环境相对密闭，通过计算电子设备的发热量和空间大小，得出所需空调制冷量，完成选型设计，采用配套系统方舱的专用温度调节设备即可满足要求。

在末端综合光电防御系统中，需要制冷的设备有电视制导武器干扰设备、激光跟踪设备、中红外激光干扰设备、远红外激光干扰设备；综合各设备每秒钟需要散出的热量约为 4300W，考虑到余量，按 5000W 计算，主要散热为电视制导武器干扰设备，热量近 3000W，约占总热量 4300W 的 70%。冷却水循环量的计算公式如下：

$$V_W = \frac{Q_{散}}{\Delta_{tW}\, \gamma_W\, c_W}(m^3/s) \tag{5-7}$$

式中：Δ_{tW} 为冷却水在激光器中循环时的进出时的温度差，可以根据激光器正常工作温度给出；γ_W 为水的密度，可近似取为 $1000kg/m^3$；c_W 为水的比热容，可近似取为 $4187J/kg \cdot K$。计算可得，水流量 V_W 为 48L/min。

上述干扰源总散热功率为 5000W，根据连续工作时间 120s 计算，产生的热量最多为 600000J，理论上需要水量为 28L，考虑到理论和实际差距以及已有激光器水冷设备工作状态等因素，选取最小为 45L 的水量时可以满足工作需要。

考虑到激光器的水冷介质不能受到任何污染，因此选用不锈钢水箱。由于转塔内部实际空间有限，考虑采用分体水箱设计，电视制导干扰设备的散热量占总散热量 2/3，因此单独采用一个 30L 的水箱，并配置两个水泵，其余设备共用一个 15L 的水箱，配置一个水泵。

由于多波段干扰源主要集中在转塔俯仰轴外侧封装挂架内，如果将两个水箱直接放置在挂架内共同运动，一方面增加俯仰轴两端的重量，增大俯仰轴的变形量，影响系统精度，另一方面，处于转塔设备舱外的挂架环境温度难以得到保证，水箱内的冷却水存在凝固的可能，因此综合起来，采取将水箱放置在转塔设备舱内，通过高强度塑料软管与激光器连接，软管从水箱出水口出发，沿转塔舱壁经俯仰轴靠近两端的开孔处穿入，俯仰轴为空心，再从相邻的一端穿出至激光器，回水路径和进水路径一致。采用软管直接连接减少了中间密封环节，有利于提高整个系统的可靠性。

5.3 转塔伺服控制系统设计

定向干扰转塔伺服控制系统是转塔设计中的核心组成部分，根据指挥控制分系统传输的位置指令，求解光轴与目标之间的角误差信号，误差经过变换、放大校正和功率放大后，驱动伺服转塔传动装置精密跟踪运动目标，并实时精确测量伺服系统机械轴的位置，直至对准目标实施干扰。高质量的伺服控制技术可以弥补机械机构和硬件设计的不足，同时还能改善伺服系统的控制性能。

5.3.1 交流永磁同步伺服电机矢量控制系统设计

5.3.1.1 系统的快速性、稳定性和高精度要求

根据末端综合光电防御系统对定向转塔的技术指标要求，对转塔伺服控制系统可以归纳为快速性、稳定性和高精度等三方面的要求。

转塔的快速性应包括启动准备的快速性、调转快速性和跟踪快速性。启动准备的快速性是用系统启动时间的长短来衡量的。启动时间是指系统从通电到开始正常工作所需的时间；调转快速性是用伺服系统最大调转速度和最大调转加速度的大小以及协调时间长短来衡量的；跟踪的快速性是用伺服系统的最大跟踪速度和最大跟踪加速度的大小来衡量的。

转塔的稳定性主要表现在三个方面。首先是最小稳定跟踪速度，当转塔以最小稳定跟踪速度跟踪时，系统应工作平稳，不应有爬行抖动现象。其次

是协调时的稳定性，转塔在克服规定的失调角工作状态下应能满足：①协调时间不大于规定值；②超调量不大于规定值；③振荡次数不大于规定值。最后，转塔在规定的工作状态下和规定的环境条件下，工作都应是稳定的，且系统性能指标满足要求。

转塔的精度主要包括静态精度和动态精度。为达到系统精度要求，转塔必须设计成一个具有电流环、速度环、位置环三闭环回路的复合控制系统。

5.3.1.2　三闭环复合控制系统设计

转塔伺服系统将设计成一个三闭环复合控制系统，如图 5-17 所示。系统通常有给定和扰动两种输入，理想的控制系统应该对给定输入不失真地准确跟踪，同时也应该不受扰动输入的影响。也就是说，系统具有很好的跟踪性和很强的鲁棒性。

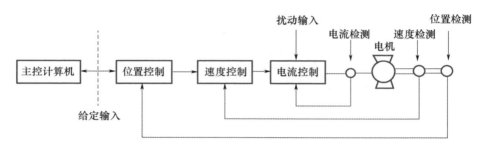

图 5-17　三闭环复合控制系统

1. 位置调节器

位置调节器由 DSP 处理器、位置传感器和 RS422 串口等组成。主要功能为：①监控管理；②接收并处理指挥控制设备传送的方位角、俯仰角数据；③接收并处理方位、俯仰位置传感器的位置数据；④向指挥控制设备传送转塔的实际方位角和实际俯仰角数据；⑤利用控制算法求取速度环的输入设定；⑥分别向方位、俯仰速度调节器传送方位、俯仰速度环的输入设定量。位置调节器工作流程如图 5-18 所示。

2. 速度调节器

速度调节器由 DSP 处理器、电机增量式光电编码器组成，功能为：①接收位置调节器输出的速度给定指令；②接收电机增量式光电编码器输出的正交脉冲位置信号并处理；③计算速度偏差；④利用模糊自适应比例积分微分控制器（PID）控制算法，向电流调节器输出直轴和交轴电流给定指令。速度调节器工作流程如图 5-19 所示。

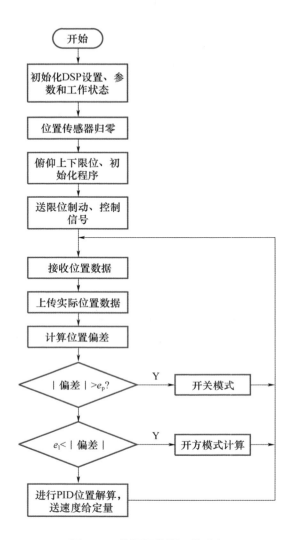

图 5-18　位置调节器工作流程

3. 电流调节器

在伺服控制系统中，需要控制伺服电机的转矩，使其得到较快的响应速度，而转矩控制直接反映在电流控制上，因此电流控制器的设计至关重要[9]。电流调节器由 DSP 处理器和电流检测处理电路组成，其功能如下：①接收速度调节器输出的交、直轴电流给定指令；②采样电流实际值；③计算电流偏差；④进行 PI 解算，通过功率放大单元，输出三相交流电，控制交流电机的运动。电流调节器工作流程如图 5-20 所示。

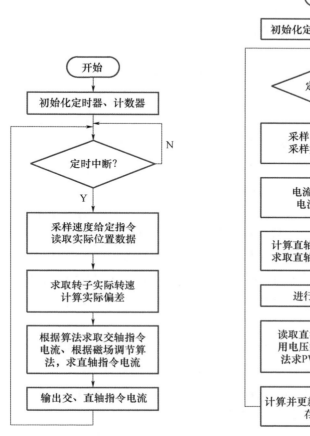

图 5-19 速度调节器工作流程

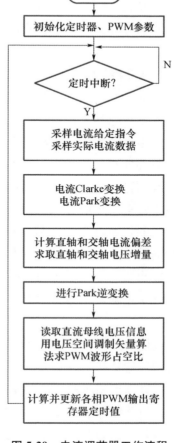

图 5-20 电流调节器工作流程

要求电流环具有输出电流谐波分量小，响应速度快等性能，所以电流调节器必须满足内环控制所需要的控制响应速度，能精确控制随转速变化的交流电流频率。

影响电流环性能的主要因素有：

（1）反电动势的干扰及 PI 调节器的影响。在低速时，电流环能够得到良好的控制性能，但电机转速较高时，由于存在反电动势，导致控制性能的恶化。低速时电机反电动势较小，通过 PI 调节器积分环节的调节可以基本抵消反电动势的干扰，电流跟随误差很小，因而总的控制特性良好；高速时由于电机反电动势较大，使得外加电压与电动势的差值减小，则在电机电枢绕组上的净电压减少，电流变化率降低，实际电流与给定电流间出现明显的幅值、相位偏差，甚至无法跟随给定电流。为了提高电流环的动态跟随特性，在系统稳定的前提下，应尽可能提高电流调节器的比例放大系数，减小积分时间常数，以此减小反电动势对电流环调节性能的影响。

（2）逆变器传输特性及零点漂移的影响。SVPWM逆变器输出的电压幅值不变，通过改变脉冲宽度来调节输出电压。在逆变器的运行过程中，存在信号的零点漂移，包括给定信号的零点漂移、电流检测环节的零点漂移、调节器的零点漂移、三角波发生器的零点漂移。按照对逆变器的影响分为：位于电流环外和反馈通道中的零点漂移（给定信号与检测信号），位于电流环的闭环通道中的零点漂移（调节器和三角波产生器）。前者对电流环的作用相当于在电流环的输入端加上一给定偏置信号，则在电机稳定运行过程中，电机的三相电流存在与零点漂移相对应的直流电流，从而影响电机低速运行的平稳性，使电机电磁转矩脉动。后者相当于在SVPWM脉冲形成环节的输出端施加了直流偏置，对系统产生SVPWM脉冲没有很大影响，只是增加了电流环的非线性度，但可以通过电流调节器的作用，达到指定目标。

通过以上分析，采用电流环PI综合设计方法，设计超前电流调节器。超前电流调节器是基于空间矢量的概念，使用数据采集方法，根据电机定子电流采样，计算出相应的电流矢量值，再根据电机的数学模型，计算出所需要的电压矢量，输出电压矢量激励功率电子器件，产生SVPWM电压。这种调节器具有较好的动态和静态特性，电流波动小，采样频率可控，但计算量大，控制精度主要取决于电机模型的准确性。

对电流环的控制算法则采用智能PI控制算法。其基本思路：当被控量与设定值偏差较大时，取消积分作用，以免由于积分作用使系统稳定性降低，超调量增大；当被控量接近给定值时，引入积分控制，以便消除静差，提高控制精度。引入积分环节主要是为了消除静差，提高控制精度，但在过程的启动、结束和大幅度增减设定时，系统输出有很大的偏差，会造成PI运算的积分积累，致使控制量超过执行机构可能允许的最大动作范围对应的极限控制量，引起系统较大的超调，甚至引起系统较大的振荡。根据实际情况，确定设定值 $\varepsilon > 0$；当 $|error(k)| > \varepsilon$ 时，采用P控制可避免产生过大的超调，使系统有较快的响应；当 $|error(k)| < \varepsilon$ 时，采用PI控制，保证系统的控制精度。

5.3.2 转塔伺服控制系统硬件设计

5.3.2.1 转塔伺服控制系统组成

以 DSP 芯片作为主控芯片的转塔伺服控制系统具有电流环、速度环、位置环三闭环回路的永磁同步电机（PMSM）矢量控制系统。转塔伺服控制系统主要由方位和俯仰伺服控制器、方位和俯仰交流电机、方位和俯仰减速器、方位和俯仰齿轮副、方位和俯仰位置传感器等组成，如图 5-21 所示。

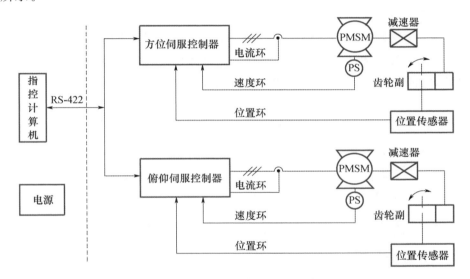

图 5-21 转塔伺服系统组成框图

交流永磁同步伺服电机矢量控制系统由于具有响应速度快、速度超调小、转矩脉动小、调速范围宽、体积小等特点，从而具有良好的动静态性能[10]。以 PMSM 为控制对象的交流伺服系统在机床、工业机器人及航空航天等领域得到了广泛应用。全数字化交流伺服系统是计算机控制系统，是自动控制理论和计算机技术相结合的产物。数字交流伺服系统比较其他伺服系统而言，有以下明显的优点[11]：

（1）由于采用交流永磁同步伺服电机，彻底解决了碳刷磨损和换向器火花干扰问题。同时，控制特性也达到了与直流电动机控制特性相媲美的程度。

（2）数字交流伺服系统具有快速动态响应、硬机械特性、宽调速范围以及良好的低速平稳性，精确的位置和轨迹控制。

（3）随着微型计算机的不断发展，一些为数字交流伺服系统专门设计的大规模集成电路的开发成功，提高了系统的可靠性和维修性。

（4）软件设计具有很大的灵活性，能够实现信息存储、监控、诊断以及分级控制的智能化功能，具有参数整定容易、功能强大以及修改灵活等优点。

（5）数字电路不存在温度漂移问题，不存在参数变化的影响。除量化误差外，内部计算准确。

PMSM 的转子采用具有高磁能积、高矫顽磁力的铷铁硼永磁材料，定子绕组为正弦分布绕组，通以三相正弦交流电，可获得理想的旋转磁场，并产生平稳的电磁转矩。PMSM 不需要激励电流，逆变器供电的情况下，不需要阻尼绕组，效率和功率因数都比较高，而且体积较同功率的异步电机小。当 PMSM 进行矢量控制后，系统能实现高精度、高动态性能、宽调速比的位置控制。

5.3.2.2 PMSM 的参数估算与选型

由于负载对象复杂，伺服电机选择过程中需要计算伺服电机启动、运转、制动、空载和断能情况下的转矩、转动惯量、转速、加速度等，涉及大量计算，因此在工程中，一般使用估算法。

估算负载惯量 $J \leqslant 600 \text{kg} \cdot \text{m}^2$，加速转矩计算公式为 $T_a = J \dfrac{\text{d}\omega}{\text{d}t}$，方位上最大角加速度为 $60(°)/\text{s}^2$，即 1.046rad/s^2。计算可得，$T_a = 600 \times 1.046 = 627.6 < 630 \text{N} \cdot \text{m}$。水平转台静摩擦力矩 T_f 约为 $10 \text{N} \cdot \text{m}$，这里取静摩擦转矩 $15 \text{N} \cdot \text{m}$。匀速工作状态下自身转矩小于静摩擦转矩，$T_1 < 15 \text{N} \cdot \text{m}$。

电机必须产生足够转矩 T_{em}，来克服负载转矩 T_1，机械部分的摩擦转矩 T_f 和负载加减速时所需要的加速转矩 T_a 之和的反作用，即 $T_{em} = T_1 + T_f + T_a = 15 + 15 + 630 = 660 \text{N} \cdot \text{m}$。因为方位最大调转角速度 $100(°)/\text{s}$。计算可得，额定输出功率 $P \geqslant 2 T_{em}\omega = 2303 \text{W}$。

估算的 PMSM 额定输出功率 P 仍然留有一定的余量。因为在估算中，最大角加速度、最大调转角速度都取最大值，实际上，在跟踪等速直线水平飞行航路时 $\omega_{\beta q}$ 和 $\dot{\omega}_{\beta q}$ 的最大值并不发生在同一时刻，转台以最大速度运行，同时又以最大加速度运行，除了跟踪斜坡信号可能瞬时存在外，这种工作状态一般是不会出现的。

选型的方位电机功率为 2500W，既考虑到可能的干扰力矩，也考虑到低温状态下，静摩擦力矩将会大幅增加的可能性。初选电机的主要参数：额定功率为 2500W，额定转矩为 5N·m，峰值转矩为 18N·m，额定/最大转速为 4000/6000r/min，编码器线数 3000（P/R）。

俯仰上最大角加速度为 40(°)/s²，即 0.698rad/s²。计算可得，$T_a = 600 \times 0.698 = 418.8 < 420$N·m。取静摩擦转矩 15N·m。匀速工作状态下自身转矩小于静摩擦转矩，$T_1 < 15$N·m。

同样，俯仰电机必须产生足够转矩 T_{em}，来克服负载转矩 T_1，机械部分的摩擦转矩 T_f 和负载加减速时所需的加速转矩 T_a 之和的反作用，即 $T_{em} = T_1 + T_f + T_a = 15 + 15 + 420 = 450$N·m。因为方位最大调转角速度 80(°)/s，计算可得，额定输出功率 $P \geqslant 4T_{em}\omega \approx 2500$W。考虑到系统的通用化设计，俯仰电机可以选择与方位电机同型号的电机。

5.3.2.3 PMSM 伺服控制系统硬件电路

PMSM 伺服控制系统硬件结构框架如图 5-22 所示，主要包括电源板、DSP 控制板、功率驱动板等硬件模块。位置、速度、电流反馈信号输入 DSP 后，经过伺服控制算法获取 SPVWM 驱动信号，经过光电隔离后由驱动电路驱动 6 个全控型 IGBT，从而达到驱动电机的目的。利用检测电路检测电机运动状态并在显示模块中在线显示，一旦出现电流过流和短路、过热和过压现象，DSP 中断 PWM 控制信号，电机停止运行状态。

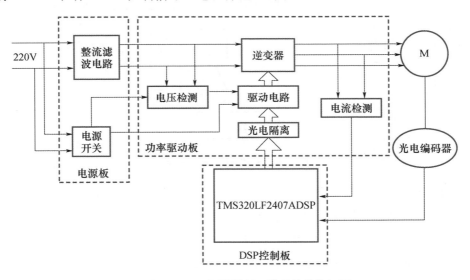

图 5-22 PMSM 伺服控制系统硬件结构框图

在同步电动机中励磁磁场与电枢磁通势间的空间角度不是固定的，因此调节电枢电流就不能直接控制电磁转矩。通过电机的外部控制系统，对电枢磁通势相对励磁磁场进行空间定向控制，控制两者之间的角度保持固定值，同时对电枢电流的幅值也进行控制，这种控制方式就称为矢量控制[12]。

电机中的控制系统特性归根到底是转矩特性，而转矩电流和磁通能否独立控制和调节，决定了转矩产生是否线性和可控。如何控制永磁同步电动机，均是基于对定子电流的幅值和相位的控制，也是对定子电流的矢量控制。矢量控制引入了空间矢量和矢量变换的方法，将电动机的定子电流进行变换，从而达到控制的目的。

矢量控制也就是通过控制两相的转子参考坐标 d 轴-q 轴的电流来等效控制电枢的三相电流。由电机非负载轴端安装的编码器随时检测转子磁极位置，通过实时检测取得位置角信息，也就是说能够进行实时的坐标变化，变换后的电流对逆变器进行控制，从而控制电动机。

PMSM 矢量控制图如图 5-23 所示。

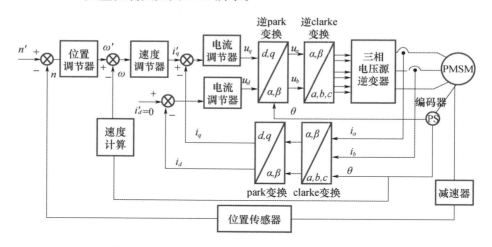

图 5-23 PMSM 矢量控制图

PMSM 矢量控制伺服系统由位置、速度、电流三闭环控制实现。采用的算法由相应的模块实现。i_a 和 i_b 由电流传感器检测获得，应用 clarke 变换可得到定子电流在静止坐标中的投影值。进行 park 变换可以得到在旋转坐标系下的定子电流投影值。然后将电流和给定的参考值（I_q^* 和 I_d^*）进行比较，并经过调节器进行调节。电流调节的输出再经过逆 park 变换，同时应用空间矢量技术并经过三相逆变器即可产生新的定子电压。为了能够控制电机的机械速度，可通过外环提供参考电流值 I_q^*，从而得出机械速度参考值 ω。位置环通过位置传感器检测的实际位置，与给定的位置相比较，经调节器输出到速度环。整个驱动器以 DSP 芯片为核心再配以外围电路，其控制算法由软件实现。

PMSM 矢量控制伺服系统的工作过程如下：

（1）通过光电编码器检测出转子位置，同时计算出转子的速度 ω。

（2）检测定子电流 i_a、i_b 和 i_c，经 a、b、c 轴系到 d、q 轴系的矢量变换后，得到 i_a、i_b。

（3）位置环检测到伺服系统的实际位置与给定位置相比较，经调节器输出到速度环。

（4）速度环检测到实际转速和给定转速相比较，经调节器输出轴电流给定 i_q。

（5）控制直轴电流给定 $i_q = 0$，把交直流电流给定值分别与实际值相比较，然后分别经调节器后，输出交直轴电压值 U_d 和 U_q，再经过坐标变换，生成 α、β 轴系上的电压值 U_α 和 U_β。

（6）将 α、β 轴系上的电压值 U_α 和 U_β 经 clarke 逆变换，生成电压空间矢量 PWM 控制（SVPWM）信号，通过逆变器控制电动机运行。

电机输入三相正弦电压的最终目的是在空间产生圆形旋转磁场，从而产生恒定的电磁转矩。直接针对这个目标，把逆变器和同步电机视为一体，按照跟踪圆形旋转磁场来控制 PWM 电压，这样的控制方法称为"磁链跟踪控制"，磁链的轨迹是靠电压空间矢量相加得到的，所以又称"电压空间矢量 PWM 控制"，即 SVPWM[13]。

空间电压矢量脉冲宽度调制是对三相电压源逆变功率器件的一种特殊开关触发顺序和脉冲宽度大小的组合，这种开关触发顺序将在定子线圈中产生三相互差 120°波形失真较小的正弦波电流。以三相对称正弦波电压供电时的理想圆形磁通轨迹为基准，用逆变器不同的开关模式产生的实际磁通去逼近基准磁通圆，从而达到较高的控制性能。

与 SPWM 控制相比，SVPWM 是一种直流电压利用率高、低谐波成分的变频驱动波形，还有器件开关次数少、功率管功耗小等特点，同时，SVPWM 还能很好地结合矢量控制算法、以最大限度地发挥设备的性能，易于实现数字控制等特点。因此，SVPWM 控制方法，在电动机调速领域广泛应用。使用该方法能明显减少逆变器输出电流的谐波成分及电动机的谐波损耗，降低了转矩的脉动。由于其控制简单、噪声低、电压利用率高、方便实现数字化等优点，目前已有取代传统 SPWM 控制的趋势[14]。

功率驱动的关键是给负载提供充足的电压和电流，而提供此关键因素的功率器件正是 IGBT，是系统的重要件[15]。

IGBT 器件的发射极和栅极之间是绝缘的二氧化硅结构，直流电不能通过，因而低频的静态驱动功率接近于零。但是栅极和发射极之间构成了一个输入电容 C_{ge}，因而在高频率的交替开通和关断时需要一定的动态驱动功率。小功率 IGBT 管的 C_{ge} 一般在 $10\sim100pF$ 之间，对于大功率的绝缘栅功率器件，由于栅极电容 C_{ge} 较大（$1\sim100nF$），因而需要较大的动态驱动功率。更由于漏极到集电极的米勒电容 C_{cg}，栅极驱动功率是不可忽视的。IGBT 两端的电压过冲会通过 C_{cg} 耦合栅极，使栅极电压瞬时升高，因为栅极负偏压和输入电容 C_{ge} 的存在，这时栅极电压所达到的高度比集电极的过冲要低得多，但它还是可能超过门槛值而使本应截止的管子导通，因此上下桥臂直通而过电流。

为了使 IGBT 关断过电压能得到有效的抑制并减小关断损耗，通常都需要给 IGBT 主电路设置关断缓冲吸收电路。

RC 吸收电路因电容 C 的充电电流在电阻 R 上产生压降，还会造成过冲电压。RCD 电路因用二极管旁路电阻上的充电电流，从而克服了过冲电压。

如图 5-24 所示为放电阻止型吸收电路。放电阻止型缓冲电路中吸收电容 C_s 的放电电压为电源电压，每次关断前，C_s 仅将上次关断电压的过冲部分能量回馈到电源，减小了吸收电路的功耗。

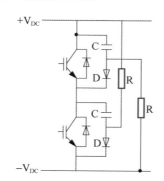

图 5-24　放电阻止型吸收电路

IGBT 在运行过程中会有导通功耗与开关损耗发生，这些功耗通常表现为热，必须采用散热器把这些热量从 IGBT 传导到外部环境。如果散热设计不当，导致功率器件过热损坏，在设计过程中对 IGBT 的散热要引起足够重视。这里采用散热器加风冷设计。

5.4 模糊 PID 转塔控制算法设计

5.4.1 转塔伺服控制系统软件设计

控制软件是高性能伺服控制系统的核心和灵魂，其在转塔控制系统硬件的基础上，实现高效的控制算法和丰富的系统功能，充分体现了数字控制系统的优越性。软件框架设计是否合理直接关系到整个系统的功能和性能。伺服系统软件由位置调节器软件、速度调节器软件和电流调节器软件等组成，如图 5-25 所示，每部分软件由不同模块组成。

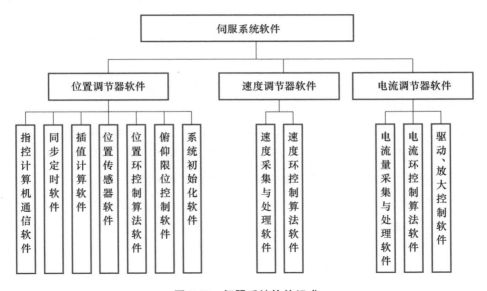

图 5-25 伺服系统软件组成

控制算法是转塔伺服控制系统的核心，是提高转塔控制系统性能的关键因素。光电跟踪伺服系统常用的控制策略大致可以分为经典控制、现代控制以及智能控制。经典控制策略、部分现代控制策略以及将两种或多种控制有机结合形成的新型控制策略在伺服系统中得到了成功的应用[16]。

在光电跟踪转塔控制系统设计上，采用最多的仍然是经典的 PID 控制、超前校正控制等方法。传统的经典 PID 控制在理想情况下动作迅速、超调量好，取得满意的使用效果，但由于其不能克服负载模型参数的大范围变化以及非线性因素的影响，当跟踪快速目标和机动性强的目标时，经常会出现目标丢失或跟踪不稳定的情况。在光电跟踪系统中，研究较多的是将模糊控制与常规 PID 控制相结合。采用模糊控制来保证系统的快速动态响应，同时利用 PID 控制来克服模糊控制固有的精度死区，通过模糊推理来调节 PID 控制器的参数，以达到良好的控制效果，模糊自整定 PID 参数控制系统是其中的一种类型[17]。

考虑到末端综合光电防御转塔存在负载大、精度和稳定性要求高的特点，并且转塔机械结构存在固有的耦合因素以及系统控制的非线性和时变特性。因此，综合多种转塔伺服控制算法，确定选用模糊自适应 PID 控制方法。

5.4.2　自组织调整因子模糊 PID 控制器设计

模糊控制、PID 控制以及模糊 PID 控制的控制思想和结构均为成熟技术，在此不再赘述[18]。针对末端综合光电防御转塔的非线性、时变性特点，提出一种基于自组织调整因子的模糊 PID 控制器，采用归一化加速度参量来反映系统响应的快慢，引入变论域思想，构建模糊 PID 控制器的自组织调整机构。该机构根据系统输入输出误差，以归一化加速度参量在线辨识系统运行的不同阶段，动态调整模糊 PID 控制器输入输出变量与模糊子集的映射关系，使论域产生伸缩变化，以调节控制器的微分、积分控制作用。

5.4.2.1　自组织调整因子模糊 PID 控制器结构和组成

自组织调整因子模糊 PID 控制器（self-organizing fuzzy PID controller，SFPID）由模糊 PID 控制器（FPID）、自组织调整机构两部分组成，结构图如图 5-26 所示。

5.4.2.2　自组织调整因子

自组织调整因子模糊 PID 控制器在模糊 PID 控制器的基础上增加了一个自组织调整机构，机构的前端 $f(*)$ 用来观测系统响应过程误差和误差变化，输出为时变因子归一化误差加速度 $r_v(k)$，其定义如下：

$$\begin{cases} r_v(k) = 1 - \dfrac{de(k-1)}{de(k)} & (|de(k)| \geqslant |de(k-1)|) \\ r_v(k) = \dfrac{de(k)}{de(k-1)} - 1 & (|de(k)| < |de(k-1)|) \end{cases} \tag{5-8}$$

式中：de (k) 为误差速度，定义为

$$de(k) = e(k) - e(k-1) \tag{5-9}$$

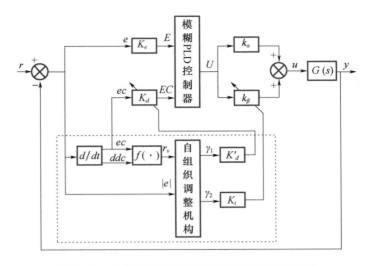

图 5-26 自组织调整因子模糊 PID 控制器结构图

$dde(k)$ 为误差加速度，定义为

$$dde(k) = de(k) - de(k-1) \qquad (5\text{-}10)$$

$de(\cdot)$ 定义为

$$de(\cdot) = \begin{cases} de(k) & (\mid de(k) \mid \geqslant \mid de(k-1) \mid) \\ de(k-1) & (\mid de(k) \mid < \mid de(k-1) \mid) \end{cases} \qquad (5\text{-}11)$$

将式（5-11）代入式（5-8）可得

$$r_v(k) = \begin{cases} 1 - \dfrac{de(k-1)}{de(k)} & (\mid de(k) \mid \geqslant \mid de(k-1) \mid) \\ \dfrac{de(k-1)}{de(k)} - 1 & (\mid de(k) \mid < \mid de(k-1) \mid) \end{cases} \qquad (5\text{-}12)$$

归一化加速度 $r_v(k)$ 反映了系统变化的快慢。若 $\mid de(k) \mid \geqslant$ $\mid de(k-1) \mid$，则系统响应增加或降低的速度较快，反之，若 $\mid de(k) \mid <$ $\mid de(k-1) \mid$，则系统响应增加或降低的速度较慢。因此，系统响应快慢的特性可以通过归一化加速度函数 $r_v(k)$ 反映出来：

（1）当误差速度 $de(k)$ 或 $de(k-1)$ 和 $de(*)$ 均大于零时，系统响应上升速度快；

（2）当误差速度 $de(k)$ 或 $de(k-1)$ 和 $de(*)$ 均小于零时，系统响应下降速度慢；

（3）当误差速度 $de(k)$ 或 $de(k-1)$ 小于零且 $de(*)$ 大于零时，系统响应下降速度快；

（4）当误差速度 $de(k)$ 或 $de(k-1)$ 大于零且 $de(*)$ 小于零时，系统响应上升速度慢。

由式（5-11）可知，在系统响应非常快时，$r_v(k)$ 值接近于 1；在系统反应非常慢时，$r_v(k)$ 值接近于 -1；系统以一定的速度上升或下降时，则 $r_v(k)$ 值趋近于 0。$r_v(k)$ 值的变化范围是 $[-1, 1]$。

5.4.2.3 自组织调整机构

如图 5-44 虚框所示的自组织调整机构是一基于归一化误差加速度观测器的模糊控制器。以误差的绝对值 $|e|$ 和系统归一化加速度 $r_v(k)$ 为输入变量，γ_1、γ_2 为自组织调整机构模糊输出变量。γ_1、γ_2 在线调整模糊 PID 控制器的微分增益和积分增益，以适应系统响应的不同阶段的控制要求。

$$\begin{cases} K_d = K_{ds}\, K'_d \\ K_\beta = \beta_s /\, K_i\, \gamma_2 \end{cases} \tag{5-13}$$

其中：K_{ds}、β_s 为 FPID 量化因子和积分因子；K'_d、K_i 分别为 γ_1 和 γ_2 的比例因子。K_d 和 K_β 分别为整定后的控制参数。与 FPID 设计相类似，将自调整模糊控制器的输入变量 $r_v(k)$、$|e|$ 的论域归一化为 $[-1, 1]$，$[0, 1]$，输出变量 γ 论域为 $[0, 1]$。$|e|$ 和 γ 语言变量选取为 {S（Small），SM（Small Medium），M（Medium），LM（Large Medium），L（Large）}，$r_v(k)$ 语言变量选取为 {S（Slow），M（Medium），F（Fast）} 输入输出变量均采用对称、均匀分布、半交叠的三角形隶属度函数。当系统输入参数或运行条件变化时，通过自组织调整机构调整 FPID 的微分因子和积分因子。采用了如下控制策略设计自组织调整机构的模糊规则，自组织调整规则如表 5-3 所列。

（1）当系统误差较大，且响应较快（响应过程的初期）时，减弱积分控制作用，避免产生积分饱和现象。

（2）当系统误差比较小，且响应速度比较慢时，加强积分控制作用，消除系统稳态误差。

（3）当系统误差较大，且响应速度比较慢，减弱微分控制作用，加快系统的动作速度，减少调节时间。

（4）当系统误差比较小，且响应速度比较快时，加强微分控制作用，避免超调。

表 5-3 自组织调整机构规则表

r_v	$\lvert e \rvert$				
	S	**SM**	**M**	**LM**	**L**
S	M	M	SM	S	S
M	LM	M	M	SM	S
F	L	L	LM	M	SM

采用系统响应的特征参数 $\lvert e \rvert$ 以及归一化加速度观测器输出 $r_v(k)$，与模糊 PID 控制规则相同的形式，用模糊命题来表示。

（5）当偏差大，且系统响应快时，进行正小调整；当偏差小或趋近零，且系统响应快时，需正大调整；表示当偏差小，且系统响应慢或较慢时，不需调整。

依据模糊命题，可采用与 FPID 相同的方法，构造模糊控制查询表，离线计算出自组织调整机构控制表供实时控制时在线查询、调用。

5.4.3 仿真试验与结果分析

SFPID 控制算法主要工作流程包括：①获取隶属度函数和查询表；②计算输入变量隶属度值；③计算模糊控制输出值。将离线优化后 SFPID 中 FPID 的控制规则和隶属度函数，存入系统内置 CPU 的数据存储区供实时控制时在线查询和调用。

光电防御定向干扰转塔是一个典型的多阶系统，在此选择一阻尼比 $\zeta = 0.353$ 的典型二阶系统为仿真对象，以讨论分析模糊 PID 控制器和自组织调整因子模糊 PID 的控制性能，传递函数见下式：

$$G(s) = \frac{1}{8s^2 + 2s + 1} \tag{5-14}$$

系统模糊控制变量隶属度函数如图 5-27 所示。

5.4.3.1 FPID 仿真试验

分别采用 PID、FPID 和 SFPID 控制算法进行仿真试验以验证 SFPID 的有效性，仿真采样周期 T_s 为 0.1s，数据长度为 120。采用设计的 FPID 参数，其中 PID 参数由 Z-N 经验公式整定并经优化调整获得，$K_p = 8.0$，$K_i = 0.79$，$K_d = 9.2$；整定后的 FPID 控制参数为 $K_e = 2.0$，$K_d = 2.0$，$K_a = 1.8$，$K_\beta = 0.8$；FPD 与 FPID 相同部分采用相同的控制参数。单位阶跃响应曲线对比图如图 5-28 所示，控制性能对比如表 5-4 所列。

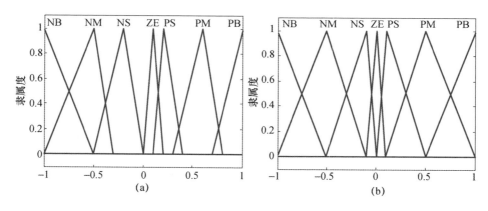

图 5-27　系统模糊控制变量隶属度函数

（a）e 隶属度函数；（b）ec 隶属度函数。

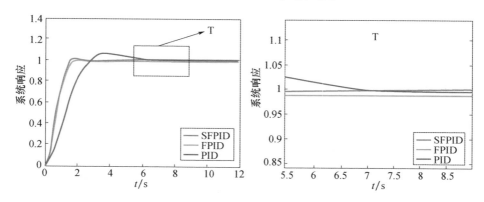

图 5-28　单位阶跃响应曲线对比图

表 5-4　控制性能对比表

性能参数	上升时间 t_r/s	超调量 σ/%	调节时间 t_x/s
SFPID	1.3	1.3	2.4（1%）
FPID	1.4	0.0	2.8（2%）
PID	1.8	5.9	4.6（1%）

从图 5-28 和表 5-4 可知，PID 明显存在较大的稳态误差（接近参考输入值的 2%）；与 PID 相比，SFPID、FPID 上升速度明显加快，动态性能明显优于 PID；FPID 与 FPD 相比，积分环节有效克服了 FPID 存在的控制死区（稳态误差），同时保留了 FPID 的动态响应快速的特点。

5.4.3.2　SFPID 仿真试验

分别对 PID、FPID 和 SFPID 控制算法进行仿真对比试验，考察控制器的伺服跟随能力、被控对象参数变化的适应能力、被控对象模型阶次变化适应能力以及抗干扰性能。仿真采样时间 T_s 为 0.1s。仿真试验时，自组织调整机构参数采用上面设计的参数，为减少模糊规则的数量，取 $\gamma_1=\gamma_2=\gamma$。PID 和 FPID 参数和上节中的仿真试验参数相同（$K_p=8.0$，$K_i=0.79$，$K_d=9.2$；$K_e=2.0$，$K_d=2.0$，$K_a=1.8$，$K_\beta=0.8$）；SFPID 中，模糊 PID 控制器部分采用与 FPID 相同的控制参数，自调整机构参数为 $K_i=1.4$，$K_d=1.848$。

1. 伺服跟随能力

设控制系统输入如式（5-15）的阶梯信号，SFPID、FPID、PID 对阶梯信号响应曲线如图 5-29 所示。从仿真结果来看，SFPID 的自适应能力较强，能在较大的调节范围内快速跟随给定信号，有较好的调节跟随能力，响应时间和超调量均明显优于 FPID 和 PID 控制器。FPID 随着调节量增大，超调量有所增大，稳定时间相应加长。PID 则随着调节量增大，超调量加大，时间响应性能也随之变差。

$$\begin{cases} r(k)=0.8 & (0\leqslant t\leqslant 10\text{s}) \\ r(k)=1.5 & (10\text{s}<t\leqslant 20\text{s}) \\ r(k)=3.0 & (20\text{s}<t\leqslant 30\text{s}) \\ r(k)=0.0 & (30\text{s}<t\leqslant 60\text{s}) \end{cases} \tag{5-15}$$

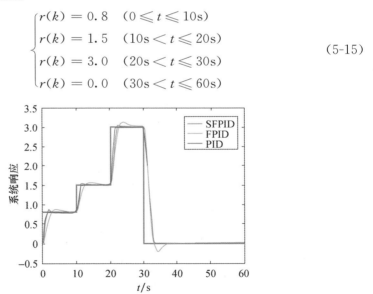

图 5-29　阶梯信号响应曲线

从仿真结果来看，FPID 随着调节量增大，超调量有所增大，稳定时间相应加长。PID 则随着调节量增大，超调量加大，时间响应性能也随之变差。SFPID 的自适应能力较强，能在较大的调节范围内快速跟随给定信号，有较好的调节跟随能力，响应时间和超调量均明显优于 FPID 和 PID 控制器。这说明控制算法符合总体对转塔伺服系统快速调转的要求。

2. 被控对象控制参数变化的适应能力

在 SFPID、FPID、PID 控制器各自参数不变的条件下，对传递函数形式为 $G(s)=1/(8s^2+as+1)$ 的被控对象进行仿真，参数 a 分别取 0.5、2.0、4.0、6.0（对应阻尼比 ζ 分别为 0.088、0.353、0.707、1.06），单位阶跃响应曲线如图 5-30 所示。图 5-30 中调节时间 t 相对于稳态误差 1.0% 的情况下。

由表 5-5 的性能对比数据可知，FPID 对阻尼比小的系统，其超调量明显增大。PID 的响应时间、超调量等性能指标均不如 SFPID、FPID，且对阻尼比小的系统出现了振荡现象。SFPID 控制器对被控对象参数的变化有着较强的适应能力，响应快，超调量小，表现出较佳的鲁棒性。这说明控制算法符合总体对转塔伺服系统"准"的要求。

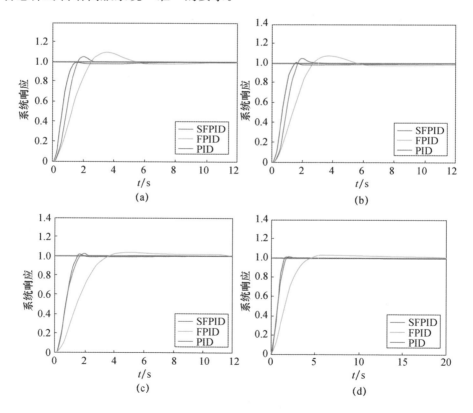

图 5-30 改变被控对象控制参数单位阶跃响应曲线

（a）被控对象参数 $a=0.5$；（b）被控对象参数 $a=2.0$；

（c）被控对象参数 $a=4.0$；（d）被控对象参数 $a=6.0$。

表 5-5　不同控制参数的二阶控制对象控制性能对比

a	0.5			2.0			4.0			6.0		
性能参数	t_r/s	$\sigma/\%$	t_x/s	t_r/s	$\sigma/\%$	t_x/s	t_r/s	$\sigma/\%$	t_x/s	t_r/s	$\sigma/\%$	t_x/s
SFPID	0.9	0.7	1.5	0.9	1.6	1.5	0.8	0.8	1.5	1.0	0.9	2.8
FPID	1.0	5.1	2.6	1.0	6.2	2.4	1.0	1.3	1.9	1.0	1.5	2.2
PID	1.8	9.9	9.4	1.8	8.3	8.9	2.0	5.9	6.2	2.7	3.4	9.2

3. 被控对象模型阶次变化适应能力

在控制参数不变的条件下，分别用 FPID、SFPID 控制算法，选取如下式所示的不同阶次的被控对象进行仿真试验，仿真结果如图 5-31、图 5-32 所示。不同阶次对象控制性能对比如表 5-6 所列，表中调节时间 t 相对于稳态误差 1.0% 的情况下。

$$\begin{cases} G_1(s) = 1/(4s+1) \\ G_2(s) = 1/(8s^2+2s+1) \\ G_3(s) = 1/(s^3+10s^2+2s+1) \end{cases} \tag{5-16}$$

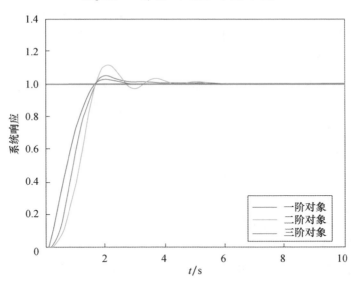

图 5-31　FPID 对不同阶次对象的单位阶跃响应仿真结果

表 5-6　不同阶次对象控制性能对比

控制器类型	FPID			SFPID		
性能参数	t_r/s	$\sigma/\%$	t_x/s	t_r/s	$\sigma/\%$	t_x/s
一阶对象	1.1	2.3	2.6	0.9	0	2.4
二阶对象	1.0	5.1	3.1	0.9	0.5	2.5
三阶对象	1.0	11.4	5.2	0.9	−3.2	3.5

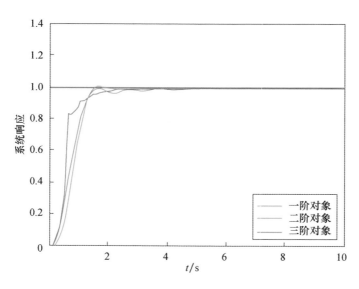

图 5-32 SFPID 对不同阶次对象的单位阶跃响应仿真结果

仿真结果表明：对三阶对象，FPID 出现了超调和振荡现象。与 FPID 相对比，SFPID 对系统阶次的变化有较好的适应能力，能有效抑制超调、振荡。

4. 扰动能力

选择传递函数 $G(s)=1/(8s^2+as+1)$ 的二阶系统，输入单位阶跃信号，待系统输出稳定后，施加一峰值为 1.3，持续时间为 0.1s 的脉冲扰动信号。脉冲扰动响应曲线如图 5-33 所示。在 PID 算法中，当有脉冲扰动输入时，误差变化率会成为一个较大的值，从而引入较大的积分值，所产生的输出的变化被累加到控制器的输出中，使系统需要过渡时间来修正。同样，在 FPID 控制算法中，模糊控制参数是依据当前 e、ec 的变化而变化的，出现脉冲扰动时，模糊控制参数也会发生较大的变化，造成控制输出的变化。扰动结束后，PID 参数是不变的，而 FPID 控制参数是根据 e、ec 而修正的，相对 PID 而言扰动过渡时间缩短。SFPID 由于自组织调整机构的误差观测器的作用，能迅速调整 SFPID 中的模糊控制器的量化及比例因子，快速消除误差，其扰动过渡时间也相应比 FPID 短，抗干扰能力强，具有较好的鲁棒性。这说明控制算法符合总体对转塔伺服系统"稳"的要求。

仿真试验结果表明：所设计的自适应模糊 PID 控制器具有较大的动态调节范围，其动静态性能、鲁棒性和抗干扰能力均优于 PID 和 FPID 控制器，符合控制系统的"快""稳"和"准"要求，能满足末端综合光电防御系统对转塔伺服提出的定向控制需求。

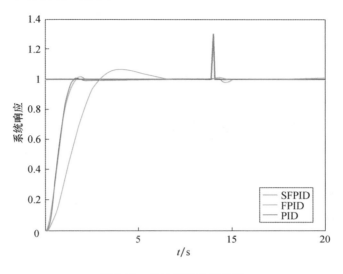

图 **5-33** 脉冲扰动响应曲线

5.5 转塔波形注入跟踪精度和静态精度试验

转塔精度测试试验主要包括转塔随动波形注入跟踪精度测试和静态瞄准精度测试。转塔波形注入跟踪精度测试主要采用正弦波、三角波、方波等典型测试波形输入作为激励源，通过输入输出参数的对比，测试转塔波形注入跟踪精度。转塔静态精度测试采用光学图像测量方法，在转塔定向调转过程中，利用 CCD 记录其调转的始末位置，计算出转塔转动的像素个数，然后用像素个数与像素当量（单位像素所代表的实际长度）作乘积得到转塔转动的角度，测试转塔静态瞄准精度。

5.5.1 转塔波形注入跟踪精度试验

转塔波形注入跟踪精度测试主要采用正弦波、三角波、方波等典型测试波形输入作为激励源，通过输入输出参数的对比，测试转塔波形注入跟踪精度。以均方根误差（root mean square error，RMSE）描述转塔波形注入跟踪精度，定义为转塔实测值与控制值的偏差的平方和与测量次数的比值的平方根，计算如下：

$$RMSE = \sqrt{\frac{e_1^2 + e_2^2 + \cdots + e_n^2}{n}} = \sqrt{\frac{1}{n}\sum_{i=1}^{n} e_i^2} \qquad (5\text{-}17)$$

式中：n 为测量次数，$e_i = \alpha_i^c - \alpha_i^r$ 是控制值 α_i^c 与实测值 α_i^r 之差。

指控系统控制转塔方位和俯仰分别按照所输入的典型波形运动，通过对比转塔输入的方位、俯仰角度控制值和转塔方位、俯仰角度实际反馈值，测试转塔随动控制效果以及转塔的随动波形注入跟踪精度。

5.5.1.1　正弦波输入测试数据分析

图 5-34 和图 5-35 为正弦波形输入下的转塔实测值与控制值对比及误差，从图中可以看出：转塔伺服能够很好地跟随正弦输入波形运动。由转塔实测值与控制值的误差对比计算可得，转塔方位角均方根误差为 0.49mrad，俯仰角均方根误差为 0.54mrad。因此，在正弦波形输入条件下转塔波形注入跟踪精度为 0.73mrad。

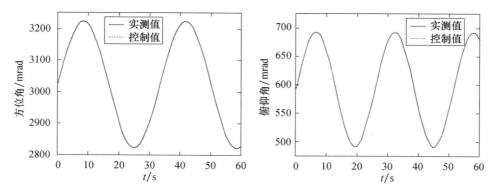

图 5-34　正弦波输入下的转塔实测值与控制值对比图

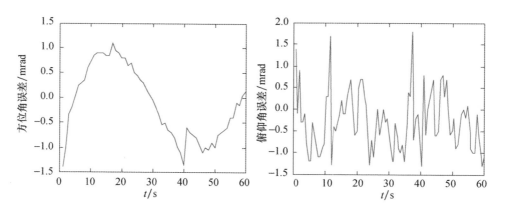

图 5-35　正弦波输入下的转塔实测值与控制值的误差图

5.5.1.2 方波输入测试数据分析

图 5-36 和图 5-37 为从方波波形输入的转塔实测值与控制值对比及误差，从图中可以看出：转塔伺服能够较好地跟随方波输入波形，在方波波形变化剧烈的上升沿和下降沿，转塔伺服跟随存在滞后现象，但能快速调整并跟随方波波形的变化，符合系统控制要求。由转塔实测值与控制值的误差对比计算可得，转塔方位角均方根误差为 0.52mrad，俯仰角均方根误差为 0.58mrad。因此，在方波波形输入条件下转塔波形注入跟踪精度为 0.78mrad。

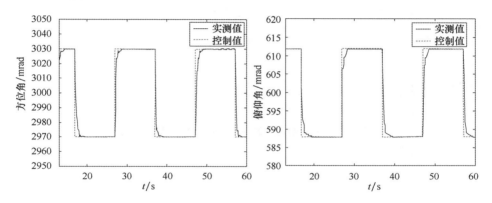

图 5-36 方波输入下的转塔实测值与控制值对比图

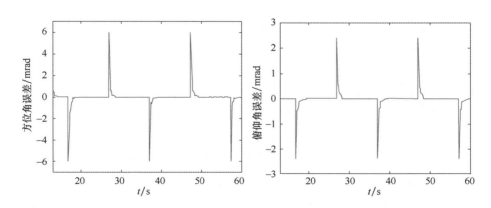

图 5-37 方波输入下的转塔实测值与控制值的误差图

5.5.1.3 三角波输入测试数据分析

图 5-38 和图 5-39 为三角波形输入下的转塔实测值与控制值及误差，从图中可以看出：转塔伺服能够很好地跟随三角波输入波形，除三角形转折点处

存在一点偏差外，在直线段能够始终保持与三角波形运动一致。由转塔实测值与控制值的误差对比计算可得，转塔方位角均方根误差为 0.48mrad，俯仰角均方根误差为 0.46mrad。因此，在三角波形输入条件下转塔波形注入跟踪精度为 0.66mrad。

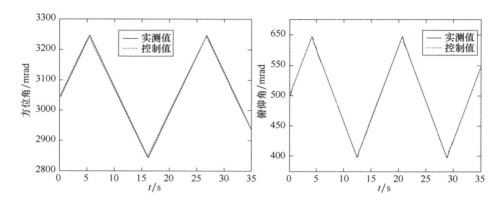

图 5-38　三角波输入下的转塔实测值与控制值对比图

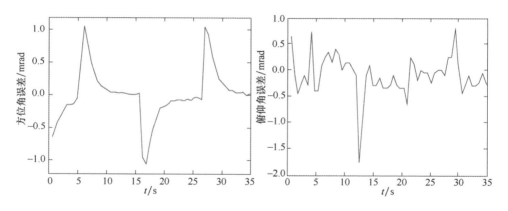

图 5-39　三角波输入下的转塔实测值与控制值误差图

5.5.1.4　圆周（直线）运动测试数据分析

图 5-40 和图 5-41 为圆周（直线）波形输入下的转塔实测值与控制值及误差对比，从图中可以看出：转塔伺服能够快速地跟随圆周（直线）输入波形变化。由转塔实测值与控制值的误差对比计算可得，转塔方位角均方根误差为 0.45mrad，俯仰角均方根误差为 0.44mrad。因此，在圆周（直线）波形输入条件下转塔波形注入跟踪精度为 0.63mrad。

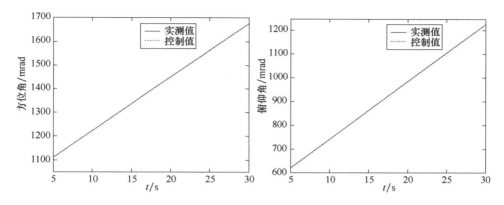

图 5-40 圆周运动输入下的转塔实测值与控制值对比图

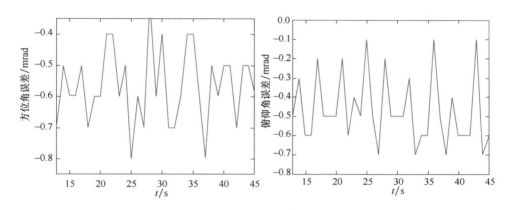

图 5-41 圆周（直线）运动输入下的转塔实测值与控制值误差图

5.5.1.5 水平航路输入测试数据分析

如图 5-42 和图 5-43 为水平航路波形输入下的转塔实测值与控制值及误差对比，从图中可以看出：转塔伺服能够快速地跟随水平航路输入波形变化。由转塔实测值与控制值的误差对比计算可得，转塔方位角均方根误差为 0.31mrad，俯仰角均方根误差为 0.32mrad。因此，在水平航路波形输入条件下转塔波形注入跟踪精度为 0.55mrad。

5.5.2 转塔控制精度测试试验

5.5.2.1 试验内容

通过光学图像测量方法，测量转塔控制输入值与转塔实际指向值之间的偏差程度，确定转塔控制精度[19]。转塔控制精度光学图像测量装置如图 5-44

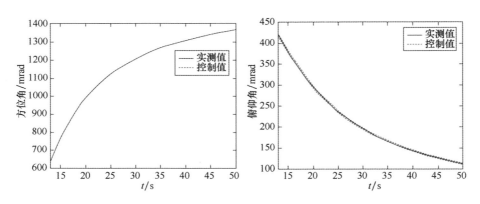

图 5-42　水平航路输入下的转塔实测值与控制值对比图

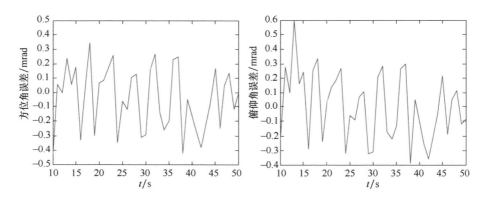

图 5-43　水平航路输入下的转塔实测值与控制值误差图

所示。采用高分辨率 CCD（75mm 焦距镜头，图像水平分辨率为 2048），转动转塔方位得到 51 幅转塔方位圆周图像，运用数字图像处理方法对转塔圆周图片进行拼接，拼接后转塔方位圆周总像素为 96615。转塔方位光学图像测量精度为 0.065mrad/像素。

转塔俯仰控制精度光学图像测量装置示意图如图 5-45 所示。以转塔俯仰轴为圆心，设置半径为 2m 的 60°弧型装置，在弧段内侧标示刻度标尺，转动转塔俯仰得到 10 幅转塔俯仰圆周图像，拼接后转塔俯仰弧长总像素为 17446。转塔俯仰光学图像测量精度为 0.06mrad/像素。

计算方法如下：

（1）得到测量值：（总像素－当前像素值）×6280/总像素。

（2）计算实际值：由于每组测量都是等精度重复测量，测量值误差是随机误差，测量值的算术平均值可当成真值处理。因此，每组数据的算术平均

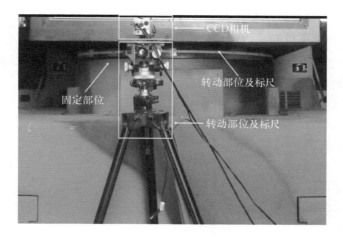

图 5-44 转塔控制精度光学图像测量装置

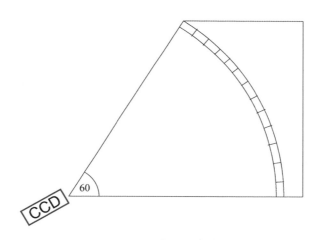

图 5-45 转塔俯仰控制精度光学图像测量装置示意图

值（它在最小二乘法意义下是所求真值的最佳近似，是最常用的一种平均值）为转塔的实际方位角。假设一组测试值为 $\alpha_1, \alpha_2, \cdots, \alpha_n$，转塔的实际方位角为

$$\alpha = \frac{1}{n} \sum_{i=1}^{n} \alpha_i \qquad (5\text{-}18)$$

（3）求得标准差：根据贝塞尔公式计算标准差 σ（σ 值越小，表明观测值的平均值 α 与真值的偏差越小，精密度越高，即平均值可信赖的程度越高）：

$$\sigma = \sqrt{\frac{\delta_1^2 + \delta_2^2 + \cdots + \delta_n^2}{n}} = \sqrt{\frac{1}{n} \sum_{i=1}^{n} \delta_i^2} \text{（测量次数较小时）} \qquad (5\text{-}19)$$

式中：n 为测量次数；δ_i 为测量值与测量平均值之差，$\delta_i = \alpha_i - \alpha$。

5.5.2.2 试验数据及分析

选择 6 个测量位置（10mrad、1000mrad、2000mrad、3000mrad、4000mrad、5000mrad）进行转塔方位精度测量，每个位置重复测量 10 次。转塔方位角测试数据如表 5-7 所列。

表 5-7　转塔方位角测试数据（mrad）

控制值	10.0	1000.0	2000.0	3000.0	4000.0	5000.0
实测 1	9.60	999.36	2000.08	3000.68	3999.59	5000.53
实测 2	9.15	998.46	2000.53	3000.45	3999.36	4999.85
实测 3	8.93	998.46	2000.53	3000.23	3999.25	5000.30
实测 4	9.15	998.68	2000.41	3000.34	3999.02	4999.85
实测 5	9.38	998.57	2000.30	3000.34	3999.36	5000.08
实测 6	9.27	998.68	2000.53	3000.23	3999.13	4999.85
实测 7	9.04	998.68	2000.41	3000.23	3999.13	4999.85
实测 8	9.27	998.46	2000.53	3000.11	3999.25	4999.85
实测 9	9.27	998.68	2000.53	3000.23	3999.36	4999.96
实测 10	9.15	998.46	2000.41	3000.68	3999.47	5000.30
平均值	9.22	998.65	2000.43	3000.35	3999.29	5000.04
标准差	0.18	0.26	0.14	0.19	0.16	0.24

相应地俯仰角选择 6 个测量位置（10mrad、200mrad、400mrad、600mrad、800mrad、1000 mrad）进行转塔俯仰精度测量，每个位置重复测量 10 次。转塔俯仰角测试数据如表 5-8 所列。

表 5-8　转塔俯仰角测试数据（mrad）

控制值	10	200	400	600	800	1000
实测 1	8.56	199.12	398.81	599.08	798.76	999.26
实测 2	8.25	198.9	399.21	599.13	799.13	998.71
实测 3	8.97	198.89	399.24	599.53	799.18	999.34
实测 4	9.03	198.68	399.18	599.41	799.09	999.31
实测 5	9.12	199.16	398.74	599.3	798.81	999.29
实测 6	8.89	198.11	399.21	599.53	799.15	999.28
实测 7	9.01	198.69	399.2	599.41	799.15	999.28
实测 8	8.71	199.15	399.23	599.13	798.61	999.26
实测 9	8.92	199.15	398.14	599.23	799.16	998.63

续表

控制值	10	200	400	600	800	1000
实测 10	9.02	198.87	399.15	599.41	799.13	999.34
平均值	8.85	198.87	399.01	599.32	799.02	999.17
标准差	0.25	0.31	0.34	0.16	0.20	0.25

通过光学图像测量转塔控制输入值与转塔实际指向值之间的偏差方法，得到转塔方位控制精度为 0.195mrad，转塔俯仰控制精度为 0.345mrad。因此，转塔控制精度为 0.4mrad。

通过以上试验数据分析可知，在正弦波、三角波、方波、圆周（直线）、水平航路等典型测试波形作为激励源输入的测试条件下，从转塔伺服控制的随动变化情况可以看出，转塔的伺服控制能够很好地跟随输入波形的运动变化，且转塔随动控制精度≤0.8mrad；通过光学图像测量方法，对转塔进行重复定位测试，可以得到转塔控制精度为 0.4mrad，能够满足转塔控制系统的技术指标要求。

参考文献

[1] 梁军龙．基于 STM32F407 的永磁同步电机伺服控制器设计［J］．山西电子技术，2014（01）：30-32.

[2] 范晋伟，刘磊，朱晓勇，等．伺服系统动态仿真及优化方法的研究［J］．机械设计与制造，2009（01）：198-200.

[3] 李杰．精密光电跟踪转台框架的静动态特性分析［J］．光电工程，2010（01）：65-68.

[4] 孙延超，李军，韩世东，等．火箭发射装置回转箱体拓扑优化设计方法研究［J］．弹箭与制导学报，2012，32（1）：208-210.

[5] 陈瑞祥．某轻型车载火箭炮方案设计及结构分析［D］．南京：南京理工大学，2012.

[6] 金成哲，朱茂霞．微细车铣机床的动态特性仿真分析［J］．工具技术，2013，47（5）：22-25.

[7] 刘全川．三自由度摇摆台方案设计与动力学分析［D］．南京：南京理工大学，2009.

[8] 王思文，陈敏志，张旭明．基于自适应有限元的双向渐进结构优化法［J］．科学技术与工程，2013，13（13）：3786-3789，3807.

[9] 于水乐，高霖．基于永磁同步电机模糊 PID 控制的建模与仿真［J］．航空制造技术，2012（20）：92-94.

[10] 陈福龙．基于 DSP 的永磁同步电动机伺服控制系统研究［D］．武汉：华中科技大

学，2006.

[11] 王铭林．基于 TMS320F28335 的火炮伺服系统设计［D］．厦门：厦门大学，2014.

[12] 朱登飞，戴莺莺，冯连勋．交流永磁同步电机数字伺服技术［J］．伺服控制，2007 (01)：56-58.

[13] 王旭辰．交流励磁变速恒频双馈风力发电系统控制技术研究［D］．武汉：华中科技大学，2010.

[14] 李金杰．基于无速度传感器的双馈风力发电机组控制研究［D］．扬州：扬州大学，2015.

[15] 胡涛，唐勇奇，黄林森，等．MOSFET 与 IGBT 驱动电路的研究与设计［J］．新型工业化，2015 (03)：15-23.

[16] 黄璐，胡大军，吴晗平．军用光电跟踪伺服控制技术分析［J］．舰船电子工程，2011 (07)：181-186.

[17] 韩沛，朱战霞，马卫华．基于模糊自适应 PID 的随动系统设计与仿真［J］．计算机仿真，2012，29 (1)：138-142.

[18] 朱颖合，薛凌云，黄伟．基于自组织调整因子的模糊 PID 控制器设计［J］．系统仿真学报，2011 (12)：176-181.

[19] 褚凯，朱一旺，黄勤超，等．光电火控系统指向精度 CCD 非接触测量方法研究［J］．计算机测量与控制，2012，20 (8)：2058-2060.

6

第6章

末端综合光电防御信息处理与控制技术

当被保护目标受到精确制导武器威胁时，情报处理设备综合目标空情接收机、搜索雷达、激光/毫米波告警器等接收或探测得到的目标信息，进行多目标数据关联、多源信息融合、目标类型判断、威胁等级评估等处理，为末端综合光电防御系统提供目标预警和来袭威胁目标指示信息。指挥控制设备接收到情报处理设备的打击目标指示信息后发送给控制转塔运动的伺服系统，伺服系统在其控制软件的配合下，调转转塔转向来袭威胁目标区域，由红外探测跟踪设备进行搜索目标，捕获目标后，红外探测跟踪设备对捕获的目标进行视频跟踪。综合控制设备对红外探测跟踪设备的目标观测值进行剔点处理、滤波求取目标运动参数，同时结合定位定向和姿态测量系统的方位、俯仰以及横倾等数据处理，使综合干扰对抗设备瞄准目标。综合干扰对抗设备在一定的时序控制下，按照生成的干扰模式完成对目标的干扰对抗任务。

6.1 系统功能及信息处理流程

情报处理与控制分系统在实现系统各设备的工作方式的设定、授时、设备状态检查及信息显示等基本功能的基础上，主要完成情报处理并对转塔伺服的控制，稳定跟踪目标。同时，根据目标信息控制综合干扰对抗系统对来袭威胁目标实施干扰对抗，达到保护重要目标避免受到攻击的目的，主要包括情报处理设备和指挥控制设备两个子系统。

6.1.1 系统功能设计

末端综合光电防御系统一般组成框图如图 6-1 所示，情报处理与控制系统是末端综合光电防御的重要组成部分。

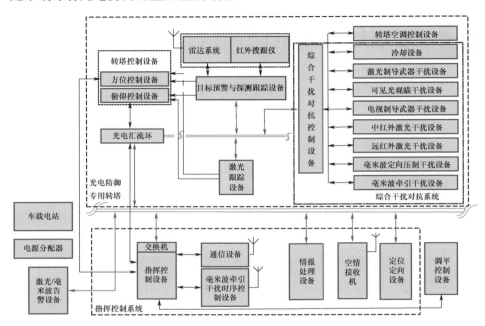

图 6-1　末端综合光电防御系统一般组成框图

系统硬件组成中设备实体说明如下：

（1）指挥控制设备主要完成系统各设备状态巡检与状态显示、定位定向信息接收、坐标系转换计算、威胁目标指示信息的接收与处理、红外和激光目标跟踪信息显示、转塔随动跟踪控制、综合干扰对抗控制、毫米波牵引干扰时序控制、语音数据通信、调平设备控制、空调控制、干扰效果评估等功能。

（2）情报处理设备主要完成空情信息接收与显示、告警信息接收与显示、雷达目标指示、红外目标信息显示与多通道情报信息融合、威胁目标打击排序等功能。

（3）目标预警与探测跟踪设备包括空情接收机、激光/毫米波复合告警设备、雷达与红外探测设备、红外成像跟踪设备、激光跟踪设备等构成。主要完成对上级空情信息的接收、来袭激光/毫米波制导武器目标识别与告警、雷达与红外目标指示、目标的锁定跟踪等功能。

（4）转塔设备主要由转塔方位控制设备、转塔俯仰控制设备和转塔空调组成。目标探测与跟踪设备、综合干扰对抗系统集成在转塔上，完成火力对目标的精确指向。

（5）综合干扰对抗控制设备集成在转塔上，主要包括激光定向干扰、毫米波制导对抗两个功能模块。

（6）毫米波牵引干扰时序控制设备主要完成毫米波牵引干扰弹的开机干扰时序。

（7）定位定向设备自动定位载车位置，测定车首尾方向，提供坐标系之间关系换算。

（8）通信设备与上级及友邻保持联系，接收指令和空情信息。

（9）调平控制设备完成载车的水平调整。

（10）情报处理设备是目标预警跟踪系统的信息处理中心，实现对激光/毫米波告警、目标探测跟踪设备和激光跟踪设备的情报综合处理与融合，以及对转塔的控制。情报处理设备既与指挥控制设备、配电箱等其他系统有信号交互关系，又与系统内部各模块有信息交互关系，对其设计的基本要求是：①实现对激光/毫米波告警、目标探测跟踪设备、激光跟踪设备等多通道情报信号的融合，建立目标航迹。②实现威胁目标判断，自动建立打击目标排序，选择打击目标。③实现与指挥控制设备的信息交换和内部信息的交换与设备的控制。④内部各模块工作状态应能显示在情报处理设备显控模块上，显控模块可实现目标选择等功能。

（11）指挥控制设备是指挥控制系统的信息处理中心，实现对战场态势分析和火力时序控制等。指挥控制设备既与情报处理设备、配电箱等其他系统有信号交互关系，又与系统内部各模块有信息交互关系，对其设计的基本要求是：①实现战场态势综合判断，实时显示战场数据；②根据目标类型、目标速度等信息控制系统火力单元层次作战；③实现与情报处理设备的信息交换和内部信息的交换与设备的控制；④内部各模块工作状态应能显示在指挥控制中心显控模块上。

6.1.2 系统信息处理流程

情报处理与控制系统是末端综合光电防御的信息中枢，实现与目标预警探测系统（包含空情接收机、激光/毫米波告警器、搜索雷达）、转塔分系统、综合干扰对抗系统之间的信息交互。

情报处理与控制系统的具体信息处理流程是：系统通过通信电台与上级保持联络，完成任务受领。当空中出现来袭威胁目标时，空情接收机通过通信电台接收上级空情信息，进行态势估计和目标威胁信息分析与处理，把对系统保护的重要目标威胁程度最大的来袭目标信息发送给情报处理设备，实现远程预警。系统设定搜索雷达在指定空域进行目标探测，并将探测到的目标信息发送给情报处理设备。在没有上级空情信息的情况下，根据上级命令，系统搜索雷达进入自主目标搜索的作战模式，对防御空域进行目标探测。当激光/毫米波告警设备接收到光电观瞄设备或激光制导武器发射的激光信号以及毫米波制导武器发射的毫米波信号时，激光/毫米波告警设备告警并将目标类型、来袭方位发送给信息处理设备。情报处理设备对接收的上级空情预警信息、雷达目标、红外目标视频、激光/毫米波告警等信息进行综合处理，并在地理信息系统上显示态势。当出现多个雷达探测目标时，情报处理设备在多目标数据关联、多源信息融合等处理的基础上，进行威胁评估判断并对来袭目标打击排序后，将需干扰对抗的目标信息发送给指挥控制设备。指挥控制设备接收到情报处理设备发来的干扰对抗目标信息时，综合目标位置、系统姿态和定位定向信息，快速调转转塔至来袭目标空域，使目标进入红外跟踪设备视场。红外跟踪设备捕获目标后实时将红外目标偏差信息发送给指挥控制设备，指挥控制设备进行坐标转换、姿态修正、目标位置预测后控制红外跟踪设备稳定跟踪目标。当目标进入综合干扰对抗设备有效干扰范围时，指挥控制设备生成干扰模式并向综合干扰对抗设备发送干扰控制指令，综合干扰对抗设备对目标实施干扰直至任务完成。

6.2 情报处理与控制系统结构设计

情报处理与控制分系统主要由空情接收机、激光/毫米波告警器、搜索雷达、红外跟踪设备、情报处理设备、指挥控制设备、定位定向设备、载车姿态测量设备、通信电台等组成，在时钟同步模块产生的时统信号下工作，设备间信息交换主要是通过以太网络连接，其结构关系如图6-2所示。

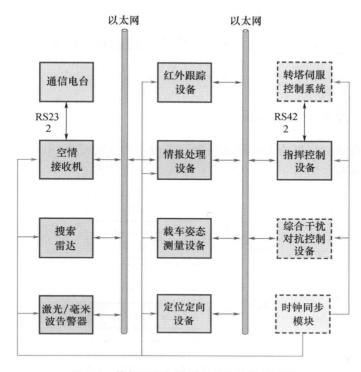

图 6-2 情报处理与控制分系统结构关系图

空情接收机通过车载通信电台接收上级预警信息。通信电台除接收上级预警信息外，还负责与上级联络，完成任务受领和任务执行情况上报等工作。激光/毫米波告警器对来袭的激光/毫米波制导武器告警，提供来袭目标类型和位置信息。搜索雷达可以在有上级预警信息的情况下以区域扫描方式探测来袭目标，也可以以周扫方式探测来袭目标。情报处理设备主要进行综合信息处理，为末端综合光电防御系统提供目标预警和来袭威胁预警信息。指挥控制设备接收到情报处理设备的打击目标指示信息后发送给转塔伺服控制系统，调转转塔转向目标区域，由红外探测跟踪设备进行目标搜索、捕获和跟踪，锁定目标后，使综合干扰对抗设备瞄准目标；综合干扰对抗设备在指挥控制设备的时序控制下，按照生成的干扰模式完成对目标的干扰对抗任务。定位定向设备提供了系统的地理位置坐标、方向等定位信息。姿态测量设备提供系统的姿态变化。红外跟踪设备对进入视场的待打击目标进行捕获和跟踪，为指挥控制设备提供目标的方位俯仰偏差角度信息。

6.3 情报处理与控制系统硬件设计

6.3.1 系统硬件结构设计

为保证系统控制的实时性和精度，系统采用硬时统进行时序控制，硬时统所控制各设备如图 6-3 所示。

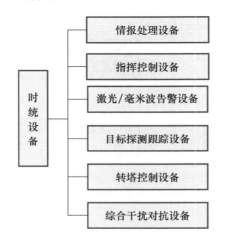

图 6-3 硬时统控制各设备

根据情报处理设备与指挥控制设备的设计要求，其硬件结构部件相同，主要包括主板、接口扩展板、硬盘、差分 I/O 接口板、显示屏、键盘、轨迹球、电源等设备组成，如图 6-4 和图 6-5 所示。设备设计主要包括：抗恶劣工作环境计算机的选型；系统内各功能单元的供电电气控制电路设计；信号接口电路设计等部分。

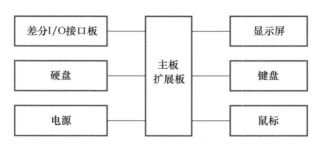

图 6-4 情报处理设备与控制设备结构部件

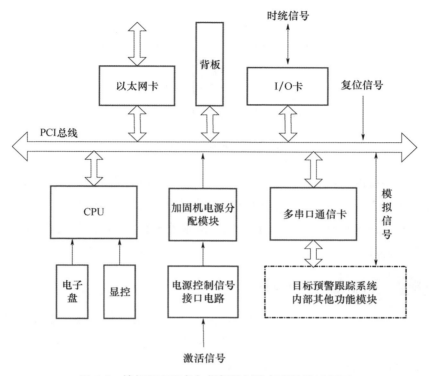

图 6-5　情报处理设备与指挥控制设备硬件设计框图

主板采用定制宽温板卡。选用 Intel 酷睿双核芯片组，优点是采用 Intel 专为工业提供的芯片组及 CPU 套片，功耗低。在主板选型的基础上，利用主板上的 PCI 总线，设计接口扩展板，满足系统接口的要求。

显示器选型主要考虑低温下的工作环境，按要求选用 17 英寸 LCD 液晶显示屏。按照国内生产和代理进口屏的情况，工业级 LCD 液晶屏在低温环境下，会出现拖尾现象，且工作温度不能满足系统要求，必须进行加热和屏蔽及除雾处理，在显示屏内增加加热控制和除雾控制电路。

对屏体加热采用加热板，加热板自动采集环境温度，实时采样判断，智能控制加热速度，自动启动或停止加热。屏体加热控制框图如图 6-6 所示。

在低温环境下，为了防止屏体玻璃起雾影响视觉效果，在显示器设计中考虑增加除雾功能，保证显示器低温工作时有雾可除的功能。除雾板自行设计，使用时在屏上按下除雾按钮，到一定时间后，除雾电路自动停止工作。

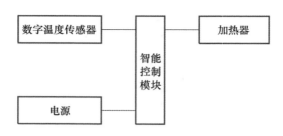

图 6-6 屏体加热控制框图

根据系统的功能和性能要求，设计具有本系统特有的 18 键全加固键盘，轨迹球采用 16mm 面板嵌入式轨迹球，外引鼠标键。键盘和轨迹球采用 PS2 接口。根据系统只有一个乘员的情况，情报处理设备和指挥控制设备的两组键盘和轨迹球均安装在一个组合抽屉内。

6.3.2 外部硬件接口设计

（1）网络接口：主要用于指挥控制设备、情报处理设备、空情接收机、定位定向设备、激光/毫米波告警设备、搜索雷达、红外跟踪设备、激光跟踪设备、综合干扰对抗设备之间的信息交换。

（2）RS422 串口：用于指挥控制设备与转塔控制设备、调平设备、无源干扰同步控制器之间信息交换。

（3）I/O 接口（差分 TTL 电平，周期 20ms，脉冲宽度 10μs，下降沿有效）：用于提供指挥控制、情报处理、激光/毫米波告警、搜索雷达、红外跟踪、激光跟踪、综合干扰对抗、转塔控制等设备的时统信号。

6.3.3 系统通信接口设计

设备之间的信息交换按照一定的报文格式通过系统外部硬件接口实现。情报处理与控制分系统通信协议是情报处理与控制分系统中设备之间彼此通信、传送信息的统一的通信标准。

由于情报处理与控制分系统本身的光电磁复杂环境的自身干扰和外部环境的干扰，因此通信协议的设计对保证通信的可靠性十分重要[1]。帧是各子系统之间进行通信的基本单元，对于通信协议而言，最重要的就是帧结构的设计[2]。根据情报处理与控制分系统的通信情况设计数据帧，数据帧的报文格式如表 6-1 所列。

表 6-1　数据帧的报文格式

段名称	FS	L	F	A	Data
特性	报文头	报文长度	报文标识	发方地址	数据位 N

（1）报文头：标志一条数据帧的结束和下一条数据帧的开始。

（2）报文长度：报文长度用来存放该帧报文的字节数（不包括报文头的 1 个字节，实际数据为 $N+3$）。

（3）报文标识：用来指代不同的指挥控制设备指令，分为伺服自检、伺服授时、伺服指向等，该报文标识的唯一性区分了不同种类的报文也确定了报文的功能，在数据的提取中也是通过该字节来分别提取不同的数据。

（4）发方地址：存放发出该帧数据的子系统的通信节点号。

（5）数据位：存放发出的数据如方位角度、俯仰角度、自检命令、授时命令等。

从表 6-1 中可以看出，数据帧由报文头、报文长度、报文标识、发方地址和数据位等 5 部分组成，共占用 $N+4$ 个字节。报文中全部数据定义类型为 unsigned char 型，以十六进制传送。其中，对于超过单字节的数据来说，其高低位数据分别存储在数据位的高低字节中。对于单位为 mrad 的方位角度和俯仰角度，报文中传送角度数据单位为 0.1mrad。

6.4　情报处理与控制系统软件设计

情报处理与控制系统软件分为情报处理设备软件与指挥控制设备软件两部分。情报处理设备主要完成系统初始化、各功能单元状态巡检、多通道情报信息融合、目标建航及威胁目标打击排序、目标跟踪、以太网通信及多串口通信等功能。指挥控制设备软件主要完成系统初始化、各功能单元状态巡检、战场态势综合显示、火力单元作战时序控制，以太网通信及多串口通信等功能。

6.4.1　情报处理设备软件设计

根据情报处理设备软件设计需求，情报处理设备软件主要由系统初始化、状态巡检情报融合、目标建航、打击排序、以太网通信和串口通信等软件模块组成，情报处理设备软件结构如图 6-7 所示。

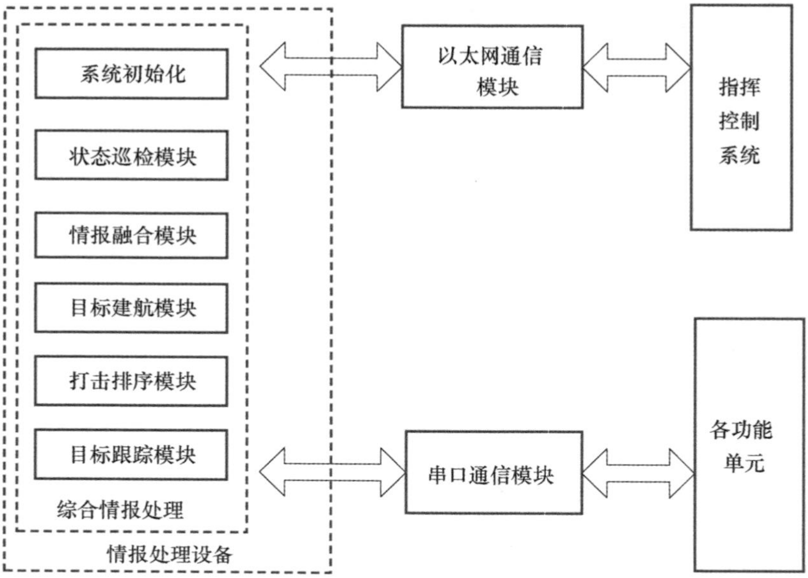

图 6-7 情报处理设备软件结构

系统初始化主要完成工控机上电、外围设备驱动、串口初始化、模拟量输入口初始化、以太网通信口初始化、开中断、外时统输入以及系统内各功能单元初始化等任务，并完成系统开机自检。

各功能单元状态巡检主要对目标探测跟踪设备、激光/毫米波告警器、转塔控制器等设备的工作进行状态轮询，为系统生成状态字提供数据。

多通道情报信息融合模块完成激光/毫米波告警器、目标探测跟踪设备和激光跟踪设备的情报融合，为系统进行目标跟踪、打击排序和打击决策提供数据。

目标跟踪模块根据多通道情报信息融合模块提供的目标信息跟踪目标。

目标建航和威胁打击排序模块完成目标建航和多目标威胁判断与打击排序。

以太网通信是指按照有关协议要求完成情报处理设备与指挥控制系统的组网连接，以及情报处理设备与激光/毫米波告警设备、目标探测跟踪设备和激光跟踪设备的组网连接，接收指挥控制系统提供的作战指令，并将系统的状态、作战态势按照规定的协议格式回告给指挥控制系统。

情报处理设备工作流程如图 6-8 所示。

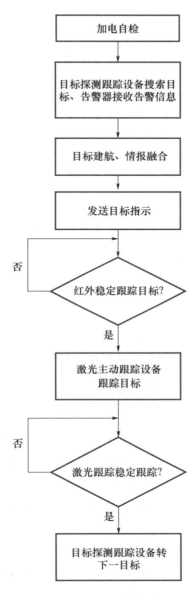

图 6-8 情报处理设备工作流程图

6.4.2 指挥控制设备软件设计

根据指挥控制中心软件设计需求，指挥控制中心软件主要由系统初始化、状态巡检、战场态势综合显示、火力单元作战时序控制、以太网通信和串口通信等软件模块组成。指挥控制设备软件结构如图 6-9 所示。

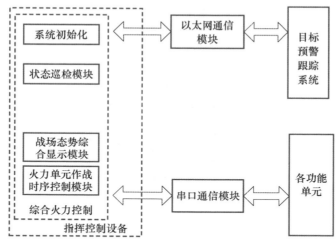

图 6-9　指挥控制设备软件结构

指挥控制设备工作流程如图 6-10 所示。

6.4.3　VxWorks 系统下的情报处理与控制系统软件开发

为了满足末端综合光电防御系统总体要求，情报处理与控制系统必须实现多种功能。首先，数据是通过多种方式传送的，所以必须能够支持网络连接；其次，为了直观地显示信息，图形模式的用户界面也是必需的；最后，情报处理与控制系统软件必须具有高度的实时性和稳定性。为了保证情报处理与控制系统的性能，其开发平台不仅要具有高可靠、高实时的特性，还必须具有良好的可裁减性、移植性，同时还要有良好的开发环境和工具软件[3]。因此，项目选用 VxWorks 实时操作系统作为情报处理与控制系统的软件开发平台。

该系统软件主要支持常用的串口连接、以太网 TCP/IP 连接和时钟触发信号 I/O 连接，提供基于 WindML 组件的图形界面，系统结构采用客户机/服务器模式。服务器运行在 VxWorks 平台处理来自情报信息源的数据和来自指挥人员终端的命令。通过网络或串口发送控制指令控制转塔和综合干扰对抗系统，对来袭威胁目标实施干扰对抗。

6.4.3.1　系统多任务处理设计

在情报处理与控制系统软件设计中，将整个程序划分成独立的、相互作

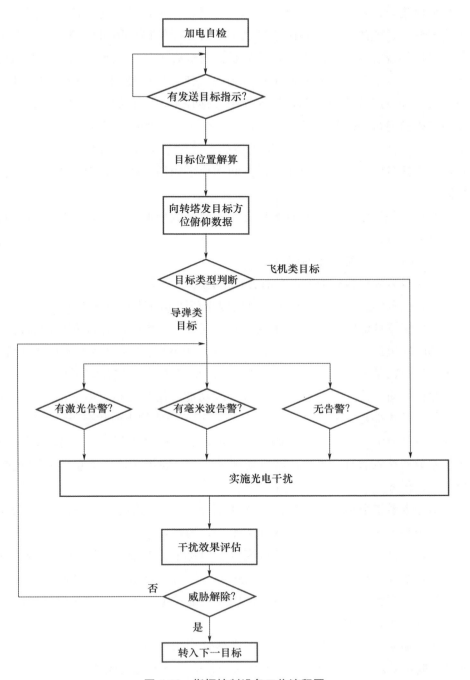

图 6-10 指挥控制设备工作流程图

用的程序集合。对于每个程序，当其执行时，称为任务，这些任务共同合作来完成整个系统的功能。多任务提供一种机制，使得应用可以控制响应多重的、离散的现实世界中的事件，任务是代码运行的一个映像，从系统的角度看，任务是竞争系统资源的最小运行单元。任务可以使用或等待 CPU、I/O 设备及内存空间等系统资源，并独立于其他任务，与它们一起并发运行，操作系统内核通过一定的指示来进行任务的切换，这些指示都是来自对内核的系统调用。在单 CPU 系统中，系统根据一个调度算法，调度每一个任务运行，每个任务的运行时间很短，任务间切换也很快，这样在宏观上实现多任务同时运行[4]。

在应用程序中，任务表面上具有与普通函数相似的格式，但任务有着自己明显的特点：

（1）具有任务初始化的起点；

（2）具有存放执行内容的私有数据区；

（3）任务的主体结构表现为一个无限循环体或有明确的终止。

多任务设计能随时打断正在执行着的任务，对内部和外部发生的事件在确定的时间里做出响应。VxWorks 实时内核 Wind 提供了基本的多任务环境，系统内核根据某一调度策略让它们交替运行。系统调度器使用任务控制块的数据结构（简记为 TCB）来管理任务调度功能，任务控制块用来描述一个任务，每一任务都与一个 TCB 关联，TCB 包括了任务的当前状态、优先级、要等待的事件或资源、任务程序码的起始地址、初始堆栈指针等信息。调度器在任务最初被激活时以及从休眠重新被激活时，要用到这些信息。TCB 还被用来存放任务的"上下文"。

多任务系统中须采用一种调度算法来分配 CPU 给就绪状态任务。Wind 内核采用基于优先级的抢占式调度法作为它的默认策略。基于优先级的抢占式调度，它具有很多优点。这种调度方法为每个任务指定不同的优先级，没有处于阻塞或休眠状态的最高优先级任务将一直运行下去，当更高优先级的任务处于就绪状态时，系统内核立即保存当前任务的上下文，并把任务状态变为阻塞，然后切换到更高优先级的任务。

在实际应用中，并不是每次抢占都是合理的，当低优先级的任务进行不能被打断的处理时，如果被高优先级的任务抢占就可能造成处理结果的错误，因此 Wind 内核提供了抢占上锁的功能，当一个任务调用上锁时，在此任务运行时将不会被高优先级的任务抢占，如果这个任务在执行时被阻塞或挂起，调度器将选择就绪的最高优先级的任务运行，当这个禁止抢占的任务解除阻塞开始运行时，抢占将再次被禁止，直到调用解除上锁，抢占上锁虽然可以禁止任务的抢占，但不能禁止中断。提供上锁可以实现任务间的互斥，但应该使上锁的时间尽量短。

在情报处理与控制系统的多任务设计中，进行合理的任务划分对系统的运行效率、实时性和吞吐量影响极大[5]。任务分解过细会引起任务频繁地切换，增加任务切换带来的开销，而任务分解不够彻底会造成原本可以并行的操作只能按顺序串行完成，从而减少了系统的吞吐量，为了达到系统效率和吞吐量之间的平衡与折衷，在应用设计时应遵循如下的任务分解规则：

（1）时间：两个任务所依赖的周期条件具有不同的频率和时间段；

（2）异步性：两个任务所依赖的条件没有相互的时间关系；

（3）优先级：两个任务所依赖的条件需要有不同的优先级；

（4）清晰性/可维护性：两个任务可以在功能上或逻辑上互相分开。

各个任务间数据的通信量应该尽量小，并且最好出现控制耦合，如果一定要出现，则应采取相应的措施（任务间通信）使它们实现同步和互斥，以避免可能引起的临界资源冲突，因为这样可能造成死锁，另外还要防止、优先级反转等实时程序经常出现的错误。

在多任务系统设计中，为了保证各个任务能够协调地工作，任务间的通信是必不可少的。实时操作系统通常都提供了多种任务间通信的方法，VxWorks 中也提供了多种任务间通信机制[6]，包括：

（1）共享内存：数据的简单共享；

（2）信号量：基本的互斥和同步；

（3）消息队列和管道：单 CPU 的任务间消息传递；

（4）套接字（socket）和远程调用（RPC）：任务间的网络通信；

（5）信号（signals）：用于异常处理。

任务的划分是情报处理与控制系统软件设计的关键部分，对于实时系统，实时和分时单元的合理划分，是提高整个系统实时性能的一个重要手段。实时单元应该放在实时任务里面去处理，而分时单元的处理应该由实时任务通过消息或者共享内存模式传递数据，启动分时进程的在线或后台处理。

系统需要并行处理来自串口、网络的数据，还要处理来自用户界面的控制命令，因此需要使用多个具有不同优先级的任务来完成这些处理。在情报处理与指挥控制系统软件中，情报信息源获取的数据就代表了军事情报，是至关重要的，绝不能丢失，而这些数据都是通过网络传送过来的。在客户端/服务器体系下，由一个任务在某个端口监听来自客户端的连接请求，收到后产生一个任务来处理这个连接，收到的数据必须得到及时的处理和显示。考虑到数据的处理有一定的浮点计算量，而显示则存在大量的设备操作，都比较耗时，相比之下，数据的及时处理和根据处理结果对外部事件的快速反应比显示更为重要。因此，数据处理和显示更新分为两个独立的任务，而且数据处理具有较高的优先级。用户界面的更新和命令处理由一个优先级较低的任务完成。

情报处理与控制系统软件按功能分为以下几个模块：系统初始化模块、串口通信模块、网络通信模块、主处理模块、界面显示模块。软件模块组成图如图 6-11 所示。

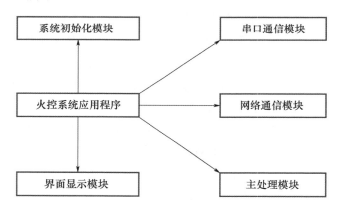

图 6-11　软件模块组成图

利用 Tornado 中的 WindView 工具对系统任务运行情况进行了监视。WindView 显示的任务信息如图 6-12 所示。

情报处理与控制软件的具体处理过程是：在时统模块产生 20ms 的时统脉冲下，当系统中断产生时系统向转塔随动系统和各子系统发送开始命令。各子系统接收到开始命令时设定各自的工作模式，并将设定结果反馈给指挥控制设备。指挥控制设备实时接收和处理各子系统的反馈数据，根据综合数据的处理结果按照时序和信息流程进入下一步的操作，整个系统任务处理流程如图 6-13 所示。

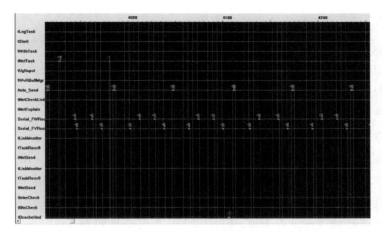

图 6-12 WindView 显示的任务信息

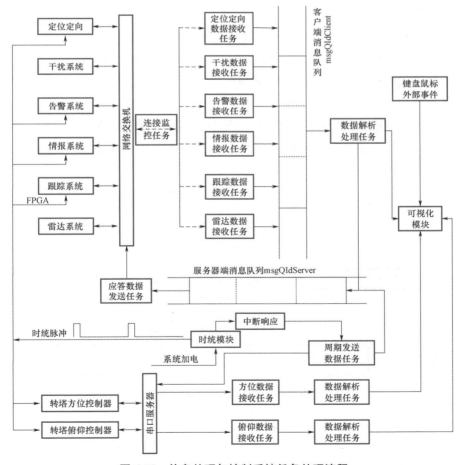

图 6-13 信息处理与控制系统任务处理流程

6.4.3.2　主处理模块设计与实现

作为系统中优先级最高、实时响应最快的任务，主处理任务成为本系统中最为重要的模块。它负责衔接系统各模块的数据，对数据进行整合，完成对打击目标的预测并对武器系统进行高精度控制，为系统高可靠性和高实时性提供保证。

主处理任务是系统最核心的模块，假设主处理任务的周期是 20ms，相比而言，主处理任务的运行频率最高，所以在本系统中具有最高的任务优先级。因此，主处理任务可以抢占低优先级任务的资源以保证任务的实时执行。这也是实现系统高实时性的根本保障。

系统主处理任务进程为核心处理进程。时统电路板以 20ms 为周期产生占空比为 2000∶1 的脉冲信号，VxWorks 产生硬件中断，进入中断服务程序 ISR，释放 semTimeStamp 信号量，同时对脉冲周期数进行计数。系统主处理任务获得释放的信号量，进入主处理程序。

首先获取转塔当前方位和俯仰角度以及要调转到的方位和俯仰角度，然后根据不同的模式完成任务。调试模式时，系统接收输入的转塔控制指令，此状态可用于对转塔的各项性能指标进行调试。运行模式时，系统响应目标跟踪的方位和俯仰数据，并根据与转塔当前方位和俯仰的偏差执行相应的干扰控制。同时，主处理任务具有对系统各子设备进行设备状态检查和授时的功能。主处理模块总体流程如图 6-14 所示。

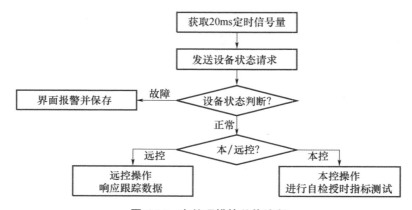

图 6-14　主处理模块总体流程

主处理模块主要进行以下工作：

（1）获取 20ms 定时信号量作为主处理程序的启动标志。

（2）根据转塔当前的位置信息确定此次伺服控制的运动方式。

（3）获取当前各子设备的状态，出现错误即刻上报并自动存储。

（4）根据控制模式，进行调试或运行控制。

（5）完成调试功能。主要完成系统调试阶段各项指标的测试以及在本机条件下对伺服转塔的一些基本控制，包括加速指向定位、匀速运动、重复匀速圆周运动、正弦波运动、矩形波运动、最大角速度测试、运动时间测试和指向精度测试等。

（6）完成运行功能。系统在实际运行过程中主要的控制状态。系统响应目标跟踪设备的目标信息数据，完成对转塔的调转控制，对目标进行实时跟踪。

指控系统在实际运行过程中，转塔的控制方式根据目标当前的距离以及目标跟踪设备对打击目标的跟踪状态实时进行自动或者手动控制方式的切换，使转塔对确定打击的目标始终处于跟踪状态。

6.4.3.3 串口通信处理模块设计

串口通信处理模块主要负责与转塔伺服控制系统进行通信。串口通信在本系统中通过专用的串口模块实现。该串口模块是扩展的串口组，需要配合相应的底层驱动才能正常工作。采用自己独特的串口帧格式。由于串口数据的高实时性，该处理进程在优先级设置中仅次于主处理进程，为次高优先级。在本系统中，用到了两个串口，分别为方位串口与俯仰串口。两个串口负责与伺服系统进行数据交互，为全双工运行。

考虑到两个串口对数据响应的实时性的要求，在任务划分时，将方位串口与俯仰串口的处理分别交给两个任务进程，即方位串口处理进程与俯仰串口处理进程。实际运行中，两个任务分别处理转塔的方位数据和俯仰数据，由于方位数据和俯仰数据的重要性相同，所以将任务设定为相同的优先级。串口通信处理模块的结构图如图 6-15 所示。

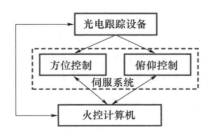

图 6-15 串口通信处理模块的结构图

如图 6-15 所示，方位串口处理模块与俯仰串口处理模块共同构成了串口处理模块，完成伺服系统与指挥控制设备以及光电跟踪设备之间的通信。

方位串口和俯仰串口处理进程分别通过任务 Serial _ FWDataRecv () 和函数 Serial _ FYDataRecv () 来实现，主要利用 RS422 实现转塔伺服系统与指挥控制设备之间的串口通信。两个串口采用的数据帧格式完全相同。

方位和俯仰串口处理进程大体相同，完成的功能包括串口数据接收和串口数据的提取处理。两大功能模块与串口处理进程的关系如图 6-16 所示。

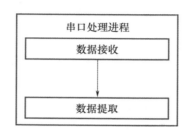

图 6-16　两大功能模块与串口处理进程的关系

串口数据接收模块作为串口处理进程的第一步，为串口处理提供数据来源支持。当串口处理进程处于就绪并获得相应的 CPU 资源时，该进程就会得到运行的机会，串口数据接收模块将得到执行。

串口数据接收模块得到执行后，利用 select () 机制判断串口缓冲区是否有数据到达。当缓冲区有数据到达时，循环调用 read () 函数从缓冲区读取数据。同时判断第一字节数据是否为定义的串口数据帧头。若不是，则继续读取字节；若为帧头，则说明下面的数据为一帧串口数据。然后判断接收到的数据长度是否大于该帧数据的定义长度，然后通过循环的内存复制将数据保存到串口数据接收缓冲区 RecvData 中。串口数据接收缓冲区 RecvData 是串口处理进程中的一个共享内存，用于在串口数据接收模块与串口数据提取模块中实现数据的共享。

串口数据接收模块的具体流程如图 6-17 所示。

从图 6-17 中可以明显看出，串口数据接收模块在对读取的帧头字节判断后，又对实际接收到的字节长度判断，根据通信协议中定义的报文长度，从接收到的字节中复制出指定长度的完整的一帧数据。这样保证接收到的数据的完整性和有效性。

串口数据提取模块在串口数据接收模块后执行，主要是对串口数据接收缓冲区 RecvData 中的数据进行进一步有效性验证以及根据不同的信息类别提

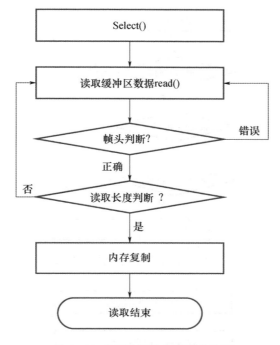

图 6-17　串口数据接收模块流程图

取出伺服控制指令。

1. 串口数据有效性验证

当串口数据接收完毕，即转入数据提取阶段时，为了保证数据的可用性，首先就是执行数据有效性验证，通过函数 DataCheck（）实现。

具体的串口数据有效性验证流程如图 6-18 所示。

如图 6-18 所示，DataCheck（）函数首先获取串口数据接收缓冲区 Recv-Data 中的数据，依次对帧头、报文标识和字节长度判断，若判断全部正确，返回真（TRUE），否则返回假（FALSE）。返回为 FALSE 时，丢弃该帧，对该帧不做处理。

2. 串口数据提取以及整合

对于验证正确的数据，将对该帧数据进行提取，通过调用 dataImplementation（）函数来提取内存中的数据。基于转塔与指挥控制设备的通信协议进行提取。dataImplementation（）函数只需从待提取的数据中，将转塔的方位、俯仰和速度等信息对应的字节位的数据提取出来即可。串口数据提取的具体操作流程如图 6-19 所示。

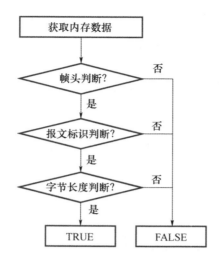

图 6-18　串口数据有效性验证流程

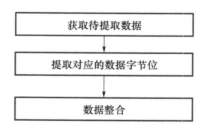

图 6-19　串口数据提取的具体操作流程图

6.4.3.4　网络通信处理模块设计

1. 网络通信总体结构

本系统网络的结构以以太网为基础,采用 TCP/IP 协议进行设备之间的数据传递。网络通信设备主要有指挥控制设备、情报处理设备、综合干扰对抗控制器、激光/毫米波告警设备、空情接收机、定位定向设备和目标探测跟踪设备等,通过网络交换机和光电转换汇流环进行连接。系统网络结构图如图 6-20 所示。

2. 网络处理模块总体设计

根据系统网络通信的要求,网络通信采用面向连接的客户端/服务器的模式。利用 VxWorks 系统多任务机制实现与网络多客户端进行实时通信,同时监视客户端运行状态,保证系统的正常运行。网络通信模块包括下面的任务:初始化任务(tNetInit)、连接监控任务(tLinkMonitor)、连接接受任务

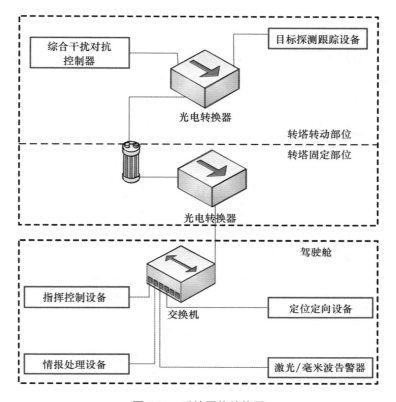

图 6-20 系统网络结构图

（tLinkAccept）、数据接收任务（tNetRecvX）、数据发送任务（tNetSend）和数据处理任务（tNetExplain）。

（1）初始化任务：声明一个全局变量，检查代码是否重入，初始化变量，建立网络侦听，创建连接监控任务、连接接受任务、数据发送任务、数据处理任务。

（2）连接监控任务：声明一个初始值为空的二进制信号量，当客户端退出或接收数据出错时，释放该信号量，执行网络恢复。

（3）连接接受任务：接受客户端的连接请求，创建数据接收任务，同时保存客户端信息和任务 ID 号等，方便对客户端的管理。

（4）数据接收任务：接收从客户端发送的数据，当接收出错或客户端退出时，删除该任务。

（5）数据发送任务：给指定客户端或者已经连接的所有客户端发送应答或者命令数据。

（6）数据处理任务：对接收的客户端数据进行处理，获得客户端的信息。

由于需要给指定的客户端发送应答信息，所以在接受客户端请求的连接接受任务中，需要将客户端的 IP、通信 socket 以及任务的 ID 号保存到结构体数组中。在数据发送任务中，通过指定的 IP 和通信 socket 给指定的客户发送应答信息或者给全体客户发送信息。多客户端通信架构如图 6-21 所示。

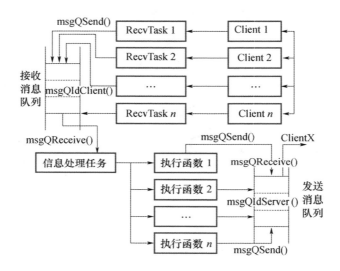

图 6-21　多客户端通信架构

3. 网络处理模块进程设计

基于 VxWorks 系统利用 socket 通信接口进行网络模块设计开发。在通常的点对点的网络通信基础上，对多客户端的情况进行了分析实现。同时，基于 TCP/IP 协议的网络通信，由于对数据的底层打包处理会造成完整数据帧"丢失"，针对此问题进行了探讨和研究实现。

1）socket 网络通信

网络处理模块采用 socket 套接字进行网络通信的开发。socket 规范是广泛应用的、开放的同时支持多种协议的网络编程接口。VxWorks 标准的 BSD socket 接口支持 TCP 协议。TCP 协议是一种数据流套接字（stream socket），提供双向、有序、无重复并且无记录边界的服务。系统采用的面向连接的客户端/服务器模式能够保证数据传送的可靠性和顺序性。socket 网络通信 C/S 面向连接的网络通信模型如图 6-22 所示。

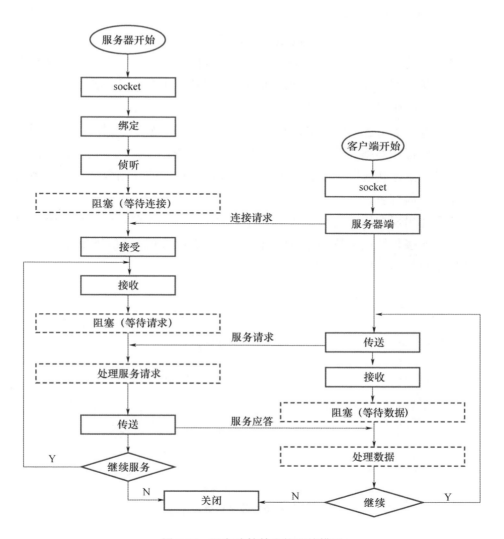

图 6-22　面向连接的网络通信模型

面向连接的网络通信模型中，首先由服务器创建一个侦听用的流式套接字（stream socket），返回套接字描述符 m_socket，然后将 m_socket 与服务器的本地地址绑定，接着进入侦听模式。客户端开始时，创建一个通信套接字并加以绑定，然后连接服务器端。在服务器端，用于侦听的套接字接受连接请求的套接字，然后建立新的通信套接字 m_Newsocket 并利用新建的套接字 m_Newsocket 与客户端进行通信。服务器端和客户端从各自的通信套接字传送和接收数据，通信结束后关闭相关的套接字。

2）多客户端通信建立

在程序的入口函数中创建网络初始化任务，完成对网络的初始化配置以及任务的创建。由 socket（）返回用于侦听的套接字，然后调用 bind（）进行绑定，接着调用 listen（）对该套接字进行侦听，准备接受连接。

3）TCP/IP 协议数据处理

在接收各子系统网络报文数据时，由于 TCP/IP 协议对数据的封装操作，导致报文数据在网络传输过程重新组合、打包发送，存在以下情况：一帧数据被拆分，附在其他报文数据的帧头或者帧尾打包；前一帧数据同下一帧或几帧报文一起打包。

为避免出现采用网络传送数据过程中的"丢帧"现象，根据数据帧的报文结构，对接收的报文数据进行解析处理，重新组合成一帧完整的报文。系统接收数据处理流程如图 6-23 所示。

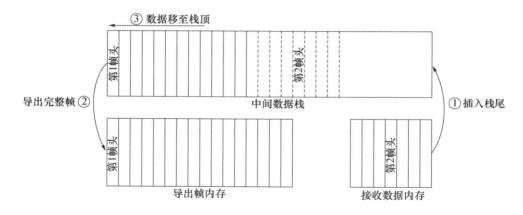

图 6-23　系统接收数据处理流程

6.4.3.5　可视化模块设计与实现

Wind River Media Library（WindML）是 VxWorks 系统中的一个可裁减的 WindML3.0 多媒体组件。它支持在嵌入式操作系统中运行多媒体应用程序。它为多种操作系统提供基本的图形、视频、音频技术，同时提供一个设计标准设备驱动程序的框架。WindML 还提供了一系列工具用来处理输入设备和过程事件。WindML 采用模块化设计，将应用程序开发与硬件结构高度分离。为了更好地进行信息显示，便于操作，良好的人机交互界面是必需的。人机接口设计力求直观、简洁、大方、方便操作使用。

6.5　目标多源信息处理与威胁评估技术

末端综合光电防御系统可能得不到上级预警信息支援，这就要求末端综合光电防御系统必须具备独立的目标信息获取能力，形成集目标预警探测、跟踪、威胁评估于一体的具备独立遂行任务能力的目标预警探测与情报处理系统。在末端综合光电防御系统遂行任务过程中，可能会面临多个不同类型目标的威胁，搜索雷达如何对多目标进行跟踪并实现目标建航以及航迹关联是目标预警探测必须解决的问题。在有上级预警支援的条件下，目标预警探测与情报处理系统还需解决预警目标信息与雷达目标信息融合的问题。

6.5.1　雷达多目标数据关联处理技术

多目标数据关联处理技术是实现多目标跟踪的核心[7]。目前用于解决多目标跟踪中数据关联的方法主要分为统计方法和非统计方法。

统计方法主要包括最近邻（NN）算法、联合概率数据关联（JPDA）算法及多假设跟踪（MHT）算法等。而非统计方法则是基于神经网络和模糊逻辑产生的方法。NN 算法是一种在多回波条件下工作具有固定记忆的跟踪方法。JPDA 算法引入的联合事件数是所有候选回波数的指数函数，并随回波密度的增加出现计算上的组合爆炸现象。MHT 算法中可行联合假设的个数，随目标个数和杂波量测个数的增加呈指数增长，因而不适用于实时多目标跟踪。非统计方法更关注对目标状态估计过程中存在的不确定性问题进行处理，模糊逻辑凭借其对不确定性问题的强大处理能力，广泛应用于目标跟踪问题中。在解决多目标数据关联问题上，模糊 C-均值聚类（FCM）算法较为常用。在应用 FCM 算法的基础上，利用云模型描述聚类，即通过建立类云模型的方式来实现样本数据的聚类分析，采用基于类云模型聚类（CCM）的多目标数据关联处理方法，用于解决末端光电防御情报处理与控制系统中的多目标快速稳定跟踪的难题。

6.5.1.1　多目标处理的类云模型 C-均值聚类

云是自然语言表示的某个定性概念与其定量表示之间的不确定性转换模型。设 U 为一个用精确数值表示的论域，$\tilde{A}$ 是其上的定性概念，它与对于任意都有一个倾向稳定的随机数 $y = \mu_{\widetilde{A}}(x)$ 相对应，成为 x 对概念 $\widetilde{A}$ 的确定度，x 在论域上的分布称为云模型，简称云。一个云可用期望 E_x、熵 E_n 和超熵 H_e 表征。期望是在论域 U 中最能代表概念 $\widetilde{A}$ 的点，或者说是这个概念量化的最典型样本点。熵反映定性概念 $\widetilde{A}$ 的不确定性，这种不确定性反映在 3 个方面：① 熵反映了数域空间中可被语言值 $\widetilde{A}$ 接受的云滴群范围，即模糊度，是定性概念亦此亦彼的反映；② 熵还反映了数域空间中的云滴群能够代表这个语言值的概率，表示代表定性概念的云滴出现的随机性；③ 熵揭示了模糊与随机的关联性。超熵则反映了熵的不确定性，即熵的熵。

根据云的 3 个数字特征，可生成云滴的分布，即实现定性概念到定量数值间的转换，此过程通过正向云发生器实现。正向云发生器建立了定性到定量的转换关系，若要实现定量到定性的转换，则需建立逆向云发生器。逆向云发生器是实现定量数值和其定性语言值之间的不确定性转换模型，它将一定数量的精确数据有效转换为以恰当的定性语言值 $\{E_x, E_y, E_e\}$ 表示的概念，从而实现定性评价。

C-均值聚类问题可描述为：设有 c 个 p 维样本 $\{x_1, x_2, \cdots, x_n\}$ 要分为 c 类，每一类用一个聚类中心 $v_i(i = 1, 2, \cdots, c)$ 表示，则样本对于每一类隶属程度可用一个分类矩阵 $U = [u_{ik}]_{cn}$ 表示（其中 $0 \leqslant u_{ik} \leqslant 1, u_{ik}$ 为第 k 个样本对于第 i 类的隶属程度）。聚类目的是找到最佳 U 和 $V = [v_i]$，使聚类目标函数 $J(U, V)$ 最小。对于 FCM 聚类，每一类可用一个模糊集合来表示，其隶属度为

$$\mu_i(x_k) = u_{ik} = \frac{\| x_k - v_i \|^{\frac{2}{m-1}}}{\sum_{j=1}^{c} \| x_k - v_i \|^{\frac{2}{m-1}}} \tag{6-1}$$

式中：$\| \cdot \|$ 为某种合适的范数；m 为模糊加权指数。

基于类云模型的 C-均值聚类，每一类用一个云模型来表示，云的期望作为聚类中心，分类矩阵则采用样本对云模型的确定度的均值来计算。设第 i 类的 p 维云模型为 $(E_{x_i}, E_{n_i}, E_{e_i})$，其中 E_{x_i}、E_{n_i}、E_{e_i} 分别是一个 p 维矢量，则聚类中心 $v_i = E_{e_i}$，而分类矩阵的元素为

$$u_{il} = \mathop{\Lambda}_{i=1}^{p} \exp\left[-\frac{(x_{il} - E_{x_{il}})^2}{E_{n_{il}}^2}\right] \tag{6-2}$$

式中：x_{il}、$E_{x_{il}}$、$E_{n_{il}}$ 分别为 x_i、E_{x_i}、E_{n_i} 的第 l 维元素。

对于 CCM，聚类目标函数与 FCM 相同，为

$$J(U,V) = \sum_{i=1}^{c} \sum_{k=1}^{n} u_{ik}^{m} \parallel x_k - v_i \parallel^2 \tag{6-3}$$

FCM 是在约束条件 $\sum_{i=1}^{c} u_{ik} = 1$（即归一化条件）下，利用拉格朗日乘数法解得迭代公式，再进行迭代求解的。而 CCM 却没有该约束，而是通过逆向云变换和正向云变换的迭代来进行求解的。

考虑到用于聚类的样本集为雷达目标回波数据，其既有随机不确定性（每类样本服从于某种未知的概率分布）又具有模糊不确定性（每类样本是一个小样本集），而云模型可同时刻画模糊性和随机性，因而引入基于类云模型 C-均值聚类进行数据关联。该算法将每个聚类用云模型来描述，利用云模型作为约束条件，从而避免了聚类算法对归一化条件的依赖，因此不会错误划分野值样本。

6.5.1.2 多目标类云模型聚类的数据关联

在杂波条件下，由于随机因素的影响，雷达在一个扫描周期内获取某一给定目标的有效回波往往不止一个，而所有有效回波都可能源于目标，只是每个有效回波源于目标的概率不同。由此，我们将对所有有效回波用类云模型聚类算法进行聚类，然后采用最近邻算法对目标与聚类中心进行数据关联，将聚类中心作为给定目标的最终量测，运用卡尔曼滤波进行状态估计。假设有 m_k 个回波，t 个目标，具体步骤如下：

步骤 1：在航迹更新周期开始时，利用式（6-4）～式（6-8）获取目标 $j(j=1,2,\cdots,t)$ 的预测状态矢量 $\boldsymbol{X}_j^A(k+1 \mid k)$、预测量测矢量 $\boldsymbol{Z}_j^A(k+1 \mid k)$、新息协方差矩阵 $\boldsymbol{S}_j(k+1)$、预测协方差 $P_j(k+1 \mid k)$ 以及增益 K_j 等信息。

$$\boldsymbol{X}_j^A(k+1 \mid k) = \boldsymbol{F}_j X_j^A(k \mid k) \tag{6-4}$$

$$\boldsymbol{Z}_j^A(k+1 \mid k) = \boldsymbol{H}_j X_j^A(k+1 \mid k) \tag{6-5}$$

$$P_j(k+1 \mid k) = \boldsymbol{F}_j P_j(k \mid k) \boldsymbol{F}_j + \boldsymbol{Q}_j'(k) \tag{6-6}$$

$$\boldsymbol{S}_j(k+1) = \boldsymbol{H}_j P_j(k+1 \mid k) \boldsymbol{H}_j' + \boldsymbol{R}_j(k+1) \tag{6-7}$$

$$K_j = P_j(k+1) H_j' S_j^{-1}(k+1) \tag{6-8}$$

式中：$\boldsymbol{F}_j$ 为状态转移矩阵；$\boldsymbol{H}_j$ 为量测矩阵；$\boldsymbol{Q}_j(k)$ 为过程噪声协方差矩阵；$\boldsymbol{R}_j(k)$ 为量测噪声协方差矩阵。

步骤 2：在数据进行关联计算之前，对所有量测是否落入跟踪波门内进行确认。若满足 $v_{ij}'(k+1) S_j^{-1}(k+1) v_{ij}(k+1) < \gamma$ 则是有效回波，这里

$$v_{ij}(k+1) = Z_i(k+1) - Z_i^{\wedge}(k+1 \mid k) \tag{6-9}$$

式中：$Z_i(k+1)$ $(i=1,2,\cdots,m_k)$ 为雷达获得的量测；$v_{ij}(k+1)$ 为量测 i 对目标 j 的量测信息；γ 为跟踪波门的门限值。

步骤 3：采用 CCM 算法对落入跟踪波门的有效回波进行聚类，获取聚类的中心为 $V_j(k+1)$。$V_j(k+1)$ 计算过程为

（1）令 $b=0$，对 $U(0)$ 进行初始化

$$U(0) = \mid u_{ji}^{0} \mid_{t \times m_k} \tag{6-10}$$

式中：$u_{ji}^{(0)} = \exp[-v'_{ij}(k+1)S_j^{-1}(k+1)v_{ij}(k+1)]$。

（2）根据最大隶属度原则，用 $U^{(b)}$ 将目标有效回波 $\{Z_1(k+1)$, $Z_2(k+1)$, $\cdots$, $Z_{mq}(k+1)\}$ 分为 t 类。对于每一类的测量回波，利用无需确定度的一维逆向云发生器计算其各维的云模型（$E_{x_{jl}}^{(b)}$, $E_{n_{jl}}^{(b)}$, $H_{e_{jl}}^{(b)}$）。其中：$j=1$, 2, $\cdots$, t；$l=1$, 2, $\cdots$, p。

（3）根据每个聚类的云模型，计算新分类矩阵

$$\begin{cases} \boldsymbol{U}^{(b+1)} = \mid u_{ji}^{(b+1)} \mid \\ \boldsymbol{u}_{ji}^{(b+1)} = \bigwedge_{l=1}^{p} \left\{ \exp\left[-\dfrac{[Z_{il}(k+1) - E_{x_{jl}}^{(b)}]^2}{2(E_{n_{ji}}^{(b)'})^2} \right] \right\} \end{cases} \tag{6-11}$$

式中：$Z_{il}(k+1)$ $(l=1$, 2, $\cdots$, $p)$ 为第 i 个量测的第 l 维；$E_{x_{jl}}^{(b)}$ 为第 j 类云模型的均值的第 l 维；$E_{n_{ji}}^{(b)'}$ 为由第 j 类云模型的熵和超熵的第 l 维 $E_{n_{ji}}^{(b)}$ 和 $H_{e_{jl}}^{(b)}$ 生成的随机数。

（4）计算聚类目标函数

$$J(U^{(b+1)},\boldsymbol{V}^{(b+1)}) = \sum_{j=1}^{t} \sum_{i=1}^{m_k} (u_{ji}^{(b+1)})^m \parallel [Z_i(k+1) - \boldsymbol{E}_{x_j}^{(b)}]^2 \parallel \tag{6-12}$$

式中：$\boldsymbol{V}^{(b+1)} = \mid \boldsymbol{E}_{x_j}^{(b)} \mid$ 是由每类的云模型均值矢量构成的矩阵。

（5）若 $\mid J(U^{(b+1)},V^{(b+1)}) - J(U^{(b)},V^{(b)}) \mid < \varepsilon$，则聚类结束，并令 $v_j(k+1) = E_{x_j}^{(b)}$；否则，令 $b=b+1$，并返回第（2）步。其中，ε 是预定门限。

步骤 4：采用最近邻算法寻找与各目标航迹配对的聚类中心，并将该聚类中心作为相应目标在 $k+1$ 时刻最终的量测。

步骤 5：利用式（6-13）～式（6-15）对各目标的状态和协方差进行滤波更新。

$$N_j(k+1) = V_j(k+1) - z_j^{\wedge}(k+1 \mid k) \tag{6-13}$$

$$X_j^{\wedge}(k+1 \mid k+1) = X_i^{\wedge}(k+1 \mid k) + K_j N_j \tag{6-14}$$

$$P_j(k+1 \mid k+1) = P_j(k+1 \mid k) + K_j H_j P_j(k+1 \mid k) \tag{6-15}$$

6.5.1.3 多目标类云模型聚类的数据关联处理仿真

以两个目标交叉运动为例，对该算法性能进行了仿真分析，并对比算法的位置均方根误差（RMS）。设目标的运动模型为

$$x(k+1) = \begin{bmatrix} 1 & T & 0 & 0 \\ 0 & 1 & 0 & 0 \\ 0 & 0 & 1 & T \\ 0 & 0 & 0 & 1 \end{bmatrix} x(k) + \begin{bmatrix} T^2/2 & 0 & T & 0 \\ 0 & T^2/2 & 0 & 0 \end{bmatrix} n(k) \quad (6\text{-}16)$$

$$z(k+1) = \begin{bmatrix} 1 & 0 & 0 & 0 \\ 0 & 0 & 1 & 0 \end{bmatrix} x(k) + w(k) \quad (6\text{-}17)$$

采样间隔 $T=1\mathrm{s}$，状态矢量 $x(k+1)$ 是包含 x 和 y 方向的位置和速度的四维矢量，目标 1 和目标 2 的初始状态分别为 $[1.0 \quad 0.35 \quad 5.3 \quad -0.1]^{\mathrm{T}}$ 和 $[1.0 \quad 0.35 \quad 2.3 \quad 0.15]^{\mathrm{T}}$。接收观测由目标真实位置叠加上零均值、协方差为 R 的高斯噪声产生。协方差 R 为 2×2 矩阵，过程噪声协方差 Q 为 4×4 矩阵，且 $R_{ii}=0.025\ \mathrm{km}^2$ 和 $Q_{ii}=4\times10^{-4}$。检测概率 $P_{\mathrm{d}}=1$，门概率 $p_{\mathrm{g}}=0.99$。

图 6-24 给出了两条原始航迹及 CCM 算法和 JPDA 算法的估计航迹，图 6-25 给出了两种方法跟踪的位置均方根误差。

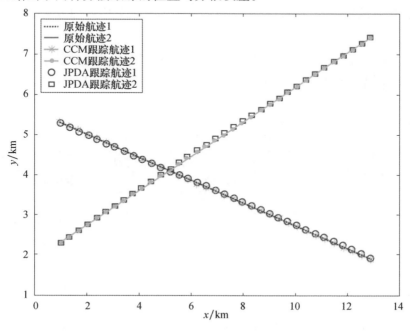

图 6-24　两条交叉航迹

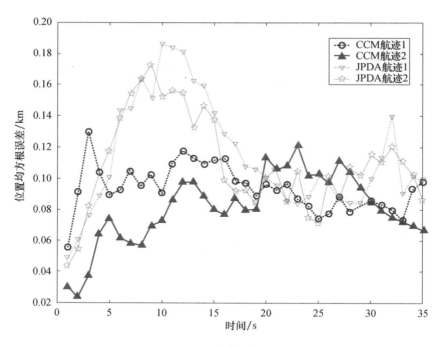

图 6-25　两种方法跟踪的位置均方根误差

由仿真结果可知，多目标类云模型聚类的数据关联处理方法的跟踪误差性能优于 JPDA 方法。

对 CCM 算法和 JPDA 算法的运行时间进行了 5 次仿真试验，每次实验进行 10 次蒙特卡罗仿真，CPU（主频 2.7GHz）运行时间对比情况如表 6-2 所列。

表 6-2　CPU 运行时间对比

试验序号	CPU 耗时/s	
	CCM 算法	JPDA 算法
1	14.828 0	27.0386
2	15.250 0	46.1468
3	15.203 0	67.7490
4	14.765 0	63.1203
5	15.031 0	33.6117

试验结果表明，CCM 算法 CPU 运行时间稳定，且对目标的实时跟踪性能明显优于 JPDA 算法。

由于 CCM 算法引入云模型描述每个聚类，避开了对归一化条件的依赖，解决了归一化条件造成的问题，且云模型比模糊集模型更能准确地反映聚类样本集既有随机不确定性又有模糊不确定性的特点，因而 CCM 算法聚类中心的位置也更准确。另外，每个聚类中心对于其他各类的隶属度非常小，从而算法的收敛速度更快。本系统中多目标数据关联处理将所有有效回波用 CCM 进行聚类，将聚类中心作为目标量测，用最近邻法将目标与量测进行配对，再用最优卡尔曼滤波器进行滤波。由于 CCM 算法具有准确聚类、快速收敛的特点，所以无论在跟踪准确度，还是实时性上都具有一定的优势。

6.5.2　多源信息融合处理技术

在末端综合光电防御系统中，空情接收机能提供目标类型、目标地理坐标、目标高度等信息，搜索雷达能提供目标的距离、角度以及速度等信息，激光/毫米波告警器能提供目标类型、目标方位、俯仰角信息。空情接收机提供的目标位置信息是经度与纬度，而搜索雷达提供的目标位置信息是方位、俯仰角。因此，要将两者转换在同一坐标下。激光/毫米波告警器主要提供的是目标类型信息，其方位俯仰角度信息的精度相比雷达目标角度信息的精度是较低的。因此，判别威胁目标类型时，需要将激光/毫米波器提供的目标告警位置信息与雷达目标位置信息进行融合处理才能提供出准确可靠的目标信息。同时，将空情预警信息、雷达和激光/毫米波告警等信息进行融合处理可以简化综合信息显示，避免了由于目标过多造成的负担。

6.5.2.1　目标实时时间配准

预警目标与雷达目标数据点迹关联处理之前，需要进行时间配准[8]。对综合情报处理系统融合输出空中目标的位置时，如果用估计值进行插值配准，融合输出的目标位置数据势必比当前目标位置滞后一段时间，不能实时确定目标的当前位置。为了提高融合输出的目标位置数据精度，本系统采用自适应 α-β 算法与拉格朗日插值法结合的实时时间配准方法。

由雷达探测数据向空情数据配准，其过程如下：

（1）在雷达的数据处理中，计算当前观测值和上一时刻对当前时刻的预测值的残差，并结合前 $N-1$ 个残差计算出方差和自适应系数，分别计算出目标的滤波值和预测值，并且把预测值打上预测时间点的时间戳一并送往融合处理单元。

（2）融合处理单元从带时间戳的空情数据中提取同一目标需要配准的时间点 t，从雷达估计值数据中提取最近两点的时间 t_{k-1}、t_k 和预测点的时间 t_{k+1}。

（3）把最近两点估计值 $\hat{x}(k-1)$、$\hat{x}(k)$ 和相应的下一时刻的预测值 $\hat{x}(k+1/k)$，以及时间 t、t_{k-1}、t_k、t_{k+1} 进行插值配准。判定配准时间点 t 所在区间，如果 $t<t_{k+1}$，就采用三点估计值进行插值配准；如果 $t_{k+1}<t$，就采用最近二点估计值和相应的下一时刻的预测值，进行插值配准。

预警目标信息和雷达数据配准仿真结果如图 6-26 所示。

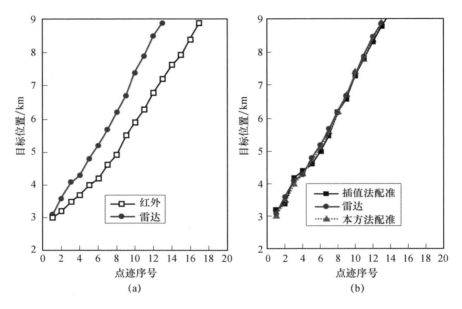

图 6-26　预警目标信息和雷达数据配准仿真结果

(a) 观测航迹；(b) 配准后航迹。

图 6-26(a) 中，两条曲线为配准前雷达和空情接收机得到目标数据所构成的曲线，表明数据时间不同步。图 6-26(b) 中黑线为采用通常的插值法，将雷达探测数据向空情数据配准后的数据所构成的曲线；虚线线为利用本系统采用的配准方法将雷达探测数据向预警目标数据配准后的数据所构成的曲线，两条线上的数据点与真实航迹曲线上的点基本重合，仿真表明配准有效，而且配准精度无明显降低。

6.5.2.2　目标点迹关联与合并

多个雷达目标和多个预警目标的关联，本质上是一种聚类问题，即找出属于同一目标的雷达和空情预警信息。目标点迹关联的方法，通常可分为两类：一类是基于统计的方式；另一类是基于模糊数学的方法。在基于统计的点迹关联算法中，包括加权法、独立序贯法、经典分配法、相关双门限法等。这里采用的是基于统计的加权法，即为精度加权法。采用这种方法的原因是其比较适用于搜索雷达的扫描体制。

设 R_{rk}、θ_{rk} 为雷达在 k 时刻所测得目标的距离与角度。R_{ak}、θ_{ak} 为 k 时刻空情接收机提供的目标位置信息所计算出的目标的距离与角度。则

$$R_{ak} = (x_{ak}^2 + y_{ak}^2)^{1/2} \tag{6-18}$$

$$\theta_{ak} = \arctan\left(\frac{x_{ak}}{y_{ak}}\right) \tag{6-19}$$

若满足：

$$\begin{cases} |R_{rk} - R_{ak}| \leqslant R_T \\ |\theta_{rk} - \theta_{ak}| \leqslant \theta_T \end{cases} \tag{6-20}$$

则两点迹关联，其中 R_T、θ_T 为关联波门。

对于关联的点迹（R_{rk}，θ_{rk}）和（R_{ak}，θ_{ak}），通过下式进行点迹合并。

$$\begin{cases} \hat{R}_k = \frac{1}{\sigma_{rr}^2 + \sigma_{ar}^2}(\sigma_{ar}^2 R_{rk} + \sigma_{rr}^2 R_{ak}) \\ \mathrm{var}[\hat{R}_k] = \left(\frac{1}{\sigma_{rr}^2} + \frac{1}{\sigma_{ar}^2}\right)^{-1} \end{cases} \tag{6-21}$$

$$\begin{cases} \hat{\theta}_k = \frac{1}{\sigma_{r\theta}^2 + \sigma_{a\theta}^2}(\sigma_{a\theta}^2 R_{rk} + \sigma_{r\theta}^2 R_{ak}) \\ \mathrm{var}[\hat{\theta}_k] = \left(\frac{1}{\sigma_{r\theta}^2} + \frac{1}{\sigma_{a\theta}^2}\right)^{-1} \end{cases} \tag{6-22}$$

从式（6-20）和式（6-22）可以看出，目标点迹合并是基于统计的加权估计，其结果是按雷达测量的位置信息与空情接收机提供的位置信息按精度加权合并，合并后的点迹精度得到提高。另外，如果由于雷达探测目标的丢失，或由于空情接收机提供的目标位置信息丢失，通过点迹合并，其可靠性也得到提高。

预警目标的经纬度信息结合系统定位定向的信息转换到系统坐标系下，雷达目标的距离、角度信息根据其在系统上的安装位置关系转换到系统坐标系下。因此，通过坐标转换实现同一目标的空间配准。如果出现激光/毫米波告警信息，则将其与空情接收机、雷达融合后的目标信息进行二次融合处理，从而判断出威胁目标的类型。因此，空情接收机、搜索雷达、激光/毫米波告

警器提供的信息经过融合处理后，为末端综合光电防御系统提供了更为精确可靠的威胁目标预警信息。

6.5.3 目标威胁评估判断技术

根据上级的决心、预案和掩护对象的性质，综合空袭目标多种特征信息，预测空袭目标对我方威胁程度的排序过程，是预案选择、方案优化的主要依据[9]。信息处理与控制关键技术之一就是对多个来袭目标进行威胁评估判断并进行空袭目标打击排序。综合考虑目标高度、速度、航路捷径、飞抵时间等要素建立离散型矩阵判断威胁评估模型，再基于灰色关联度分析，得到空中目标威胁程度的评估与排序，从而为干扰作战提供最优打击目标。

6.5.3.1 威胁评估模型的建立

对末端综合光电防御系统而言，主要用以下 4 个因子来描述来袭目标的威胁程度：目标高度、目标速度、目标的航路捷径、目标到达综合光电干扰激光发射边界的时间。以上每一项因子都作为空中目标属性，从不同侧面反映了空中目标的威胁度[10]。4 个因子构成评估的指标体系，可以较全面地描述空中目标的威胁程度。

灰色关联度分析是一种多因素统计分析方法[11]。它是以各因素的样本数据为依据用灰色关联度来描述因素间相关性的强弱。其基本思想是如果样本序列反映出两因素变化的态势基本一致，则它们之间的关联度就大，反之，关联度就小。灰色关联度分析法的目的就是寻求一种能衡量各因素间关联程度的量化方法，以便找出影响系统发展态势的重要因素。系统发展态势的定量描述和比较方法是依据空间理论的数学基础，确定参考序列和若干个比较序列之间的关联系数和关联度。通过关联度计算揭示各样本序列的贴近程度并做出排序，是一种相对性的排序分析。与传统的多因素分析方法相比，灰色关联度分析对数据要求较低且计算量小。

令 X 为序列集，x_i 为目标序列

$$X = \{x_i \,|\, i \in I = \{1,2,\cdots,n\}, x_i = (\tilde{\mu}_i(v), \tilde{\mu}_i(t), \tilde{\mu}_i(p), \tilde{\mu}_i(h))\}$$

$$(6\text{-}23)$$

（1）建立离散型矩阵判断威胁评估模型。设因变量数据构成参考序列 X_0，各自变量数据构成比较序列 $X_i (i = 1,2,3,\cdots,n)$，$n+1$ 个数据序列构成如下矩阵：

$$(X_0, X_1, \cdots, X_n) = \begin{bmatrix} x_0(1) & x_1(1) & \cdots & x_n(1) \\ x_0(2) & x_1(2) & \cdots & x_n(2) \\ \cdots & \cdots & \cdots & \cdots \\ x_0(N) & x_1(N) & \cdots & x_n(N) \end{bmatrix}_{N \times (n+1)} \tag{6-24}$$

按 $\Delta_{0i}(k) = |x_0(k) - x_i(k)|$ $(i = 1, 2, \cdots, n, k = 1, 2, \cdots, N)$ 计算，形成如下绝对差值矩阵：

$$\begin{bmatrix} \Delta_{01}(1) & \Delta_{02}(1) & \cdots & \Delta_{0n}(1) \\ \Delta_{01}(2) & \Delta_{02}(2) & \cdots & \Delta_{0n}(2) \\ \cdots & \cdots & \cdots & \cdots \\ \Delta_{01}(N) & \Delta_{02}(N) & \cdots & \Delta_{0n}(N) \end{bmatrix}_{N \times n} \tag{6-25}$$

分别记：最大差 $\Delta(\max) = \max\limits_{\substack{1 \leqslant i \leqslant n \\ 1 \leqslant k \leqslant N}} \left\{ \Delta_{0i}(k) \right\}$；最小差 $\Delta(\min) = \min\limits_{\substack{1 \leqslant i \leqslant n \\ 1 \leqslant k \leqslant N}} \left\{ \Delta_{0i}(k) \right\}$

（2）计算关联系数。按下式计算关联系数：

$$\zeta_{01}(k) = \frac{\Delta(\min) + \rho \Delta(\max)}{\Delta_{0i}(k) + \rho \Delta(\max)} \tag{6-26}$$

式中：ρ 为分辨系数，在（0，1）内取值。一般情况下，ρ 越小越能提高关联系数间的差异，关联系数反映了第 i 个比较序列 X_i 与参考序列 X_0 在第 k 期的关联程度。一般取为 $\rho = 0.5$。

（3）计算综合关联度。比较序列 X_i 与参考序列 X_0 的关联程度是通过 N 个关联系数来反映的，其关联度的算法为

$$r_{0i} = \frac{1}{N} \sum_{k=1}^{N} \zeta_{01}(k)$$

理想最优参考序列为

$$\max_{\substack{v, t, p, h \\ 1 \leqslant i \leqslant n}} \left[\tilde{\mu}_i(v), \tilde{\mu}_i(t), \tilde{\mu}_i(p), \tilde{\mu}_i(h) \right]$$

理想最劣参考序列为

$$\min_{\substack{v, t, p, h \\ 1 \leqslant i \leqslant n}} \left[\tilde{\mu}_i(v), \tilde{\mu}_i(t), \tilde{\mu}_i(p), \tilde{\mu}_i(h) \right]$$

综合关联度为

$$R_{0i} = \frac{1}{\left(1 + \dfrac{r_{0\min i}}{r_{0\max i}} \right)^2}$$

其中：r_{0maxi} 为目标 i 与理想最优参考序列的关联度；r_{0mini} 为目标 i 与理想最劣参考序列的关联度。

6.5.3.2 威胁评估仿真结果及分析

在某一时刻采集到 10 批空中目标，经过信息检测、相关、融合等多种处理后得到空中目标特征值如表 6-3 所列。

表 6-3 空中目标特征值

目标	飞行速度 v_i/（m/s）	飞抵时间 t_i/s	航路捷径 p_i/m	飞行高度 h_i/m
X1	320	250	−5	3000
X2	720	510	0	11000
X3	1600	180	8	600
X4	280	−300	−12	5000
X5	420	1600	20	12000
X6	500	−250	10	7000
X7	180	480	−18	5600
X8	300	800	15	9000
X9	600	420	−21	300
X10	700	300	0	18000

（1）由威胁模糊隶属函数，经计算得到表 6-4 空中目标的隶属度。

表 6-4 空中目标的隶属度

目标	飞行速度 $\tilde{\mu}_i(v)$	飞抵时间 $\tilde{\mu}_i(t)$	航路捷径 $\tilde{\mu}_i(p)$	飞行高度 $\tilde{\mu}_i(h)$
X1	0.798	0.883	0.883	0.961
X2	0.973	0.594	1	0.368
X3	1	0.937	0.726	1
X4	0.753	0.270	0.487	0.852
X5	0.876	0.006	0.135	0.298
X6	0.918	0.390	0.607	0.698
X7	0.593	0.631	0.198	0.809
X8	0.777	0.278	0.325	0.527
X9	0.950	0.703	0.110	1
X10	0.970	0.835	1	0.056

（2）理想最优参考序列为（1,0.937,1,1），理想最劣参考序列为（0.593, 0.006,0,0.056）。

（3）得出绝对差矩阵，以理想最优参考序列的绝对差矩阵为

$$\begin{bmatrix} 0.202 & 0.027 & 0 & 0.247 & 0.124 & 0.082 & 0.407 & 0.223 & 0.05 & 0.03 \\ 0.054 & 0.343 & 0 & 0.667 & 0.931 & 0.547 & 0.306 & 0.659 & 0.234 & 0.102 \\ 0.117 & 0 & 0.274 & 0.513 & 0.865 & 0.393 & 0.802 & 0.675 & 0.89 & 0 \\ 0.039 & 0.632 & 0 & 0.148 & 0.702 & 0.302 & 0.191 & 0.473 & 0 & 0.944 \end{bmatrix}$$

$\Delta(\max) = 0.944$，$\Delta(\min) = 0$，以理想最劣参考序列的绝对差矩阵为

$$\begin{bmatrix} 0.2025 & 0.38 & 0.407 & 0.16 & 0.283 & 0.325 & 0 & 0.184 & 0.357 & 0.37 \\ 0.877 & 0.588 & 0.931 & 0.264 & 0 & 0.384 & 0.625 & 0.272 & 0.697 & 0.829 \\ 0.773 & 0.89 & 0.616 & 0.337 & 0.025 & 0.497 & 0.088 & 0.215 & 0 & 0.89 \\ 0.905 & 0.312 & 0.944 & 0.796 & 0.242 & 0.642 & 0.753 & 0.471 & 0.944 & 0 \end{bmatrix}$$

$\Delta(\max) = 0.944$，$\Delta(\min) = 0$

（4）得出灰色关联系数，以理想最优参考序列的灰色关联系数为

$$\begin{bmatrix} 0.700 & 0.946 & 1 & 0.657 & 0.792 & 0.852 & 0.537 & 0.679 & 0.904 & 0.940 \\ 0.897 & 0.579 & 1 & 0.414 & 0.336 & 0.463 & 0.607 & 0.417 & 0.669 & 0.822 \\ 0.801 & 1 & 0.633 & 0.479 & 0.353 & 0.546 & 0.371 & 0.412 & 0.347 & 1 \\ 0.924 & 0.428 & 1 & 0.761 & 0.402 & 0.610 & 0.712 & 0.499 & 1 & 0.333 \end{bmatrix}$$

以理想最劣参考序列的灰色关联系数为

$$\begin{bmatrix} 0.697 & 0.554 & 0.537 & 0.747 & 0.625 & 0.592 & 1 & 0.720 & 0.569 & 0.556 \\ 0.350 & 0.445 & 0.336 & 0.641 & 1 & 0.551 & 0.430 & 0.634 & 0.404 & 0.363 \\ 0.379 & 0.347 & 0.434 & 0.556 & 0.950 & 0.487 & 0.843 & 0.687 & 1 & 0.347 \\ 0.343 & 0.602 & 0.333 & 0.372 & 0.661 & 0.424 & 0.385 & 0.501 & 0.333 & 1 \end{bmatrix}$$

（5）计算综合关联度：

最优关联度 $r_{0\max i}$ 为（0.831　0.738　0.908　0.578　0.471　0.618　0.557　0.502　0.730　0.774）；

最劣关联度 $r_{0\min i}$ 为（0.442　0.487　0.410　0.579　0.809　0.514　0.665　0.635　0.577　0.566）；

综合关联度 R_{0i} 为（0.426　0.363　0.475　0.249　0.135　0.298　0.208　0.195　0.312　0.334）。

（6）威胁排序。由综合关联度结果，可得出 10 批空中目标的威胁排序为 X3＞X1＞X2＞X10＞X9＞X6＞ X4＞X7＞X8＞X5。若仅采用最优关联度或最劣关联度得出威胁排序结果并不完全一致，从而给指挥员决策带来困难。由于在离散型矩阵威胁评估判断中应用了隶属向量中非最大分量所提供的信

息，综合关联度兼顾了最优关联度与最劣关联度，提高了打击目标排序结果的可信度。

当选定打击目标后，指挥控制设备实时接收的激光/毫米波告警信息并进行来袭目标类型判断，根据来袭目标类型自动生成干扰模式。如果有毫米波告警信号，则转入无源烟雾干扰模式；如果是飞机类目标，则转入可见光观瞄/电视制导干扰模式；如果是导弹类目标，在有激光威胁告警信号的情况下转入激光制导干扰模式。否则，转入全波段干扰模式。干扰模式如图 6-27 所示。

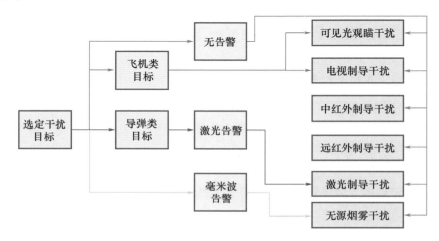

图 6-27 干扰模式

6.6 光电目标检测与跟踪技术

指挥控制设备接收到情报处理设备发送的目标指示命令与数据后，进行平滑处理、坐标转换等运算，将计算结果发送给转塔驱动红外搜索跟踪设备转向目标区域，由红外搜索跟踪设备搜索目标，发现目标后，对探测到的目标进行视频跟踪，求取跟踪误差，红外搜索跟踪设备将当前转塔的位置和跟踪误差量相结合，按照光电干扰跟瞄控制规律，解算出转塔跟瞄控制量并输出给转塔伺服执行机构，从而实现红外搜索跟踪设备对捕获目标的闭环跟踪；在目标搜索跟踪过程中，搜索雷达可获得目标现在点的距离信息，指挥控制设备对雷达目标探测数据和红外目标位置数据进行剔点处理、滤波、信息融合等处理求取目标运动参数，同时结合定位定向、载车姿态测量数据，进行必要的坐标转换、坐标修正、姿态修正、平滑滤波等处理，求取干扰对抗目标参数，控制转塔随动系统，使综合干扰对抗设备瞄准目标，完成对目标的干扰对抗任务。

6.6.1 捕获跟踪平滑切换控制技术

在对来袭目标实施干扰的过程中，通常需要经历搜索、捕获和跟踪等几个工作模式[12]。搜索模式是以指定速度和路径对指定区域进行扫描的过程；捕获模式是从跟踪开始到稳定跟踪间的过渡过程，此过程中，初始偏差较大，在指挥控制系统和转塔伺服控制的共同作用下偏差快速减小，从而进入跟踪模式；跟踪模式中，偏差保持在较小的范围以内，红外图像跟踪器光轴始终追随目标视线。捕获和跟踪模式对系统的性能起决定作用。捕获回路和跟踪回路的性能要求不同，捕获过程要求转塔伺服系统能够大角度快速调转，跟踪过程则要求高跟踪精度。单一的控制器不可能对捕获和跟踪都性能最优，因此，设计控制器时，单独设计捕获控制器和跟踪控制器以得到最佳的性能，采用多控制器切换的方法。直接切换控制器可能会产生大的瞬态误差，导致目标丢失。

对于多模式控制器切换问题，目前主要有初值补偿、复合非线性反馈等方法。初值补偿方法能够对切换时系统的初值进行计算并补偿，但计算较为复杂，也使得难以在系统中应用。复合非线性反馈控制器包含线性部分和非线性部分，线性部分用来缩短上升时间，非线性部分用于接近目标值时减小系统超调。复合非线性反馈控制律作用下，系统响应快，超调小甚至没有超调，大大提高系统的瞬态响应性能。由于非线性函数的引入，复合非线性反馈还是较为复杂，不利于系统实际应用。根据末端综合光电防御系统的实时性需求，要求搜索转跟踪过程中系统可渐进且连续地从捕获最优转换到跟踪最优，并且所有的中间响应均稳定。因此，在对捕获和跟踪过程频响特性分析的基础上，设计捕获跟踪控制算法，以实现捕获跟踪过程的平滑切换控制。

6.6.1.1 捕获和跟踪过程频响特性分析

为可靠地捕获目标和高精度地跟踪目标，通常采用模式切换控制。模式切换控制包含不同结构的多个控制器和切换函数，根据某特定条件从一个控制器切换到另一个控制器。模式切换控制中的每个控制器都可设计为最优以满足不同阶段的性能要求，如时间最优或跟踪精度最优等。在红外跟踪控制中，捕获阶段需要满足最短时间要求，同时需要避免系统的驱动进入饱和；跟踪阶段则要保证跟踪的位置精度。可在捕获阶段采用非线性控制，跟踪阶段采用线性控制方法。模式切换控制的设计需要解决控制器的切换方法问题。这一问题目前并未被完全解决。实际中通常在切换时刻，将控制器的各状态值清零，以保证系统的稳定，不过这样做的结果就是影响了系统的响应速度。

捕获模式时，在搜索雷达引导下，指控系统控制转塔伺服调转使目标进入红外图像跟踪器视场内并被识别，此时偏差较大，要求伺服系统迅速调转，减小偏差，并且超调量不能过大，以免目标脱离视场；跟踪模式则对伺服系统的稳态精度要求较高。由此可见，捕获到跟踪的过程，对伺服系统来说，是一个阶跃响应。目标跟踪要求伺服系统的阶跃响应稳态时间短，超调小甚至无超调。通常，快速响应将会带来大的超调量。也就是说，大部分控制器设计是这两个瞬态特性指标之间的权衡。

系统的带宽和鲁棒性能受 Bode 积分的约束；另外，在捕获模式下，还与控制对象结构模态和采样频率有关；跟踪模式下还与传感器噪声以及载体振动有关。图 6-28（a）为捕获到跟踪过程中系统偏差的变化，图 6-28（b）为两种模式下的频率响应特性。由图可知，捕获模式时，偏差量较大，需要系统响应快速，因此伺服带宽要宽，且此时偏差量大，不需要很大的反馈增益。而在跟踪模式时，需要减小系统带宽以减小传感器噪声的影响，同时，需要增大低频反馈增益以减小抖动，满足跟踪精度。

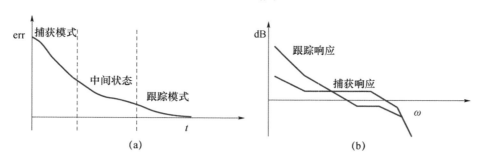

图 6-28　系统偏差及频率响应特性

（a）捕获到跟踪中的误差变化；（b）捕获和跟踪的期望开环对数幅频特性。

6.6.1.2　捕获跟踪的线性组合调节算法

为了实现捕获到跟踪过程的切换控制，并且满足两种模式下的频率响应特性要求，可以采用从一个控制器切换到另一个控制器的单参数调节控制方法。该方法是应用两个传递函数的线性组合，总的频响特性可表示为捕获回路传递函数和跟踪回路传递函数的加权和，如下式所示：

$$G(w) = (1-w)G_{acq} + wG_{tr} \qquad (6\text{-}27)$$

式中：G_{acq} 为捕获回路传递函数；G_{tr} 为跟踪回路传递函数；w 为调节参数。当参数 w 从 0 到 1 平滑变化时，系统从捕获模式转换到跟踪模式，即 $G(0) = G_{acq}$，$G(1) = G_{tr}$。

捕获与跟踪回路的波特图中，幅频特性的斜率不同，根据 Bode 相位-增益关系，最小相位系统的相移与增益曲线斜率成正比，因此两响应间相位差也很显著。在低频段的一些频域内，相位差超过了 π。

当系统从捕获模式转换到跟踪模式时，捕获回路的幅频特性下降，跟踪回路的幅频特性上升。因此，一定存在某个 w 值，使得两者的频响在某频率上幅值相等，导致的结果就是传递函数 $G(w)$ 有零点进入 s 平面的右半平面，使系统不稳定。此时，系统的瞬态响应过大，甚至导致目标丢失。

每个系统均是最小相位系统，合成系统的传递函数为非最小相位系统的充分必要条件为：两传递函数比值 $(1-w)\,G_{acq}/wG_{tr}$ 的奈奎斯特图不经过-1 点。根据该条件，当合成两个线性控制器时，它们的幅频特性（陡峭程度）不能相差过多。因此，由两传递函数的线性组合所得到的控制器，虽然比采用单一的线性时不变控制器性能要好，但只能在很小的范围内平滑调节，而在捕获与跟踪响应特性差异较大时，并不能得到最佳的控制器。

6.6.1.3 捕获跟踪的单参数对称调节算法

在线性系统中，用单变量调节的传递函数 G 通常采用双线性函数表示：

$$G(w) = \frac{w_1 G(0) + wG(\infty)}{w_1 + w} \qquad (6\text{-}28)$$

式中：w_1 为系统函数。用该式实现从捕获到跟踪的渐进转换，在保证中间过程频响特性可接受的同时得到可能最佳的捕获和跟踪回路响应特性。

不过，双线性变换不能保证转换过程一定是平滑的。例如，当 $G(0)$ 为积分环节，$G(\infty)$ 为微分环节时，在转换中会出现零点，合成得到的系统频响特性不平滑。

为保证捕获与跟踪回路在最宽范围内可平滑调节，并保持合成的传递函数具有最小相位且有足够的裕量，本系统采用对称调节。对称调节中，合成的频响特性相对某调节值 w_0 是对称的。变量 w 相对 w_0 上下最大变化，G 的幅值和相位也随之上下对称变化。

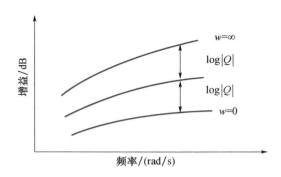

图 6-29　对称调节频响特性

如图 6-30 所示。设 $G(w_0)$ 为中间响应函数，$G(0)$ 和 $G(\infty)$ 相对 $G(w_0)$ 对称。因此有

$$\frac{G(\infty)}{G(w_0)}=\frac{G(w_0)}{G(0)} \tag{6-29}$$

设该比值为 Q，即为对称调节函数：

$$Q=\frac{G(\infty)}{G(w_0)}=\frac{G(w_0)}{G(0)} \tag{6-30}$$

将式（6-30）代入式（6-28），可得到如下关系：

$$G=G(w_0)\frac{1+(w/w_0)Q}{(w/w_0)+Q} \tag{6-31}$$

可知 G 的增益为

$$20\log|G|=20\log|G(w_0)|+20\log\left|\frac{1+(w/w_0)Q}{(w/w_0)+Q}\right| \tag{6-32}$$

当 $w=w_0$ 时，式中右边第二项为 0。设 a 为大于 0 的常数，则当 w 从 w_0/a 变化至 aw_0 时，第二项保持原值，只是符号改变。将式（6-32）泰勒展开，可知，线性项确定，调节增益单调取决于 w/w_0，且在大于 20dB 的调节区域中都近似线性。

以调节器传递函数 $G(w_0)=Q=1/s$ 为例。随着 w 的增加，系统传递函数从双积分器变化到常值增益响应。相应地，相位滞后从 π 减小到 0 。可以看出：应用该控制器，不仅满足了系统的裕度要求，而且实现了大范围增益和相位变化的平滑渐进单参数调节。

应用双线性关系式（6-28）的框图如图 6-30 所示。

其中包含反馈环路和前馈路径。在反馈系统控制器中应用时，调节器可以应用线性增益系数 w/w_0 变量，通过一些变化或是其他算法，使得控制器

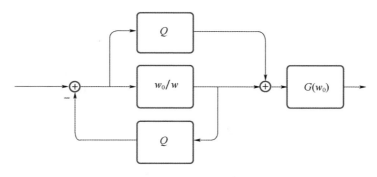

图 6-30 对称调节器框图

成为自适应线性时变系统，也是一个只需调节单个实数增益系数的变增益系统。

6.6.1.4 单参数对称调节方法试验

方位轴位置开环传递函数如下：

$$P(s) = \frac{7760}{s(s^2 + 175.6s + 8474)} \tag{6-33}$$

机械系统结构一阶模态为 11Hz 左右。因此，将捕获回路频响截止频率定为 10Hz，跟踪回路频响截止频率设为 2Hz；应用 Matlab 函数 lp2lp，可得到系统中间频响传递函数为

$$T_{0\_wb} = \frac{3524968.38\ (s + 7.25)}{s\ (s + 0.12)\ (s^2 + 241.6s + 5.84e^4)} \tag{6-34}$$

中间响应控制器传递函数为

$$G_c(s) = \frac{T_{0\_wb}}{P(s)} \tag{6-35}$$
$$= \frac{10.35s^3 + 1892s^2 + 1.009e^5 s + 635550}{0.0228s^3 + 5.506s^2 + 1330s + 160.6}$$

调节函数 $Q(s)$ 为

$$Q(s) = \frac{0.0007s^3 + 0.1714s^2 + 0.02071s}{0.007s^3 + 0.7044s^2 + 21.4685s + 105.6} \tag{6-36}$$

如图 6-31 所示为双线性对称调节的 dSPACE 半实物仿真框图。对应，w/w_0 由 Matlab 函数实现，在实际系统中，通过程序在处理器中可很容易地实现。根据系统误差的变化，w 由 0.25 至 4 连续变化，同时，系统从捕获模式平滑转换为跟踪模式。

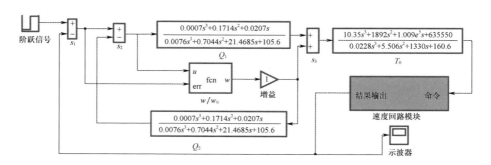

图 6-31　双线性对称调节 dSPACE 仿真

图 6-32 中分别为 $w = 0.25$、$w = 0.4$ 和 w 随系统误差变化从 0.25 变化到 4 情况下的阶跃响应曲线。由图可知，在 $w = 0.25$ 时，系统瞬态响应迅速，上升时间短，但超调过大；在 $w = 0.4$ 时，超调在 20% 内，稳态精度高，但系统上升时间长，瞬态响应慢。在应用单参数对称调节方法，让 w 随系统误差连续变化的情况下，阶跃响应的上升和稳态时间都较短，响应迅速，且超调较小，稳态误差小。由此可见，基于单参数的对称调节方法，可较好地满足系统对捕获和跟踪的需求，实现捕获和跟踪模式的平滑切换，从而使得捕获和跟踪的性能都大大提高。

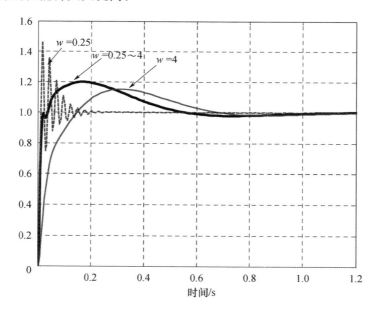

图 6-32　捕获跟踪控制双线性对称调节的阶跃响应

6.6.2 红外单帧图像弱小目标检测

6.6.2.1 矢量小波基本理论

矢量小波是指由两个或两个以上的函数作为尺度函数生成的小波，它是相对于标量小波而言的，是小波家族里的新成员。当小波拓展到矢量以后，可以同时具备正交性和对称性、短支撑性、高消失矩等性质，克服了标量小波的不足，更有利于其在信号处理等诸多领域中的应用[13]。

（1）由于矢量小波变换是一个多输入、多输出的系统，而实际要处理的是一维信号（图像也是分成行和列分别来处理），如何将一维信号转换为矢量小波所需要的矢量输出流就是一个必须考虑的问题。

（2）对于矢量小波变换的树状矢量滤波结构而言，其低通和高通性质将不如在标量小波变换中两个滤波器的性质那样明显。每个低通通道可能有不同的频谱特性，即有不同的增益，当某一个分量呈现低通特性时，另一个却可能是高通特性，这种谱特性的不一致将分解的细节和粗糙部分混在一起，产生了强烈的混叠现象，不利于高频信息的提取和处理，因此在应用前，必须对信号进行适当的预处理。

尽管预滤波能减缓矢量小波应用中的某些问题，但预滤波器有如下的缺点，因此有理由希望避免预滤波：

（1）若预滤波步骤不构成一个正交变换，则 DMWT 的正交性将"丢失"。原来的离散数据的全部变换包括预滤波这一步，不再是正交的。该点的重要性完全取决于应用所需。然而多数应用中，正交性是重要的。如在去噪中，正交变换映射白噪声到白噪声。

（2）如果预滤波不是对称的，则 DMWT 的对称性将"丢失"。

（3）如果预滤波有多个非零系数，则使用预滤波有效地增加了基函数的支撑。在预滤波的设计中可望矢量小波基的诸如正交性、逼近阶、短支撑性和对称性尽可能地被保持。矢量小波应用于信号处理时所采用的预滤波方法强依赖于滤波带对应的矢量小波基。"坏"的预滤波导致不适合于信号处理的"坏"矢量小波分解。

如上所述，若能设计出具有与标量小波基相同性质的矢量小波基，这样便可避免预滤波。在解决这一问题的过程中，值得一提的是 1998 年 Lebrun 和 Vetterli 提出了这样的矢量小波，他们将之命名为"平衡 0 矢量小波"。这里的"平衡"是指 $[1,1,\cdots,1]^{\mathrm{T}}$ 为 $\hat{H}(\omega)$ 的特征矢量。这样，常数矢量信号

通过 $\hat{H}(\omega)$ 后仍为常数信号，这一性质在图像处理的应用中相当重要。由此这种矢量小波在应用于信号处理时可以避免预滤波。

矢量小波是标量小波在理论上和方法上的延续。众所周知，在实数域，同时具有紧支撑、对称、正交和较高消失矩的标量小波是不存在的，而小波的这些特性在图像处理的应用中起着重要作用。正交能去除相关性；对称（线性相位）既适应于人眼的视觉系统，又使得信号在边界处易于处理；紧支撑性则使得信号处理简单，计算量小；高阶消失矩使得小波具有较高的逼近性，而标量小波只有一阶消失矩。矢量小波同时具有上述特性，其适合于图像弱小目标检测的特点主要在于以下几个方面：

（1）图像的缓变能量集中在较少的低频系数，而图像的细节体现在各个方向的高频带上，且大部分高频系数的幅值动态范围较小。

（2）在不同的分解层间，对应于原始图像同一区域的矢量小波系数是不同尺度下细节由粗到细的描述，因而在结构上具有较大的相似性。

（3）图像的矢量小波系数具有多重多分辨率的组织形式。在同一分解层、同一方向的高频子带内，其 r^2 个子块是图像的同一细节在该分解层和该方向下不同小波（尺度）函数上的投影，它们之间也具有一定的相关性。

其中（1）和（2）是标量小波也具备的，而（3）是矢量小波所特有的，通过对多重多分辨的图像矢量小波系数的处理，可完全保存弱小目标的能量，从而克服了标量小波变换破坏目标形状，目标检测精度不高的缺点。

类似于标量小波，矢量小波理论也是基于多分辨分析（MRA）的思想。只是矢量小波是由两个或两个以上的函数作为尺度函数生成的小波，它的多分辨率分析空间是由多个尺度函数生成的。将正交标量小波的分解与重构算法推广至正交矢量小波，可以得到正交矢量小波分解与重构算法。

正交矢量小波分解算法：

$$\begin{cases} C_{j-1,k} = \sum_{n \in Z} \boldsymbol{H}_n C_{j,2k+n} \\ D_{j-1,k} = \sum_{n \in Z} \boldsymbol{G}_n C_{j,2k+n} \end{cases} \tag{6-37}$$

正交矢量小波重构算法：

$$\boldsymbol{C}_{j,n} = \sum_{k \in Z} (\boldsymbol{H}_k^* C_{j-1,2k+n} + \boldsymbol{G}_k^* D_{j-1,2k+n}) \tag{6-38}$$

式（6-37）和式（6-38）中：$C_{j,2k+n}$、$C_{j-1,2k+n}$ 和 $C_{j-1,k}$、$C_{j,n}$ 分别为矢量小波分解和重构的低频系数矩阵；$\boldsymbol{D}_{j-1,2k+n}$ 和 $\boldsymbol{D}_{j-1,k}$ 分别为矢量小波分解和重构的高频系数矩阵；$\boldsymbol{H}_n$ 和 $\boldsymbol{G}_n$ 分别为低通滤波器系数矩阵和高通滤波器系数矩阵。$\boldsymbol{H}_k^*$ 与

G_k^* 分别为 H_n 和 G_n 的复共轭矩阵。

矢量小波变换的分解和重构如图 6-33 所示。

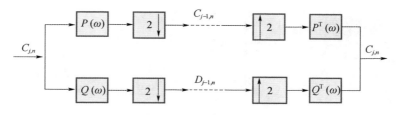

图 6-33　矢量小波变换的分解和重构

6.6.2.2　基于矢量小波的红外单帧图像弱小目标检测

对于任意一帧红外弱小目标图像 $f_k(x,y)$ 在数学上可以表示成下式：

$$f_k(x,y) = s_k(x,y) + b_k(x,y) + n_k(x,y) \tag{6-39}$$

式中：$s_k(x,y)$ 为目标信号；$b_k(x,y)$ 为背景信号；$n_k(x,y)$ 为噪声信号。设 H_n 和 G_n 分别为矢量小波的低通滤波器系数矩阵和高通滤波器系数矩阵，对于任意一帧红外弱小目标图像 $f_k(x,y) = [a_{i,j}](i=1,\cdots,M;j=1,\cdots,N)$（$M$ 为图像的高度，N 为图像的宽度）的矢量小波分解可以分成 x 和 y 两个方向的一维矢量小波分解。由于矢量小波变换是矩阵运算，即首先沿 x 方向用奇偶法将其行矢量化得到 $\boldsymbol{B} = [b_{i,j}](i=1,\cdots,M;j=1,\cdots,N)$，其中

$$\boldsymbol{b}_n = \begin{bmatrix} a_{i,2n-1} \\ a_{i,2n} \end{bmatrix} \quad (n=1,\cdots,N/2) \tag{6-40}$$

然后用 H_n 和 G_n 按照式（6-37）进行分解，把 $f_k(x,y)$ 分解成概貌和细节两部分；最后将行分解后的矢量小波系数再沿 y 方向用奇偶法按照式（6-40）将其矢量化，按照式（6-37）用 H_n 和 G_n 进行分解，便得到图像的一层矢量小波分解图像。图像的矢量小波重构是矢量小波分解的逆过程，对矢量小波变换后的小波系数按照式（6-38）先进行列重构，然后进行重构，即可得到重构图像。

由于红外弱小目标图像中的背景信号 $b_k(x,y)$ 是大面积缓慢变化的低频部分，而目标信号 $s_k(x,y)$ 和噪声信号 $n_k(x,y)$ 在频域都表现为高频信号。所以有如下结论：设图像 $f_k(x,y)$ 的小波分解结果为 LL^i 和 HL^i、LH^i、HH^i（$1 \leqslant L \leqslant n$，其中 n 为小波分解层数），则背景信号 $b_k(x,y)$ 主要存在于低频 LL^i 中，目标信号 $s_k(x,y)$ 和噪声信号 $n_k(x,y)$ 主要存在于高频 HL^i、LH^i 和 HH^i 中。对红外弱小目标图像进行矢量小波分解，结果如图 6-34 所示。

图 6-34 中（c）是的三维立体显示，从中可以明显地看到各个子块中目标点能量的分布（图中红线的分布），为下一步的子带增强提供了依据。

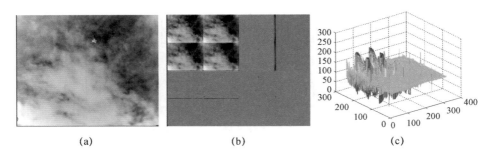

(a)   (b)   (c)

图 6-34　红外弱小目标图像矢量小波 1 层分解示意图

根据红外弱小目标图像的矢量小波分解与重构算法，将小目标考虑为二维图像中具有相对连续小块区域的灰度信号突变，结合小波阈值化去噪方法和小波子带增强方法，可设计基于矢量小波变换的弱小目标检测算法。

红外图像中的弱小目标比杂散噪声的空间尺度大，是较为连续的一小块区域，其频率特性表现为集中在一定的频带范围内。由于小波变换具有带通滤波器的性质，所以利用小波变换来实现频率选择和多尺度分解，可以将小目标检测出来。同时矢量小波又兼有正交性、对称性、紧支撑性、高阶消失矩和多重多分辨率等特性，所以利用矢量小波分析检测弱小目标可取得更好的效果。

检测算法分以下几步：首先对弱小目标图像进行矢量小波分解；然后，对矢量小波系数进行舍低频、小波去噪和增强处理；其次，根据处理后得到的矢量小波系数，进行矢量小波逆变换重构图像；最后，对重构得到的图像进行自适应阈值分割。红外弱小目标检测算法流程如图 6-35 所示。

1. 图像的矢量小波分解

在对弱小目标图像进行矢量小波分解时，在上述算法中存在两个关键问题：一是矢量小波基的选择；二是图像的矢量小波分解层数。

（1）矢量小波基的选取。目前比较常用的矢量小波主要是 GHM 矢量小波、CL3 和 CL4 矢量小波，它们均满足正交性、对称性（反对称性）、短支撑性、高阶消失矩的性质。但 GHM 矢量小波两个尺度函数支撑区间不相等，必须进行预处理，CL3、CL4 矢量小波可平衡化，不需复杂的预处理，实现上简化很多；CL3 矢量小波具有二阶消失矩，CL4 矢量小波具有三阶消失矩。

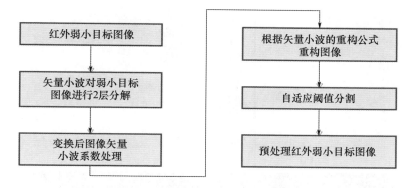

图 6-35   红外弱小目标检测算法流程图

因此，矢量小波基选择平衡 CL4 小波基。

（2）分解层次确定。由图 6-34 可以看到，由于矢量小波的多重多分辨特性，矢量小波的一层分解就实现了多频率的选择和多尺度分解，从理论上讲分解层次越高目标能量损失越小，因此为选择分解层次，作出图像的一层及二层分解，如图 6-36 所示（图（f）、图（g）的检测结果分别是目标局部 10×10 矩形框放大 8 倍图）。

从图 6-36 可以看出，一层分解结果图（f）与二层分解结果图（g）经分析发现，目标能量保持得几乎相同。但考虑到实时性的要求，一般分解一层即可。

2. 舍低频、小波去噪和增强处理

低频矢量小波系数的舍弃，可通过置低频的矢量小波系数 LL^i 为 "0" 来实现，试验结果如图 6-37 所示；增强处理采用子带增强法，试验结果如图 6-38所示；小波去噪采用常用的阈值化去噪方法。

3. 自适应阈值算法

在对图像进行阈值分割时，阈值的计算可采用下式所示的方法。

$$\text{Th}(k) = \text{mean}(k) + \lambda \text{var}(k) \tag{6-41}$$

式中：λ 为加权值，λ 的取值范围是 $[3,5]$；$\text{mean}(k)$ 和 $\text{var}(k)$ 分别为第 k 帧矢量小波重构图像 $f'_k(x,y)$ 的灰度均值和方差，设输入图像的大小为 $M \times N$，则图像均值和方差可表示为

$$\text{mean}(k) = \frac{1}{M \times N} \sum_{i=0}^{M-1} \sum_{j=0}^{N-1} f'_k(x,y) \tag{6-42}$$

$$\text{var}(k) = \frac{1}{M \times N} \sum_{i=0}^{M-1} \sum_{j=0}^{N-1} [f'_k(x,y) - \text{mean}(k)]^2 \tag{6-43}$$

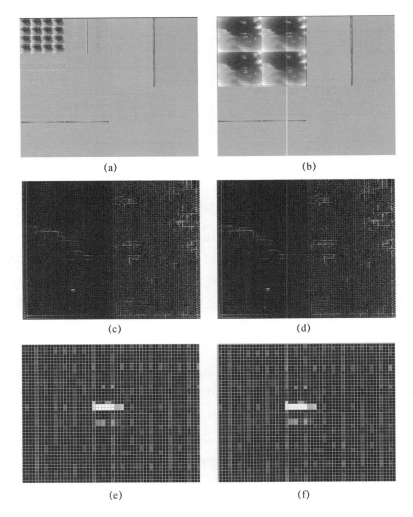

图 6-36　图像的一层及二层分解后检测结果对比

（a）矢量小波一层分解图；（b）矢量小波二层分解图；（c）一层分解时间 $T=45.688\text{ms}$；
（d）二层分解时间 $T=55.062\text{ms}$；（e）一层分解的检测结果；（f）二层分解的检测结果。

　　为了验证算法的检测精度，分别对原始图像、矢量小波检测图像及标量小波检测图像中弱小目标局部放大 10 倍，其中一组试验结果如图 6-39 所示。由图 6-39 可以看出，对于 4×4 的目标如图 6-39 中原图，经过标量小波变换检测到的目标所占的像素数为 3，而经过矢量小波变换和自适应阈值分割后，检测到的目标所占的像素数为 11；以上仅是一帧图像的检测结果，连续 50 帧中标量小波和矢量小波检测结果的对比图，如图 6-39（e）所示（其中红色的

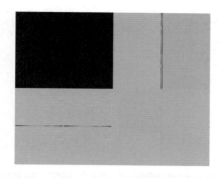

图 6-37　低频系数置 0 后图

图 6-38　子带增强后图

线是原始目标的质心位置，蓝色的线是标量小波检测的目标质心位置，绿色的线是矢量小波检测的目标质心位置）。由试验数据可见，对于弱小目标，算法检测到的目标的边缘及目标所占的像素数已经非常圆滑的逼近原始目标，克服了标量小波破坏目标形状的缺陷，为后续图像处理和目标跟踪提供了精度更高的质心位置。

为了验证算法的稳定性，从大量的实验数据中选择了一组红外弱小目标序列图像，对其分别用标量小波和矢量小波进行单帧检测，连续帧及目标跟踪过程选用同样的算法。算法检测稳定性对比图如图 6-40 所示。由图可知，由于标量小波对目标进行单帧检测，检测的目标形状受到破坏，从而使得计算得到的目标质心存在偏移。连续帧之后，目标质心偏移较大，从而导致目标丢失。然而，矢量小波对目标进行单帧检测精度较高，连续帧之后偏移较小，从而比较稳定。因此，从检测时间、检测概率、检测精度及检测稳定性方面，矢量小波都表现出了明显的优势。

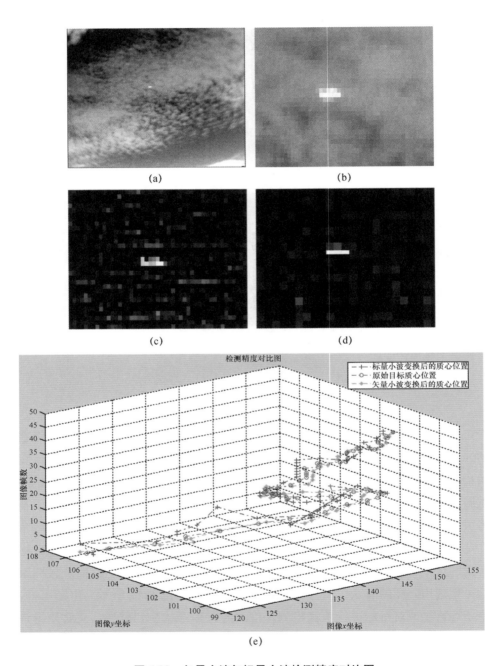

图 6-39　矢量小波与标量小波检测精度对比图

（a）原图；（b）目标局部放大 10 倍图；（c）矢量小波变换图；

（d）标量小波变换图；（e）连续 50 帧图像中矢量小波与标量小波检测的目标质心位置对比。

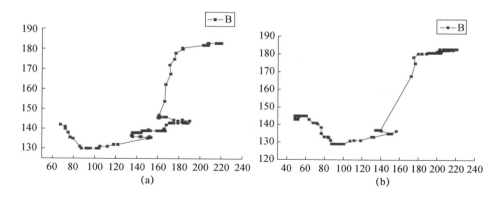

图 6-40　算法检测稳定性对比图

（a）矢量小波连续帧检测结果图；（b）标量小波连续帧检测结果图。

6.6.3　红外序列图像弱小目标检测与跟踪

单帧红外弱小目标检测难以实现对目标的可靠检测，必须利用动态序列图像中目标的特性进行真实目标确认，通过红外弱小运动目标特性的分析，实现了基于移动式管道滤波与最大位置渐变度准则相结合的序列帧弱小目标检测与跟踪。

6.6.3.1　移动式管道滤波算法

管道滤波实际上是一个时空滤波器，它是在序列图像的空间位置上以目标为中心建立的一个空间管道，管道的直径（如果管道是圆形的）代表空间的作用尺寸，管道的长度代表检测时间的长度[14]。管道滤波示意图如图 6-41 所示。

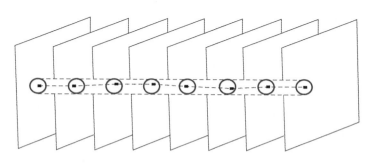

图 6-41　管道滤波示意图

在一次检测中管道可以有多条，假设检测时间对应图像的帧数为 n，在 n 帧图像中同一个管道中有 m 帧检测到目标则认为此管道中存在目标。

对于检测时间较长或目标在像平面上的累计位移较大的情况，应采用移动式管道滤波方法。移动式管道滤波示意图如图 6-42 所示。

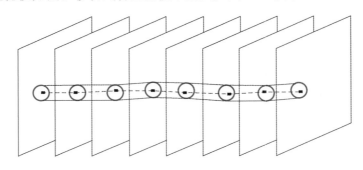

图 6-42　移动式管道滤波示意图

移动式管道滤波即管道在每帧图像上的管心都是上一帧图像该管道所检到目标对应的空间位置，如果某一帧未检到目标，则沿用前一帧的位置。这样可以避免在检测时间较长时，目标有可能移出管道的情况。同时采用移动式管道滤波不需考虑在检测时间段内目标的最大位移，而只需考虑目标在两帧之间的最大位移量就可以了。在同样的检测条件下，设置较小的管径还可以节省大量的检测时间，对提高检测算法的整体性能有积极作用。

但是，针对移动式管道滤波，如果在管道中有一帧图像误检到管道边缘噪声，则对下一帧图像该管道中的目标检测带来一定的风险。因为不正确的管道位置使目标位于管道之外的可能性增大，这样会导致丢失目标从而使检测失败。这种情况在实际应用中发生的可能性是相当大的。另外，如果检测时间较长，则有可能存在管道交叉的问题，这种情况的可能性较小，只有当视场中存在多目标而且两个目标的运动轨迹恰好在某一时刻交叉时才会出现。对于这种情况管道滤波本身是无能为力的，需要利用不同目标的运动特征才可以进行识别。

6.6.3.2　基于帧间相关性的红外序列图像弱小目标检测算法

利用帧间候选目标的相关性，是为了进一步提高检测概率、降低虚警概率所采取的手段。军事目标作为一个热辐射体，它的温度随时间是缓变的，若不考虑系统噪声和其他干扰的影响，则可以认为在相邻的几帧数据中，同一个目标本身的灰度特性几乎是不变的，如图 6-43 所示。

基于帧间相关性的红外序列帧弱小目标的检测算法就是基于以上思想

提出来的。加上时间轴，图像流可以被视为三维图像，通过在局域窗口内目标的时空相关性，可以在三维图像中将目标从噪声中检测出来。与管道滤波相比，利用帧间相关性可以进一步利用时空信息，降低噪声的影响，从而提高检测概率并降低虚警概率。实际上利用帧间相关性的算法的基本处理手段与管道滤波有相似之处，只是它在每一帧图像的每个管道中都进行了相似性计算，确保检测结果更加精确，受噪声等因素的干扰的可能更小。

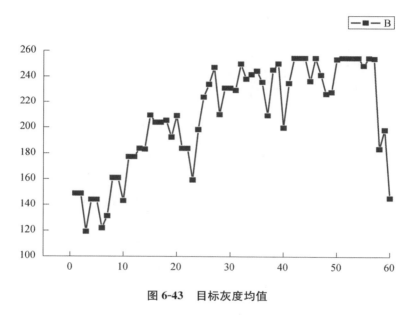

图 6-43 目标灰度均值

但是基于帧间灰度相关性的算法有一定的缺陷，在图像中的每个像素点的灰度值都是背景或目标的灰度值叠加上噪声值，如果在某一帧恰好在目标上的噪声出现了小概率事件，就会使得帧之间目标的相关特性被破坏。这种情况一旦出现就有可能在某一帧最大相似性的点不是目标点而是噪声点，由于下一帧所要找的最大相似性的目标将根据本帧的结果，所以一旦在帧序列的某一帧被噪声干扰，则随后的检测将有可能失败。而且当整幅图像的灰度值变化时，目标和背景的灰度值也随之变化，利用灰度值进行相似性计算时，由于图像灰度的变化有可能导致前后两帧之间目标的相关性变差，使检测失败的可能性增大。为此提出了对比度相似性，在整幅图像的灰度值变化时，目标与背景之间灰度差别的变化要远远小于灰度值的变化(图 6-44)，所以利用对比度相似性可克服上述问题。

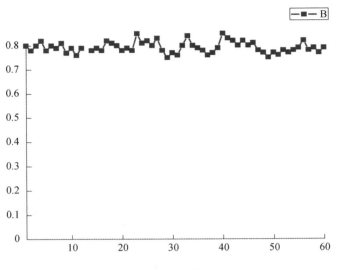

图 6-44 目标灰度对比度

假设目标运动的最大速度是已知的，局部窗口的大小可以根据这一速度来设定。设 $N(x,y)$ 中心点位于 (x,y) 的局部窗口。对比度相似性的计算就是找出在第 $k+1$ 帧局部窗口内的对比度与前 k 帧候选目标对比度均值最相似的像素点。

设 $C_{k+1}(x_{k+1},y_{k+1})$ 和 $C_k(x_k,y_k)$ 之间的最大对比度相似性用下式表示：

$$C_{k+1}(x_{k+1},y_{k+1}) = \max \begin{cases} \min & AD\{C_{k+1}(x_{k+1}^*,y_{k+1}^*)\} \\ x_{k+1}^*,y_{k+1}^* \in N(x_k,y_k) \end{cases} \qquad (6\text{-}44)$$

式中：

$$AD\{C_{k+1}(x_{k+1}^*,y_{k+1}^*)\} = |C_{k+1}(x_{k+1}^*,y_{k+1}^*)\text{-}AC_k(x_k,y_k)| \qquad (6\text{-}45)$$

其中：

$$AC_k(x_k,y_k) = \frac{C_k(x_k,y_k)+(k-1)AC_{k-1}(x_k,y_k)}{k} \qquad (6\text{-}46)$$

$$AC_1(x_1,y_1) = AC_0(x_0,y_0) \qquad (6\text{-}47)$$

如果式（6-44）成立，则认为像素 $C_{k+1}(x_{k+1},y_{k+1})$ 和 $C_k(x_k,y_k)$ 之间具有像素对比度的最大相似性。式中 $(x_{k+1},y_{k+1}) \in N(x_k,y_k)$，$C_k$ 的下标 k 指时间或帧，(x_k,y_k) 表示第 k 帧的一个位置，M 是 $N(x_k,y_k)$ 的一个子集，它是那些对比度超过对比度门限的像素点集。当然，M 有可能是空集，此时在当前窗口不进行对比度相似性计算。而且当前帧不进入 k 帧数的统计，这样，如果检测时间对应的检测帧数为 n，可以认为存在这样的点集：

$$F = \{C_k(x_k, y_k) \mid k = 1, 2, \cdots, m\} \tag{6-48}$$

其中：m 为小于等于 n 的整数，表示不为空集的图像帧数。如果点集具有下列性质，则认为 $C_1(x_1, y_1), C_2(x_2, y_2), \cdots, C_m(x_m, y_m)$ 对应的像素点为目标点集。

（1）点集中的所有点位于同一窗口序列；

（2）$C_1(x_1, y_1)$ 和 $C_2(x_2, y_2)$ 之间具有最大的对比度相似性，$C_2(x_2, y_2)$ 和 $C_3(x_3, y_3)$ 之间具有最大的对比度相似性，依此类推。

（3）m 大于某个预先设定的小于 n 的值。

6.6.3.3 基于最大位置渐变度准则的红外序列图像弱小目标检测算法

基于最大位置渐变度准则的弱小目标检测算法是利用候选目标轨迹算法建立候选目标轨迹；以目标位置渐变度为主要依据，并采用最大位置渐变度判别准则进行真实候选目标轨迹的识别。

1. 算法的基本思想

空中红外弱小目标图像在经过预处理和阈值分割处理过后的序列帧图像中，每帧图像都只存在少量的候选目标，这些候选目标包括目标的运动轨迹、随机噪声偶尔满足准连续性、背景中的云层边缘及低空中的树叶和高大的建筑物边缘。从这样的图像序列中检测候选目标轨迹的理论依据是目标轨迹的准连续性和随机噪声的不相关性。在时空三维空间里作连续直线运动的点目标，若在第 n 帧存在一个目标像素 $S(x_n, y_n, t_n)$，那么在第 $n+1$ 帧必定存在一个目标像素 $S(x_{n+1}, y_{n+1}, t_{n+1})$，$S(x_{n+1}, y_{n+1}, t_{n+1})$ 是 $S(x_n, y_n, t_n)$ 的近邻，并且在第 $n+2$ 帧也必定存在一个目标像素 $S(x_{n+2}, y_{n+2}, t_{n+2})$，$S(x_{n+2}, y_{n+2}, t_{n+2})$ 是 $S(x_{n+1}, y_{n+1}, t_{n+1})$ 的近邻，$S(x_{n+2}, y_{n+2}, t_{n+2})$ 相对于 $S(x_{n+1}, y_{n+1}, t_{n+1})$ 的速度方向和 $S(x_{n+1}, y_{n+1}, t_{n+1})$ 相对于 $S(x_n, y_n, t_n)$ 的速度方向大致一致。依此类推，可以得到目标像素的轨迹，所依据的就是目标像素固有的轨迹连续性，也就是它们在时空三维空间里的相关性，而随机噪声在帧与帧之间并不具有这种相关性。低空中的树叶在帧与帧之间满足这种相关性，但是并不具有速度方向的大致一致性，因为低空中的树叶仅仅在邻域范围内振动。由上述分析可知，真实目标的运动轨迹沿其运动方向具有位置渐变的特性，而云层边缘、高大建筑物边缘及低空中的树叶仅仅在局部范围内振动，不具有一定方向位置渐变的特性。因此，为了提取真实目标运动轨迹，运用霍特林变换将真实目标的运动轨迹和虚假目标的运动轨迹映射到新的坐标系下。在新坐标系中，真实目标的运动轨迹和虚假目标的运动轨迹运动方向特性区别明显，依据此特性建立位置渐变度函数以提取真实目标的运动轨迹。这就是基于最大位置渐变度准则的弱小目标检测算法的基本思想。

2. 候选目标轨迹检测

候选目标轨迹检测实际上是一个时空滤波器，它是在序列图像的空间位置上以目标为中心建立的一个空间轨迹，轨迹的直径（假设轨迹是一个管状的空间）代表空间的作用尺寸，轨迹的长度代表检测时间的长度。

根据目标像素在图像序列中运动的连续性和轨迹一致性原则，可以认为在连续图像序列中只有连续出现在一个空间轨迹范围内的像素才有可能成为目标，即可以把连续出现在轨迹范围内的目标像素看成是候选目标，而把出现在轨迹范围外的目标像素认为是虚假目标。但是在实际情况下，真实目标也有可能由于镜头的抖动或短暂的遮挡出现在轨迹范围之外。为了避免这种情况出现可以假设在检测时间对应图像的帧数为 n，目标像素以一定的概率出现在 n 帧图像中，则可以认为该像素为候选目标，即在同一个轨迹中有 m 帧检测到目标则认为此轨迹中可能存在目标，m 为设定的一个门限值。

3. 位置渐变度函数判别算法

在实际检测中，发现候选目标轨迹检测对系统产生的随机噪声，以及相机成像抖动产生的虚假目标有很好的检测效果，但是对周期性摆动的物体和云层固定建筑物边缘产生的虚假目标往往无法去除。

根据上面提到的经过预处理和图像分割后的红外图像中，云层和建筑物边缘与真实目标很相像，所以仅仅依靠统计的方法是无法分辨出虚假目标的，必须在统计的基础上再添加最大位置渐变度判决算法。在检测轨迹中是否存在目标时通过检验目标在轨迹中的位置渐变度达到去除此类虚假目标检测出真目标的目的。由于红外弱小目标无形状、尺寸、纹理等信息可用，可以利用的特征只有灰度和运动特征，下面分别对其进行分析。

目标特征是目标捕获与跟踪的重要依据。红外弱小目标的运动特征包括运动轨迹、运动速度（指目标位置在连续两帧内的位移）和加速度（指目标速度在连续两帧内的差值）。针对空中红外弱小目标图像，选择了几组实测的序列图像进行实验，下面选择其中一组序列图像进行实验，红外目标的特征量示意图如图 6-45 所示（说明：图中拐点的出现是因为相机的拉动引起的）。

从图 6-45 可以看出，图（a）、图（b）虽然在整个序列中变化较大，但它们在相邻的几帧内变化很小，有时甚至没有发生变化。其原因是红外弱小目标相对于成像系统距离较远，加上成像系统的帧频较高，所以目标在两相邻帧间的位移量一般都比较小，有时甚至连一个像素都不到，往往需要几帧图像的时间位移量才可以达到像素级。因此，试验数据证明，可以把红外弱小目标的运动近似地看成匀速直线运动，可以取目标运动方向上的位置渐变特性作为参数来建立最大位置渐变度函数。

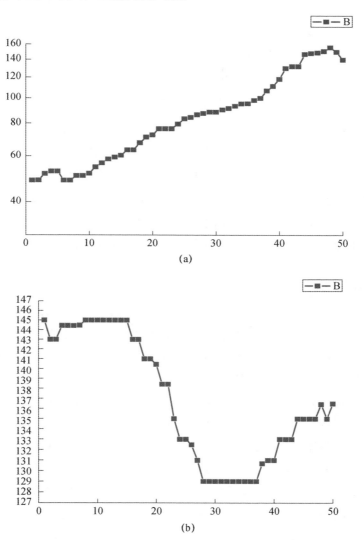

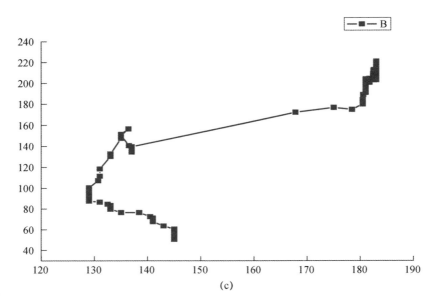

图 6-45 红外目标的特征量示意图

（a）目标位置的横坐标；（b）目标位置的纵坐标；（c）目标位置坐标。

在建立的候选目标轨迹中，存在由噪声点构成的目标轨迹，称这些目标轨迹为目标候选轨迹噪声。目标候选轨迹噪声的产生主要有两种情况。第一种情况是由随机噪声造成的。在图像预处理后，目标像素在连续帧图像里轨迹上存在间断点，把目标轨迹上可能有少量间断点这种性质称为它的准连续性。在时空三维空间里检测目标轨迹实际应用的是目标轨迹的准连续性。在图像序列的时空三维空间里，噪声是不相关的。但是若仅仅考虑有限的 T 帧，在某个路径上，噪声点有可能碰巧满足准连续性。甚至也有这种可能，在某个满足准连续性的路径上，部分是噪声点，部分含有目标成分。无论是纯噪声点还是噪声点和目标成分的组合，只要在 T 帧中的某个路径上满足了准连续性，就会构成候选目标轨迹。这种轨迹是虚假的，即是噪声。第二种情况是由云层、自然景物和人造建筑物造成的。在对空小目标检测中目标背景主要有天空背景和地背景两类。天空背景中往往有云，云在图像中相对于空背景有时具有较高的对比度，在云与背景交界的地方往往因为具有较强烈的灰度变化；地背景中的人造建筑物往往强度较高，地背景中的自然景物较为复杂。这些情况均会在候选目标图像中产生虚假目标，又由于大气的抖动和成像平台的振动等原因，也会导致虚假目标在像平面上不固定在一个像素点位置上，从而产生目标候选轨迹噪声。

序列图像中弱小目标具有小和运动两个主要特征。小是指目标在图像中所占的像素点较少，其相对尺寸较小，一般在 1×1 像素至 6×6 像素之间，没有可以用来识别的形状、尺寸和纹理等信息。运动特征主要有运动轨迹、运动速度和加速度等，这些特征在小目标检测中较为常用。目标运动轨迹往往是曲线的，运动速度也不是匀速的，但是在检测目标的那一小段时间内，目标的运动轨迹可以近似为直线，其速度也可以近似为基本不变。如果检测时间足够长，也可对加速度进行计算，认为目标是匀加速运动或匀速圆周运动。

分析序列图像中弱小目标的运动特征可知，真实目标的运动轨迹沿其运动方向具有位置渐变的特性，而云层边缘、高大建筑物边缘及低空中的树叶仅仅在局部范围内振动，不具有一定方向位置渐变的特性。因此依据位置渐变度可提取出真实目标的运动轨迹。

检测算法分以下几步：首先，对采集的红外序列图像中每一帧进行预处理和自适应二值化运算；其次，对序列图像中分割出的候选目标建立移动式管道并对其进行连续 5 帧的管道滤波；经过移动式管道滤波之后，利用最大位置渐变度函数计算出候选目标运动轨迹的位置渐变度大小；最后，根据此位置渐变度大小来提取出真正的目标运动轨迹。算法流程图如图 6-46 所示。

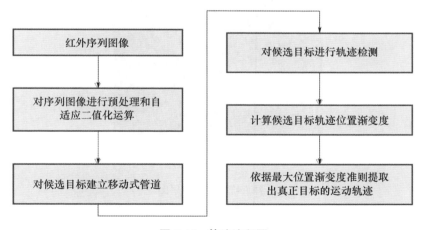

图 6-46 算法流程图

利用所设计的算法，对红外图像进行实验。其中目标在成像平面上只占几个像元成边缘模糊残缺的斑点状目标与背景幅值差异小于 6 个像素单元；其次背景周围存在杂乱的高频随机噪声，序列帧图像出现抖动，亮度变化等现象。如图 6-47 所示为其中一组序列图像的目标检测结果，采样率为 24 帧/s。

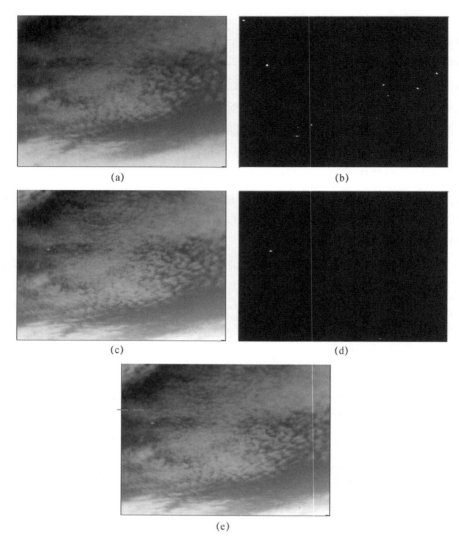

(a)　　　　　　　　　　　(b)

(c)　　　　　　　　　　　(d)

(e)

图 6-47　检测结果图

（a）第一帧原始图像；（b）第一帧经过预处理，自适应二值化后的图像；（c）五帧过后的图像；
（d）经过 5 帧轨迹检测后的图像；（e）5 帧轨迹检测后经过判决检测到目标的图像。

　　图 6-47（b）是经过预处理和二值化后的图像，采用 CL4 矢量小波滤波器对图像进行滤波，可以看到存在较多的虚假目标和噪声；图 6-47（d）是经过 5 帧轨迹检测后的图像，图像中原来的大量的虚假目标和噪声已经被去除只留下 2 个候选目标，但右下的目标云层边缘造成的，轨迹检测无法去除；图 6-47（e）是经过最大位置渐变度准则判决后检测目标的图像，可以看到已

经完全排除了云层的干扰，检测到了真实目标。因此，最大位置渐变度准则能够从多个管道中检测出真实目标运动的轨迹。

参考文献

［1］ 褚凯，杨茜．光电火控实时信息处理系统设计与实现［J］．四川兵工学报，2012（03）：91-94.

［2］ 褚凯，朱一旺，李小明，等．基于 VxWorks 的光电火控系统通信接口设计与实现［J］．机电一体化，2012（08）：65-69.

［3］ 蔚文杰．基于 VxWorks 的无人机飞行控制软件设计［D］．南京：南京航空航天大学，2011.

［4］ 鲁玉生．基于 VxWorks 的转台伺服系统设计与开发［D］．西安：西安电子科技大学，2010.

［5］ 戴志成．基于 VxWorks 的伺服控制软件研究与应用［D］．西安：西安电子科技大学，2011.

［6］ 武华，刘军伟．基于 VxWorks 的多任务程序设计［J］．计算机技术与发展，2011（09）：163-166.

［7］ 黄建军，李鹏飞，喻建平，等．基于类云模型聚类的多目标数据关联算法［J］．深圳大学学报（理工版），2010（01）：15-19.

［8］ 李学永，周俊．一种多传感器时间配准方法［J］．空军雷达学院学报，2007（04）：22-24.

［9］ 张肃．空中目标威胁评估技术［J］．情报指挥控制系统与仿真技术，2005（01）：45-49.

［10］ 贲驰．空中目标威胁评定计算的方法研究［J］．现代计算机（专业版），2011（15）：11-14.

［11］ 骆文辉，杨建军．灰色逼近理想解排序法在目标威胁评估中的应用［J］．火力与指挥控制，2009（02）：132-135.

［12］ 马东玺，范大鹏，朱华征．光电跟踪系统捕获跟踪切换的平滑调节方法［J］．红外与激光工程，2010（06）：147-151.

［13］ 刘海燕，薛模根，袁广林，等．基于矢量小波的红外弱小目标检测算法研究［J］．微计算机信息，2008（07）：283-285.

［14］ 徐军，周翔，梁昌洪．红外序列图像弱小目标检测算法［J］．红外与激光工程，2003（04）：62-65.

第7章
末端综合光电防御典型应用系统

7.1 系统概述

末端综合光电防御系统将预警探测、指挥控制、综合干扰对抗、机动越野等功能有机结合，其总体结构设计采取单车综合集成方式，结构紧凑、布局合理、便于操作使用和维护。末端综合光电防御系统可伴随机动装备运动，为机动装备待机、机动、打击等过程提供防精确打击能力。

系统用轮式越野调平底盘作为系统平台，前部改装为轻装甲式车体，内设乘员座椅两个、配置通信电台、空气调节、供暖、保暖、除霜装置、灭火器、通风换气等装备设备，后部改装为武器随动转塔的安装平台，配有快速调平装置。末端综合光电防御系统如图 7-1 所示。

图 7-1 末端综合光电防御系统

伴随综合光电防御系统伴随防御的保护目标主要是机动装备，针对机动装备机动作战的特点和面临的主要威胁，系统具有精干、合成、轻型、高机动等特点，其总体能力如下：

(1) 具备独立作战能力；

(2) 适应机动作战；

(3) 宽光谱目标对抗能力；

(4) 隐蔽作战能力强；

(5) 保障需求低。

根据机动装备从作战准备到作战实施全过程防精确打击的需求，末端综合光电防御系统作战样式可分为阵地防御和机动防御。

末端综合光电防御系统的防护对象主要是装甲车、导弹发射车等机动平台，也可包括火炮阵地、导弹发射阵地等固定阵地目标。而这些高价值武器平台面临的主要光电威胁目标包括机载光电观瞄装置、地面观瞄装置、激光/电视/红外/毫米波及其复合制导武器。因此，末端综合光电防御系统的作战对象包括光电观瞄装备和光电制导武器[1]。

1. 对抗谱段

末端综合光电防御系统具有同时对抗可见光、近红外、中红外、远红外和毫米波的能力。

2. 干扰距离

地面机动装备面临的威胁目标的作战距离如图 7-2 所示。

在现代战争中，地面机动装备面临的最大威胁是武装直升机和其他平台发射的精确制导导弹。世界上没有任何一种防御武器可以对抗所有目标，末端综合光电防御系统作为机动装备的防护力量之一，受其本身安装平台和伴随作战任务的限制，侧重于中近程光电防御，对于固定翼飞机远程精确制导导弹攻击，采取压制或欺骗等手段对抗来袭导弹。远程固定翼飞机等平台虽然并不是对抗对象，但其携带的目标发现系统（观瞄器材）会给精确制导导弹提供目标指引。

3. 防护半径

末端综合光电防御系统的作战对象主要为精确制导武器，实现对抗的一个重要前提是对抗波束要能够进入对方接收视场，末制导武器的制导段主要分为搜索段和跟踪段，在不同的制导段接收视场有很大区别。

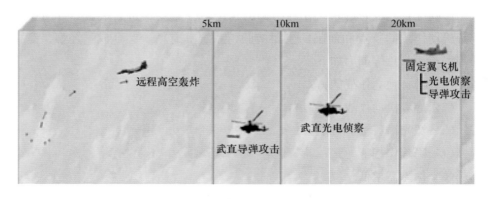

图 7-2　威胁目标的作战距离

4. 防护空域

末端综合光电防御系统的防护空域应该针对威胁对象的来袭空域进行匹配设计。典型的末制导武器的搜索段在 5~8km，在搜索段一般要求导弹有比较开阔的视野，利于发现目标、采集目标的特征信息，典型的飞行高度为500~5000m，因此，防护空域的设计如下：

（1）在行进、作战过程中可能处于高地、山坡或者峡谷、洼地，自身具有高仰角或低仰角；

（2）针对目标跟踪段的对抗，对高仰角存在更多的需求。

7.2　系统组成

系统主要由预警探测分系统、指挥控制分系统、综合干扰对抗分系统、转塔分系统和底盘分系统等组成，如图 7-3 所示。

预警探测分系统包括相控阵雷达、激光/毫米波告警设备、空情指挥仪和情报处理设备。实现目标预警、探测、识别、情报融合与威胁态势评估，所有目标信息通过以太网，上报情报处理设备。

指挥控制分系统主要包括红外跟踪设备、指挥控制设备、通信网络设备和定位定向设备等。实现情报显示、作战控制、火力协调以及通信等功能。

综合干扰对抗分系统包括激光定向干扰、宽波段无源干扰两个功能模块，其中激光定向干扰模块由激光制导武器干扰设备、电视制导武器干扰设备、中红外激光干扰设备、远红外激光干扰设备和可见光观瞄干扰设备等五套装

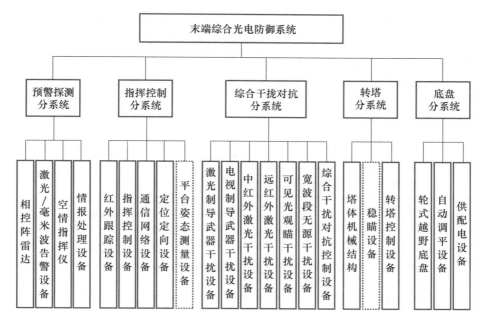

图 7-3　系统组成框图

置构成。各干扰模块由综合干扰对抗控制设备控制，实现对多种威胁精确制导武器及可见光观瞄设备的干扰和对抗。

转塔分系统包括转塔机械结构、稳瞄设备、转塔控制设备等组成，实现对威胁目标的空间精确定向。

底盘分系统主要由轮式越野底盘、自动调平设备和供配电设备组成。分别承担系统机动越野和遂行各项战术行动的保障任务，系统调平和系统供电等功能。

7.2.1　预警探测分系统

1. 相控阵雷达

雷达天线安装于转塔顶部中央，雷达信号处理机安装在转塔设备舱内部。雷达通过转塔水平回转轴上的光纤汇流环与情报处理设备进行数据交换。

2. 激光/毫米波告警设备

激光/毫米波告警设备安装在驾驶室顶部两侧，分为两个告警单元，分别探测车体左右两侧的威胁源。激光信号通过激光/毫米波告警天线的激光天线单元进入，然后传送至激光信号处理单元，毫米波信号通过激光/毫米波告警天线的毫米波天线单元进入毫米射频波预处理单元，然后传送至毫米波信号处理单元，最后在综合处理单元对预处理后的激光和毫米波信息分别进行目标识别融合处理[2]。激光/毫米波告警设备组成如图7-4所示。

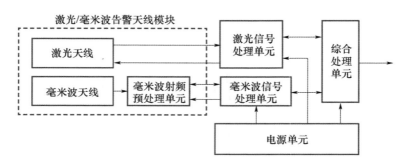

图 7-4　激光/毫米波告警设备组成框图

3. 情报处理设备

情报处理设备主机内部包括加固电源、CPU 板、扩展板等。在设计时主要考虑各模块的安装、紧固、防振、屏蔽、隔离以及控制器的散热问题。各模块构件和尺寸符合国军标要求，用以降低设计和维护成本。

7.2.2　指挥控制分系统

1. 定位定向设备

定位定向仪采用基于双 GPS 的相位差分定位定向技术，主要包括两个天线、两个信号接收板、信号处理设备、显示器、以太网接口和电源等模块组成。定位定向设备组成框图如图 7-5 所示。

2. 红外跟踪设备

红外跟踪设备采用中波红外面阵成像探测方式。面阵红外探测器成像系统由红外光学系统、凝视型红外焦平面阵列探测器、信号放大及处理和成像系统等组成[3]。红外面阵探测单元组成框图如图 7-6 所示。

3. 指挥控制设备

指挥控制设备采用和情报处理设备相同的设计规格。

4. 通信网络

1）以太网交换机

采用工业以太网作为系统的通信网络，设计实现了上架式 8 路 100MB 工

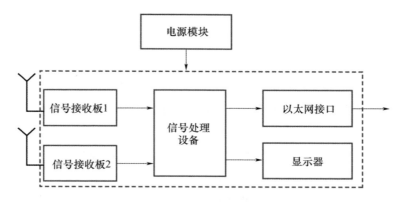

图 7-5　定位定向设备组成框图

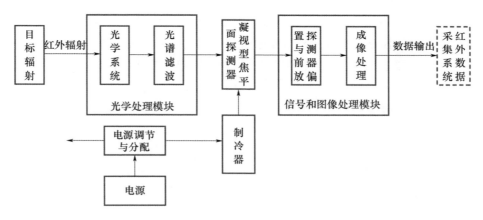

图 7-6　红外面阵探测单元组成框图

业以太网交换机。

2）光纤汇流环

光纤汇流环选用单光纤双通道光纤滑环，系统双向带宽 200MB，满足系统雷达和红外数据传输要求[4]。

3）空情接收机

空情接收机可接入电台、国土防空情报信息。

7.2.3　综合干扰对抗分系统

1. 设备布局

综合干扰对抗分系统包括定向有源干扰和无源烟雾干扰两部分。有源定向干扰发射单元集成为两个外挂安装于转塔俯仰两轴两侧，烟雾干扰发射筒安装在转塔水平回转塔体后部。各控制、激光、冷却等设备均安装于转塔内部。

2. 有源定向干扰设备设计

1）激光制导武器干扰设备

激光制导武器干扰设备受综合干扰对抗控制设备控制，对来袭激光制导武器实施有效干扰。由干扰综合机箱和干扰发射天线构成，其中综合机箱包括电源模块、温控模块、激光器模块和光学发射天线模块等。

2）电视/中红外制导武器干扰设备

电视/中红外制导武器干扰设备受综合干扰对抗控制设备控制，对来袭电视/中红外制导武器实施饱和干扰[5]。

电视/中红外制导武器干扰设备采用激光光束合成技术对激光束进行精确的时间和空间控制，有效提高激光输出功率和效率。干扰设备由两台电视/中红外制导武器干扰综合机箱、两台电视/中红外制导武器干扰激光器及精密同步控制器组成，如图7-7所示，其中，精密同步控制器由激光采集、时间测量、误差判断模块构成。

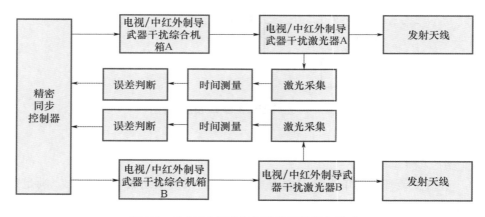

图7-7　电视/中红外制导武器干扰设备构成

3）远红外激光干扰设备

远红外激光干扰设备受综合干扰对抗控制设备控制，对来袭远红外波段红外制导武器实施有效干扰，由干扰综合机箱和干扰激光器组成。远红外激光干扰设备组成如图7-8所示。

4）可见光观瞄干扰设备

可见光观瞄干扰设备受综合干扰对抗控制设备控制，对来袭平台类目标

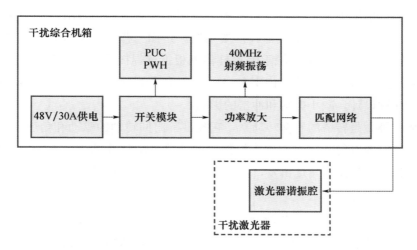

图 7-8 远红外激光干扰设备组成

的光学吊舱实施饱和干扰,由干扰综合机箱和干扰发射天线构成,其布局结构和外形尺寸与激光制导武器干扰设备相同。

3. 无源烟雾干扰设备

选用火箭式无源烟雾干扰弹及其配套的发射筒和发控装置。干扰弹发射筒安装于转塔水平回转箱体两侧,发控装置安装于转塔箱体内部,接收综合干扰对抗控制设备指令[6]。

4. 综合干扰对抗控制设备

综合干扰对抗控制设备接收指挥控制系统指令,控制综合干扰对抗分系统各干扰模块对来袭制导武器实施有效干扰。从物理结构上划分,综合干扰对抗控制设备由控制处理模块、加电控制模块和激光合成模块以及对外接口组成。控制处理模块完成通信、信息处理、控制输出功能,加电控制模块完成对各干扰设备的电源供电,激光合成模块完成对电视干扰设备的激光合成控制。

综合干扰对抗设备采用抽屉式插箱结构设计方式。各模块分布安装在抽屉内部并相互隔离,电缆插座安装在抽屉后部。

7.2.4 转塔分系统

1. 转塔机械结构

转塔承载的设备较多,顶部安装有雷达、俯仰耳轴安装有 2 个集成式外挂干扰源、塔体内部安装各设备机柜、后侧安装有空调。转塔内的设备均装在异形机柜上，机柜采用立柜式框架结构。正面、背面均为敞开式，便于操作。机柜采用优质碳素结构钢 20 冷轧薄钢板折弯焊接成型，具有强度高、质量轻等优点。考虑车载转塔内部的电子设备会受到外界的振动和冲击。通过隔振和缓冲设计，减小振动和冲击的影响。

俯仰轴系是转塔的俯仰转动系，它提供了俯仰转动的驱动和角度转动量，并支承所有的发射和接收装置，根据对俯仰耳轴的计算结果，进行俯仰耳轴的结构设计。从使用角度出发，左右发射平台必须保持一致。

2. 转塔控制设备

转塔伺服系统由方位和俯仰伺服系统、汇流环、电源等组成，其中方位和俯仰伺服控制系统由伺服控制器、交流电机、减速器、齿轮副、位置传感器等组成[4]，其伺服控制系统组成框图如图 7-9 所示。

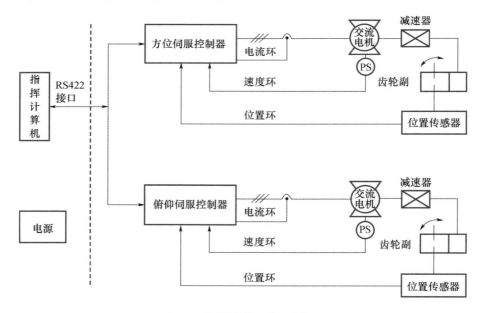

图 7-9　伺服控制系统组成框图

7.2.5　载车底盘分系统

1. 轮式越野底盘

载车底盘采用越野车辆底盘，具有质心低、稳定性高、越野能力强等特点。底盘系统布局示意图如图 7-10 所示。

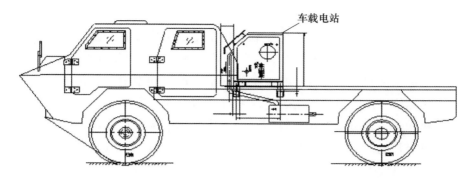

车载电站

图 7-10 底盘系统布局示意图

2. 自动调平设备

自动调平设备设计为 4 点机电式调平装置。在武器平台下部设有 4 个自动调平腿，通过支架与底盘大梁相连，提高武器平台上各系统的指向精度、稳定性及战斗准备的速度。前调平装置的中心到前轮距离为 520mm，后调平装置的中心到前轮距离为 2132mm，左右调平装置关于车的中心线对称布置安装，中心距离为 416mm。

自动调平系统主要由如下机构组成：控制箱、撑腿、双轴水平检测器、连接电缆等。其中，交流伺服电机及其驱动器、谐波减速器、超越离合器、滚珠丝杆组件、撑腿本体等构成执行机构、PLC 控制器、双轴水平检测器、光电编码器等组成反馈控制系统[7]。

3. 供配电分系统设计

1）供配电总体设计

全线的供电被分成三个供电层级，采用市电和车载电站双电源供电形式。两路电源分别由不同母线引入，接至两段母线，同时送到驾驶室，两者之间切换采用双刀双掷开关手动转换后以一路出线形式向驾驶室配电箱供电。驾驶室配电箱接线采用单母线分段型式，设置母线断路器。

经驾驶室配电箱至所有负载，系统配电分为三个层级：

第一层级为驾驶室配电，此为配电系统的核心单元，各路输出采用断路器进行短路过流保护，各级负载供电可手动控制，并配有指示灯显示。

第二层级为汇流环，此为转塔外和转塔上强电和弱电的转接装置。无需额外的配电保护。

第三层级为转塔电源分配器，经转塔转接的强电信号，在该电源分配器中进行分配，分别送往转塔中的不同负载。

2）车载电站

车载电站选用已定型批产的车载发电机组的主要配置，整体结构具有防雨防尘、降音、减振等功能，并具有质量轻、外形小、操作维护方便等特点。主要由风冷柴油机、单相发电机、电站底盘、遥控和本地控制系统、排烟系统、电站箱体、排风散热系统、进风系统、蓄电池及燃油箱等组成。柴油机和发电机通过飞轮与盘片式联轴器刚性联为一体，两者均通过减振器固定在电站底盘上，电站箱体通过螺栓固定罩护在电站底盘上，电站的降噪消声器按照系统底盘要求固定安装在系统底盘下部，本地控制安装在电站上，遥控控制安装在总系统驾驶室机柜上，遥控/本控切换开关安装在总系统驾驶室的控制面板上。

7.3 系统工作过程

系统根据战场态势，可保持战斗状态，也可随时加电进入战斗状态；其作战模式可分为行进间射击和停止间射击。系统可自动或人工操作，当处于自动工作状态时，系统上电自检后，雷达自动搜索目标，对来袭目标进行探测；红外跟踪设备跟踪目标；激光/毫米波告警设备自动侦收威胁信号；情报处理设备对信息进行综合，建立目标航迹，并将综合情报传送给指挥控制设备；指挥控制设备控制转塔转动到指定位置，并根据告警等综合信息，选择作战时序和干扰设备进行光电对抗。以上探测、识别、跟踪、作战可自动完成，必要时也可人工干预[8]。系统工作流程如图 7-11 所示。

（1）系统加电自检后与被保护目标及上级和友邻作战单元保持联系，实时显示战场信息。

（2）目标探测跟踪设备对所处空域实施侦察预警，激光/毫米波告警设备实时侦收威胁激光/毫米波信号，形成告警信息；情报处理设备实时接收处理并显示所有预警信息。

（3）目标探测跟踪设备探测到威胁目标，情报处理设备对来袭目标进行识别、威胁判断、打击排序、目标指示。

（4）转塔根据目标指示调转，指向来袭方向，红外跟踪设备进入跟踪状态。

（5）如有激光告警，则实施激光制导武器干扰；如有毫米波告警，则发射无源干扰弹，实施烟雾干扰；如无激光、毫米波告警，则同时实施电视制

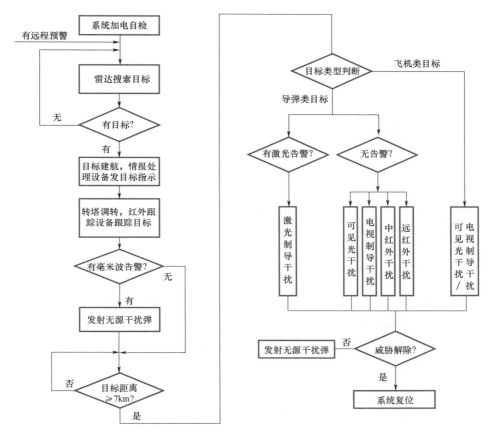

图 7-11　系统工作流程

导干扰、中红外干扰、远红外干扰和可见光观瞄设备干扰。

（6）采用以上干扰对抗措施后，如威胁目标仍不能解除，则在目标进入一定距离时发射无源干扰弹，大约在目标进入特定距离时形成大面积遮障干扰，此时各定向干扰装置停止发射。

（7）目标威胁解除后，系统复位。

如在临时阵地、特殊地段时可进行停止间对抗，其工作过程与进行间对抗作战模式相近，不同之处在于系统启动后首先进行快速调平。

系统作战时序如图 7-12 所示。搜索雷达探测威胁目标，建立目标航迹；指挥控制分系统根据目标指示控制转塔调转到目标来袭方向，红外跟踪设备根据目标航迹数据，捕获目标并稳定跟踪；引导综合干扰对抗分系统，对威胁目标实施干扰对抗。

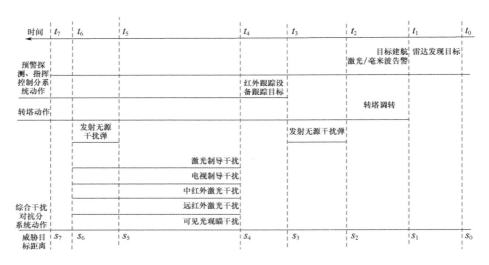

图 7-12 系统作战时序

如有毫米波告警，则向被保护目标上空发射无源干扰弹，若无毫米波告警，则视来袭武器类型和制导种类，分别实施可见光观瞄干扰、激光制导干扰、电视制导干扰和中/远红外制导干扰。若目标在一定距离处，威胁仍未解除，则再发射无源干扰弹，实施宽波段遮障干扰。

由于定向干扰采用激光定向干扰方式，其传播速度为光速，在防御作战时可不考虑射击提前量，因此指挥控制时序与综合干扰对抗系统的定向干扰设备作战能力相匹配。

7.4 系统测试试验

为验证书中的主要关键技术，同时为新型光电防御技术与装备的发展奠定工程实践基础，对影响系统关键指标的转塔定向精度、目标跟踪精度、目标搜索转跟踪和激光定向干扰源的干扰效果等进行测试试验验证，并以光电复合制导武器为对抗目标，对系统的防护效能进行了评估。

7.4.1 目标跟踪精度测试试验

在室内悬挂红外热源目标（温度 70℃，目标大小 30mm×100mm，距离80m），目标位置不低于目标探测跟踪设备，让其作钟摆运动。计算运动轨迹最低点相对目标探测跟踪设备的方位角与俯仰角。首先使图像跟踪系统指向红外模拟目标区域，然后控制目标作钟摆运动，启动图像跟踪器进行目标捕获和跟踪。通过红外目标跟踪数据分析，测试系统的目标探测跟踪以及瞄准精度[9]。

雷达给情报处理设备发送模拟航迹，情报处理设备给指控分系统和目标探测跟踪设备发送打击目标，使探测跟踪设备转动，使红外模拟目标进入视场。控制红外模拟目标运动，图像跟踪器捕获目标，并给指控设备提供目标偏差量，指控系统控制转塔跟踪瞄准目标。部分序列帧图像如图 7-13 所示。

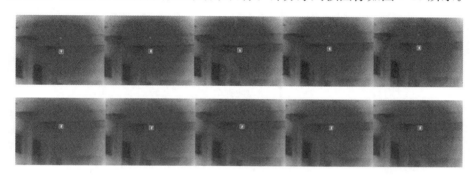

图 7-13　红外模拟目标部分序列帧图像

目标实际方位角为 235mrad，俯仰角为 426mrad，采用目标探测跟踪设备对目标进行捕获跟踪，并记录目标运动轨迹信息。计算目标运动最低点与目标探测跟踪设备所测得的角度最小值的均方根即为系统目标探测跟踪设备精度（< 0.3mrad）。

7.4.2 系统搜索转跟踪试验

以无人机、民航飞机为测试对象，进行系统搜索转跟踪过程测试试验，对系统跟踪精度进行测试和数据分析。

7.4.2.1 无人机跟飞试验

在室外基地开展了系统雷达探测无人机以及雷达搜索转红外跟踪过程测试试验，验证雷达对无人机目标的探测能力，验证系统能否顺利完成从目标的搜索状态到目标的跟踪状态的交接，验证系统能否完成对目标的跟踪。

在试验过程中，将无人机地面控制站，系统的 GPS 坐标和相对的角度、距离进行了记录和计算。系统经纬度为（117.140621°，31.856892°），地面控制站经纬度为（117.1197°，31.8661°）。车头指向的航偏角为 344.35°，系统位于地面控制站北偏 40°方向。载车坐标系中，地面控制站与伴随综合光电防御系统尾指向夹角为 155.65°，两者相距 1.68km，无人机的飞行高度为 300m，系统的雷达俯仰角度 7.1°，系统与地面控制站相对位置如图 7-14 所示，无人机飞行航迹图如图 7-15 所示。

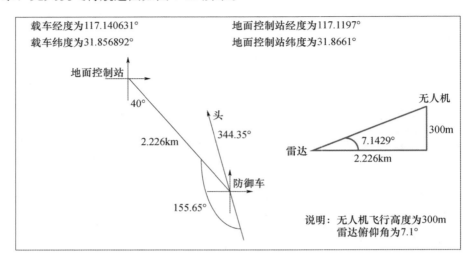

图 7-14　防御车与地面控制站相对位置图

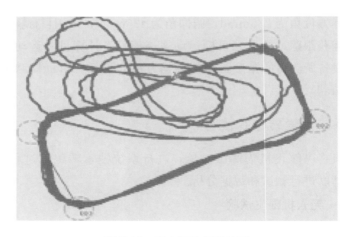

图 7-15　无人机飞行航迹图

　　红外跟踪无人机的输出图像部分序列帧如图 7-16 所示。目标像素大小5× 7，跟踪过程持续 6.25s。

　　无人机目标实际方位角、俯仰角（红外视场中心位置）以及目标探测跟踪设备测得的方位角和俯仰角对比如图 7-17 所示。

　　分析可知，系统跟踪无人机的方位角误差为 0.69mrad，俯仰角误差为

0.62mrad，因此，系统跟瞄无人机的精度为 0.93mrad。

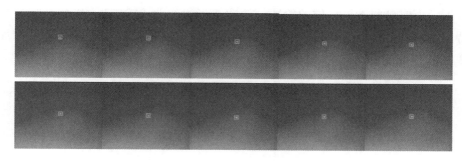

图 7-16　红外跟踪仪跟踪无人机部分序列帧图像

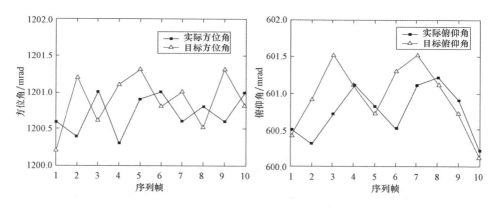

图 7-17　目标方位角和俯仰角对比图

7.4.2.2　民航飞机跟飞试验

在机场附近开展了系统雷达探测民航飞机以及雷达搜索转红外跟踪过程测试试验，验证雷达对民航飞机目标的探测能力，验证系统能否顺利完成从目标的搜索状态到目标的跟踪状态的交接，验证系统能否完成对目标的跟踪。

测试过程中，针对迎头的民航目标，当距离系统一定距离时，情报给指控和目标探测跟踪设备发送打击目标批号。指控和目标探测跟踪设备接收到目标批号后，指控控制转塔和目标探测跟踪设备调转到目标预测位置。目标进入红外跟踪视场时，系统检测目标并输出偏差量给指控，指控控制转塔运动跟踪目标。

雷达搜索目标形成的航迹图如图 7-18 所示。

在目标距离系统特定距离时进入探测转跟踪，探测转跟踪过程时间为1.9s，输出图像 72 帧。完成探测转跟踪过程后，目标出现在视场，此时目标像素大小为 3×4 时，程序检测到目标，系统开始进入跟踪状态，到跟踪接近结束时已能看见民航的轮廓，轮廓矩形大小为 26×31。整个跟踪过程持续 24s，部分序列帧图像如图 7-19 所示。目标方位角和俯仰角对比如图 7-20 所示。

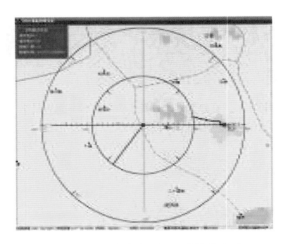

图 7-18 雷达搜索目标形成的航迹图

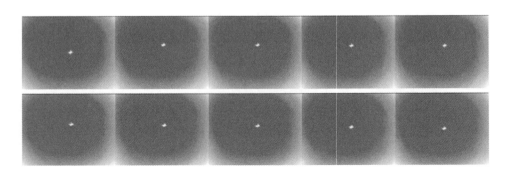

图 7-19 红外跟踪仪跟踪民航目标部分序列帧图像

从以上试验结果可以看出，系统跟踪民航飞机的方位角均方根误差为 0.61mrad，俯仰角的均方根误差为 0.59mrad。因此，系统跟瞄民航飞机的精度为 0.85mrad。

7.4.2.3 试验结论

从以上试验结果可以看出，雷达能够准确探测到目标并建航，系统探测转跟踪过程交接顺利，红外图像跟踪器能够稳定跟踪目标，系统对空中飞行目标的跟踪精度均小于 1mrad，满足系统设计指标要求。

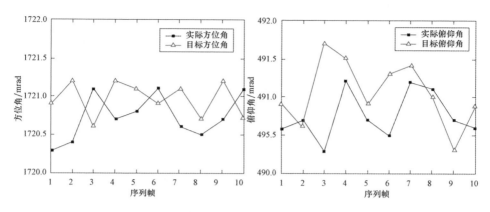

图 7-20　目标方位角和俯仰角对比图

7.4.3　系统动态跟瞄测试试验

以某型飞机为测试对象，进行系统动态跟瞄测试实验，对系统动态精度进行测试和数据分析。跟踪某型飞机部分序列帧图像如图 7-21 所示，目标方位角和俯仰角对比如图 7-22 所示。

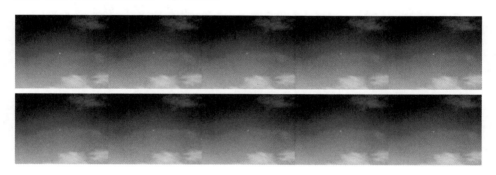

图 7-21　跟踪某型飞机部分序列帧图像

从以上试验数据分析结果可得，方位角误差为 0.55mrad，俯仰角误差为 0.72mrad。因此，系统的跟瞄精度为 0.91mrad。从试验数据结果分析可以看出，系统的动态跟瞄精度小于 1mrad，满足系统的总体指标要求。

7.4.4　系统干扰效果测试试验

利用系统中高重频、电视/中红外和远红外激光定向干扰设备，对模拟激光、电视、中红外、远红外导引头进行了干扰效果验证。

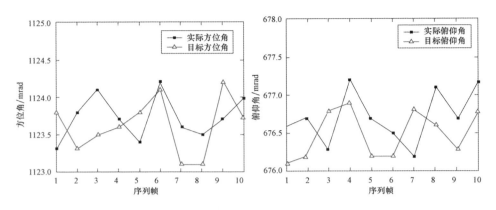

图 7-22　目标方位角和俯仰角对比图

7.4.4.1　高重频激光干扰激光制导模拟导引头试验

激光制导头正常跟踪的工作状态，方位、俯仰轴动态误差量始终在 0.5° 以内，如图 7-23（a）所示。导引头受到干扰后，丢失目标，如图 7-23（b）所示。

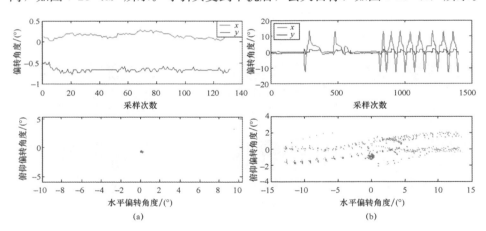

图 7-23　高重频激光干扰激光制导模拟导引头试验图像

（a）干扰前稳定跟踪状态；（b）干扰后丢失目标状态。

7.4.4.2　近红外激光干扰 CCD 试验

干扰前 CCD 可正常成像，实施干扰后 CCD 不能正常成像，持续干扰后 CCD 出现永久性硬损伤，撤去干扰激光后仍然不能正常成像，如图 7-24 所示。

7.4.4.3　中红外激光干扰中波红外模拟导引头试验

如图 7-25 所示，中红外导引头模拟器锁定目标（标校塔），中红外激光干扰机开机。可以看到中红外导引头偏离跟踪目标，处于失锁状态，干扰有效。

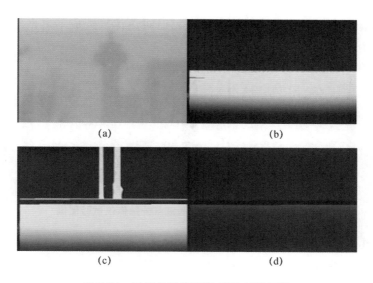

图 7-24　近红外激光干扰 CCD 试验图像

（a）干扰前 CCD 图像；（b）干扰中 CCD 图像 1；（c）干扰中 CCD 图像 2；（d）干扰后 CCD 图像。

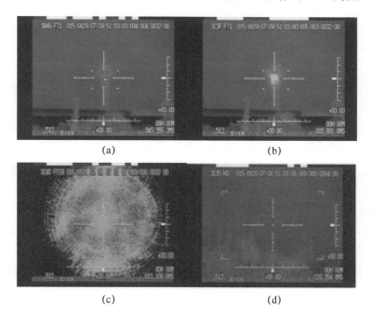

图 7-25　中红外激光干扰中波红外模拟导引头试验图像

（a）干扰前锁定目标；（b）干扰中图像 1；（c）干扰中图像 2；（d）干扰后丢失目标。

7.4.4.4　远红外激光干扰长波红外热像仪试验

红外热像仪对目标清晰成像后，发射干扰激光，图像中间出现亮斑，不能清晰成像。在试验开始光路瞄准阶段，已对热像仪造成不可恢复的损伤点（图 7-26 中圆圈部分）。

图 7-26 远红外激光干扰长波红外热像仪试验图像

7.4.4.5 干扰试验结论

从上述干扰效果验证试验中可以得出结论：集成的系统中，各干扰激光光源均可对一定距离来袭激光、电视、中红外、远红外制导武器实施有效干扰，实施激光干扰后，各光电制导武器不能稳定锁定目标，目标丢失。

参考文献

[1] 陈士涛，杨建军，马丽. 末端高空区域防御系统及其作战部署 [J]. 飞航导弹，2011，(05)：61-65.

[2] 汪鑫，王启东，曹立强. 一种用于集成天线封装的低剖面、低成本的毫米波微带天线设计 [J]. 现代电子技术，2017，40 (19)：1-5.

[3] 侯良科. 红外探测器非均匀校正算法研究 [D]. 长沙：国防科技大学，2015.

[4] 王传军. 交流伺服系统特性分析与测试 [J]. 电机与控制应用，2018，45 (06)：117-121.

[5] 车进喜，杨宝庆，李钟敏. 要地防空中的光电对抗战术 [J]. 火力与指挥控制，2014，39 (11)：51-54.

[6] 沈涛，杨卫军. 基于半实物仿真的烟幕对抗激光制导武器干扰效果测试研究 [J]. 兵工学报，2015，36 (11)：2122-2127.

[7] 汤辉，陈建平. 六点支撑自动调平系统关键技术研究 [J]. 火控雷达技术，2017，46 (01)：64-67.

[8] 张连仲，白汝波. 弹炮结合近程综合防御武器系统探讨 [J]. 情报指挥控制系统与仿真技术，2004，(02)：38-42.

[9] 王文娟. 红外搜索跟踪的测试技术研究 [D]. 南京：南京理工大学，2012.